Saggi

WALTER VELTRONI

Storie che parlano di noi

Cronache del bene e del male

Prefazione di Carlo Verdelli

SOLFERINO

SOLFERINO

www.solferinolibri.it

ISBN 978-88-282-0949-2
Prima edizione: settembre 2022

Storie che parlano di noi

Prefazione

di Carlo Verdelli

Quando un grande leader politico, e Veltroni lo è stato, decide per mille motivi di lasciare la cosa pubblica e smettere i panni del principe, di solito si rifugia, se proprio vuole scrivere, nella memorialistica. Ho fatto questo, ho fatto quello, si poteva fare quest'altro se non ci fosse stato il tale che lo ha impedito, e comunque mi sembra doveroso che la gente sappia come è andata la faccenda e perché, in fondo, avevo ragione io.

Questo libro è la prova che c'è un'altra possibilità, per quanto remotissima. Così remota da risultare fuori scala, fuori schema, imprevedibile, il sentiero nascosto dei nidi di ragno. Per qualche ragione che probabilmente ha a che fare anche con quello che ha letto, visto e sognato da bambino, Veltroni si è lasciato alle spalle le folle dei comizi e le concitate stanze dei poteri, per incamminarsi, senza quasi mai voltarsi indietro o comunque sempre meno, nella direzione opposta a quella di chi comanda o gestisce un partito o un Paese.

Chi guida qualcosa, di solito, si concentra sulla strada e su se stesso (con un occhio nel retrovisore sul resto della comitiva di cui porta responsabilità). Chi racconta qualcosa di solito si dimentica, o sarebbe consigliabile farlo, di se stesso e cambia di centottanta gradi la prospettiva: guarda senza farsi guardare e si mette solitario in cerca di una storia o di una persona che quella storia incarna. Una volta individuato l'obiettivo, dedica tutta l'attenzione all'ascolto, allo scavo, alla ricerca di una qualche verità, con metodo e pazienza, finché non arriva almeno vicino alla radice, al nocciolo della questione. E poi si dedica alla fase ultima del lavoro, che è quella del rendiconto di quanto si è trovato, la descrizione del nido di ragno, la restituzione a un terzo, cioè il lettore, di quanto si è andato scoprendo.

Le «cronache del bene e del male» che vi aspettano nelle prossime pagine sono il raccolto di una seconda vita, quella da giornalista o appunto cronista, che scorre lontana da quella da leader e invece parallela a quella di autore di romanzi, gialli, documentari. Sono articoli, incontri, racconti di fatti, inchieste, riflessioni, apparse sul «Corriere della Sera», «Sette» e «Oggi»: alcune, per la loro potenza, sono rimbalzate anche lontano dagli ambiti dove sono state pubblicate; altre rappresentano tasselli di un puzzle la cui forma finale è un quadro di quello che siamo e forse anche del perché lo siamo diventati. Il titolo è pertinente: *Storie che parla-*

no di noi. E in quel «noi» c'è tanta Italia, ma anche tanto del mondo che ci sta intorno e a cui apparteniamo, per storia o per cultura, al di là dei confini che stanno soltanto nella testa di chi ne ha bisogno per definirsi.

Ma perché un puzzle funzioni è indispensabile che i singoli pezzettini che lo compongono siano compatibili, possano incastrarsi l'uno con l'altro senza fatica, condividano un'appartenenza a un disegno più grande. E i tiranti di questa appartenenza hanno inevitabilmente a che fare con lo stile, che è un insieme di coerenza di scrittura, unità di visione, interesse genuino verso ogni particella incontrata (o andata a scovare) sul sentiero.

Dal pozzo di dolore di Alfredino Rampi alla verità di Giulio Bodrato su Aldo Moro (o di Gennaro Acquaviva su Bettino Craxi), dal miracolo straziato di Aurelia, la bambina nata ad Auschwitz, al miracolo interrotto di Gino Strada, dalle confessioni senza reticenze di Ornella Vanoni o di Woody Allen, e l'elenco potrebbe continuare per tutti i tre atti e i quarantasei capitoli di questo compendio di umanità, la colla invisibile che tiene insieme e in armonia frammenti diversissimi è il prodotto fuori mercato di un artigiano che si è messo d'impegno per dare un senso alla propria bottega. Lo ha fatto inventandosi un ingrediente, per l'appunto la colla Veltroni, che sul mercato prima non c'era e che adesso è il suo riconoscibile marchio di fabbrica. Basta prendere una pagina a caso per accorgersene: nascosta tra le righe ci sono la stessa mano, gli stessi occhi, il medesimo sguardo, l'identico velo di mastice, e non c'è bisogno di andare a controllare la firma dell'autore per avvertirne la discreta ma percepibile presenza.

La metamorfosi è compiuta: da protagonista della scena a narratore di tante scene, da intervistato a intervistatore, da principe a bardo. A memoria, non viene in mente un cambio di stato così radicale e dall'esito altrettanto felice (e non è un giudizio personale, bensì un verdetto del pubblico, inappellabile come quello degli elettori). Due volte sindaco della Capitale d'Italia, primo segretario dell'allora nascente (ottobre 2007) Partito democratico, vicepresidente del Consiglio nel governo Prodi (e ministro della Cultura), Veltroni Walter da Roma è ufficialmente, non da oggi ma da oggi di più, con questo libro a certificarlo, il protagonista di una seconda vita, dove i protagonisti sono gli altri e lui il giornalista che, chiedendo permesso, li avvicina e ce li porta in casa.

Nota bene. Considero Veltroni una persona amica. Ma il fatto che lo sia ha influito zero su quanto ho appena scritto. Per il niente che possa valere il mio giudizio, se pensassi che lui non ha i talenti indispensabili per lasciare un segno in questo mestiere, avrei gentilmente declinato questa incombenza. E amici come prima.

PRIMA PARTE
Scoprire noi stessi

Nella solitudine abbiamo scoperto la meditazione

Gianfranco Ravasi

Di Gianfranco Ravasi, cardinale, presidente del Pontificio consiglio per la cultura e del «Cortile dei gentili», mi ha sempre affascinato la tripla dimensione del pensiero: profondità, apertura, curiosità intellettuale per ogni forma di creazione umana. Mi vengono in mente il cardinal Martini o Umberto Eco che hanno sempre amato cercare e dialogare. Il suo ultimo libro *Scolpire l'anima* contiene trecentosessantacinque brevi meditazioni quotidiane che sono un piacere per ogni lettore, di qualsivoglia convinzione.

Cosa è accaduto durante il lockdown?

«Un elemento positivo del primo lockdown è stato riuscire a rimanere un po' più fermi. È il tema della meditazione, del ritrovarsi. La solitudine permette lo spazio della riflessione rispetto alla concitazione della vita quotidiana. E si è elaborato il rapporto con la morte, improvvisamente comparsa come elemento fattuale, non come rischio lontano. Il romanzo *La peste* di Albert Camus pone non per caso, mentre tutto sembra precipitare, il problema del senso, del significato della vita. Guardi anche cosa ha rappresentato dal punto di vista simbolico, non dico religioso, la sera del 27 marzo in cui papa Francesco parlò nella piazza San Pietro deserta. Cosa è stato per tutti, anche per i non credenti. La coscienza degli altri, della loro assenza, della loro necessità. E poi le regole, che gli italiani hanno responsabilmente seguito per mesi. È stato un periodo positivo che faceva sperare in un cambiamento. Ma ora, con la seconda ondata, tutto sembra mutare. Si avverte un'atmosfera di irrazionalità nelle reazioni, anche nella virulenza delle critiche al governo. Purtroppo non ci sono voci autorevoli che possano far vedere la strada, un disegno di convivenza. Norberto Bobbio non c'è, Norberto Bobbio scriveva l'*Elogio della mitezza*. La mitezza non è debolezza, semmai la violenza è segno di sconfitta della ragione. Nei momenti più duri si sente il bisogno delle voci più alte. Pensi all'immediato dopoguerra, al coraggio e alla responsabilità di quella generazione di politici divisi anche ideologicamente ma capaci di scrivere la nostra Costituzione.»

Che rapporto c'è tra la pandemia e i social?

«Se il Covid fosse accaduto vent'anni fa sarebbe stato molto diverso. Oggi siamo nell'infosfera. Marshall

McLuhan, agli albori della civiltà dei media, ha parlato di "extension of man", l'estensione dell'uomo. Lui, giustamente, faceva notare che eravamo già allora in un'epoca in cui gli organi nostri si allungavano: telefono, tele-visione, tele-scopio. Potevamo arrivare dove non era possibile prima. Ancor di più oggi. Quello che ora sta accadendo è, invece, il mutamento di un'atmosfera, dei parametri di sguardo e intervento sulla realtà. Quando Galileo guarda col telescopio i pianeti medicei non scopre solo qualcosa di particolare nel cosmo, ma introduce la rivoluzione copernicana che è il cambio radicale della consapevolezza del mondo. Noi stiamo vivendo la quarta rivoluzione dopo la copernicana, la darwiniana, la psicanalitica. Una rivoluzione che cambia la nostra relazione con gli altri e forse con noi stessi.»

C'è il rischio che la solitudine, esasperata dall'incertezza sociale per sé e per i propri figli, possa trasformarsi in disperazione?

«Si possono distinguere due volti della solitudine, il primo è che essa è una sorta di dieta dell'anima. L'abbiamo praticata nel primo lockdown e serviva a ritrovare motivazioni interiori e a sfuggire al rischio di diventare infoobesi. L'autore di *Lolita*, Nabokov, in un'altra sua opera, parla della solitudine come del campo di gioco di Satana. La solitudine, dimensione anche di libertà, è il luogo in cui arrivano, però, anche le pulsioni perverse della persona e può tendere a trasformarsi pericolosamente in isolamento sociale.

Nell'enciclica *Fratelli tutti* il papa cita Vinícius de Moraes: "La vita, nonostante abbia tanti scontri, è l'arte dell'incontro". Questa cultura, la ricerca dell'altro, la sua accoglienza, la comprensione reciproca è sostituita oggi da quella dello scontro. L'egoismo nasce dalla paura soprattutto e quando diviene isolamento può generare disperazione e violenza. La violenza è la cancellazione dell'altro, è ridurti a essere solo. Bisogna ricostruire un vivere sociale, un'idea di comunità come alternativa alla solitudine e, peggio, all'isolamento. Lo diceva un sociologo americano: da quando i tetti si sono infittiti di parabole si sono moltiplicate le porte blindate. Qui torna il compito delle religioni o comunque della cultura. Oltre il cibo, del fisico o della mente, c'è la relazione diretta, quella umana, quella fatta di pelle e parole. La visita agli ammalati, la lotta tenace contro l'isolamento delle persone è forse il compito delle persone di buona volontà, in questo tempo caotico.»

«Distanziamento sociale» è un ossimoro...

«A proposito di ossimori ce n'è un altro, quello della "presenza assente". Pensi cosa questo vuol dire nella relazione d'amore. L'autentica relazione d'amore di due innamorati è fondata sulla presenza, una presenza esclusiva, radicale, totale. Se viene meno, ti disperi. Tuttavia è una presenza nella quale, quando si è veramente innamorati, tu riconosci all'altro una sorta di sacralità, di distanza, che permane. In Gibran sono i due alberi vicini, ma non tanto da impedire all'aria di passare. E questo vale per l'intera società. I venti dello spirito, che circolino e ci cambino, in un regime di presenza assenza: è questa la tipologia autentica della relazione umana. Ora il pendolo si è spostato. La presenza era una delle componenti della società del passato che aveva molte più relazioni dirette, fisiche. Adesso sono per lo più virtuali, e il lockdown ha enfatizzato questa dimensione. L'assenza è marcata al punto tale da far diventare l'altro che tu non conosci un altro da te. Il distanziamento genera, alla fine, lontananza e sospetto nei confronti dell'altro. Compreso il fastidio di ascoltare le ragioni dell'altro, di ragionare sulle sue idee. Si vede bene nei dibattiti televisivi: urla, non la volontà di capire e dialogare. Qui entra il tema della scuola. La scuola come presenza fisica è indubitabilmente una realtà necessaria e il discepolato è sempre avvenuto vedendo persino la connotazione del volto e del corpo del maestro. L'implicito, non solo l'esplicito. Il gioco degli occhi, degli accenti, dei toni tra docente e discente è parte del processo educativo come lo è la relazione pari, quella orizzontale, col compagno di classe. Che è una persona, non un volto in un video. Distanziati si vive male. E per quanto sia necessario in questo momento, noi dobbiamo alimentare la speranza di un ritorno alla normalità delle relazioni umane e intanto alimentare questa fase di ascolto, incontro, parola. Questo vale anche per la Chiesa. Ho provato a celebrare messa in collegamento, ma è un'altra cosa, non è più l'assemblea calorosa, il ritrovarsi. Gli ebrei nell'Antico Testamento quando devono rappresentare il tempio lo definiscono *Ohel mo'ed* che vuol dire letteralmente "la tenda dell'incontro", dell'incontro con Dio e con gli altri. Come era chiamata l'assemblea riunita? In ebraico *Qahal.* Che vuol dire convocazione. Come l'hanno tradotta i greci? *Ekklesia*, chiamati insieme. La Chiesa è doppio incontro, con Dio e con gli altri.»

La nostra generazione ha vissuto sulla base di due convinzioni: che domani sarebbe stato meglio di ieri, che fosse possibile cambiare il mondo. Oggi è la paura l'elemento dominante. Dove può finire un mondo senza speranza?

«Questa è veramente una delle domande radicali che bisogna porsi. Io come matrice sono legato a Pascal che scriveva la famosa frase "l'uomo supera infinitamente se stesso". È avvenuto – per parlare in termini simbolici – con l'evoluzione, quando avevamo il primate che con la zampa aggrediva l'altro perché gli toglieva lo spazio. A un certo momento, mentre sta per aggredire un suo simile, guarda in alto, vede le stelle, si ferma a osservarle e diventa l'uomo. Tutto aiuta gli esseri umani a guardare oltre. Si pensi alla scienza stessa, faccio tre esempi: la genetica con l'intervento sulla flessibilità del Dna che certo aiuta, ed è una meraviglia dell'uomo per l'uomo, a combattere patologie terribili ma, al tempo stesso, può postulare la possibilità di creare un nuovo fenotipo antropologico. O si pensi alla potenza delle neuroscienze: ora se noi apriamo la nostra scatola cranica, la mettiamo in una notte in parallelo alla nostra galassia, scopriamo che in 120, 180 grammi di materia grigia, abbiamo dagli 80 ai 100 miliardi di neuroni e che, dall'altra parte, sono 100 miliardi le stelle della Via Lattea, della nostra galassia. Se si agisce sul rapporto tra cervello e mente, si finisce col ridefinire il modello di essere umano. Terzo: l'intelligenza artificiale. Diceva John Searle che i computer conoscono la sintassi ma non la semantica, cioè sanno fare, ma non sanno quello che fanno. Ma ora lo sanno, o lo stanno imparando. Lungo quali direttrici si va affermando l'autocoscienza delle macchine? Esiste il rischio del quale parlava Fromm: "Il pericolo del passato era che gli uomini diventassero schiavi. Il pericolo del futuro è che diventino robot". Non sono questi grandi temi roventi per il pensiero religioso, filosofico, politico? E per alimentare nuove razionali speranze? Il poeta Charles Péguy dice: "Sperare a testa bassa ogni giorno è la cosa più difficile, disperare è la tentazione". La speranza è la seconda delle virtù cardinali: fede, speranza, carità. Péguy la rappresenta così: è la sorella più piccola, le altre sono più alte, forse più importanti. Cosa succede? Succede come quando due genitori stanno camminando per strada, incontrano uno e si fermano a parlare, oppure si fermano davanti a una vetrina. Il bambino piccolo che cosa fa? Tira, li fa muovere. Se non ci fosse la speranza, fede e carità non andrebbero avanti. Non avremmo il futuro.»

Nel nostro tempo tutto è frammento ed è istante, il presentismo in cui tutto si consuma. Come si può ricostrui-

re il senso della Storia, della profondità, della memoria per progettare il futuro, l'unico luogo in cui siamo diretti?

«Noi adesso siamo davanti a una civiltà tendenzialmente smemorata: non ha speranza nel futuro e non guarda al passato. Il che vuol dire che ha un presente frammentato, vuoto. "Ricordare" è "riportare al cuore", quindi è un'esperienza. Giorgio Pasquali nel suo *Filologia e storia* scriveva che chi non ricorda non vive. L'Alzheimer, malattia del nostro tempo, non ti cancella solo la memoria, ti cancella la vita. Culturalmente questo appiattimento unidimensionale del tempo è cominciato con la messa in discussione della famosa storia delle radici cristiane in Europa. Secondo me, la Chiesa allora si è mossa male perché ha continuato ad affermare questo valore esclusivamente per la questione religiosa, mentre era un problema squisitamente culturale, socioculturale. Se si rimuove quel passato glorioso alla fine ci disperdiamo nel particolare, nella banalità, nell'ovvietà, nella superficialità, nell'indifferenza, nella stupidità. È vero il motto della tradizione rabbinica che afferma: "Il sapiente sa quel che dice, lo stupido dice quel che sa". La memoria non è l'adorazione delle ceneri, è tenere viva la fiamma. Torna decisiva la scuola come luogo di riconnessione. Quale è la radice etimologica di educazione? Educere, tirar fuori, estrarre e poi riconnettere. Secondo la cultura indiana, l'esistenza di una persona è fatta di quattro tappe. C'è il tempo in cui si impara, il tempo della fatica, del giudizio. Il secondo momento è l'insegnare, essere genitore, maestro. La parola sapienza deriva dal latino *sàpere* che vuol dire "avere sapore", gusto, potremmo dire il senso del conoscere. La terza è la tappa del bosco, cioè ritirarsi all'ombra, essere capaci di trovare, anche nella solitudine, la capacità di riflettere, ritrovare la parola che ha senso, ritrovare un po' più se stessi. Chi ha il coraggio di dire oggi che a un certo punto della vita bisogna fare l'esame di coscienza? Non lo dicono più neppure i preti... Il quarto è il momento in cui si diventa mendicanti, quando si ha bisogno degli altri. Nella vecchiaia ritrovi la relazione che prima hai vissuto da signore, qui la vivi invece da persona umile, da povero. Questi quattro elementi, secondo me, costituiscono un po' la maturità nel suo insieme e non sono necessariamente successivi l'uno all'altro. Credo che per creare questa unità di conoscenza e non la frammentarietà del "presentismo" si debba vivere un'esperienza umana completa.»

Internet è stata una rivoluzione, con connotati democratici. Ma da rete è diventata una somma di recinti che non comunicano...

«La questione della rete in cui è avvolto tutto il globo è il vero mutamento del modello antropologico, perché cambiano i codici di conoscenza e relazione. Torno sempre sulla scuola, che considero centrale. Possibile che non si insegni ai ragazzi la consapevolezza di un mondo nel quale passano buona parte della loro vita? La configurazione della guida critica all'uso del computer? Ricordo un episodio personale molto suggestivo.

Mario Luzi è stato mio amico. Quando passavo da Firenze andavo a trovarlo e dopo cena camminavamo sul lungarno. Una sera lui mi fece notare le luci accese nelle case. Otto su dieci avevano all'interno un riquadro azzurrognolo, il colore delle televisioni accese. Luzi mi disse: "Non si capisce se questa gente è lì dentro con le mani alzate in segno di resa o di adorazione". Oggi ancor di più davanti allo schermo del computer. Resa o adorazione, con i risultati che ben sappiamo. Spaventa quello che è racchiuso nel mondo delle fake news, delle alterazioni della realtà, della spietatezza degli algoritmi. La rete poteva diventare uno straordinario strumento di democratizzazione, ma ora è stata sequestrata dalle mega corporation che inducono linguaggi e comportamenti. Un sistema di dominio che è anche etico e morale.»

La questione ambientale è praticamente scomparsa dal discorso pubblico se non per merito di una bambina svedese che ha mosso milioni di suoi coetanei...

«Sì, dobbiamo dire che su questo l'impegno della politica è stato veramente molto ridotto, se non vergognoso nell'incomprensione dell'urgenza e della dimensione globale di questo problema. Il messaggio più alto è stato quello della *Laudato si'* di papa Francesco. È un tema che le nuove generazioni hanno imposto, che ha scosso la loro coscienza. Si sono dimostrati più consapevoli loro del pericolo che incombe sul destino dell'umanità rispetto alle nostre generazioni, figlie del modo di pensare della rivoluzione industriale. La religione per me ha qui un grande compito. Non so se è facile trovare un libro religioso, sacro, così ricco di animali, di vegetali, che dà un rilievo così importante alla creazione, alla luce, al cibo come la Bibbia. È un tema sul quale le coscienze, stimolate dai giovani, dovrebbero marciare con coraggio e forza.»

Gesù non ha mai scritto se non delle parole, che non conosciamo, vergate sulla sabbia nell'episodio dell'adultera. Se venisse oggi sulla terra cosa scriverebbe?

«Noi non sappiamo neppure se Gesù sapesse scrivere, qualche esegeta ha immaginato che sulla sabbia abbia tracciato solo segni. Sappiamo, però, che sapeva leggere. Nella sinagoga di Nazareth egli prende il rotolo di Isaia, lo srotola, lo legge e lo commenta. Se Cristo oggi dovesse scrivere ancora qualcosa che sia immediatamente comprensibile a tutti, io credo che lo farebbe in una lingua comune (allora era il greco) o popolare, com'era allora l'aramaico. Scriverebbe: "Ama il prossimo tuo come te stesso". Ama anche la terra come te stesso, potremmo aggiungere oggi. Forse potrebbe continuare con ciò che disse l'ultima sera della sua vita terrena, nella sala al piano superiore di una casa di Gerusalemme, nel cenacolo per l'addio: "Non c'è amore più grande di colui che dà la vita per la persona che ama" (Giovanni, 15,13). Questa è forse utopia? Ma se le religioni non avessero l'utopia a cosa servirebbero? Non possono essere utili solo a registrare il reale. C'è, però, anche un'utopia concreta, in quelle parole che Cristo forse oggi scriverebbe. Infatti un genitore che sta per annegare col figlio e ha la possibilità di aggrapparsi a qualcosa salva prima il figlio di se stesso. "Ama il prossimo tuo come te stesso" e "non c'è amore più grande di colui che dà la vita per la persona che ama". Proprio questo scriverebbe oggi Gesù Cristo.»

Noi spaesati tra lavoro a distanza e abitudini perse

Umberto Galimberti

Il professor Umberto Galimberti, acuto filosofo e analista del pensiero umano, ha recentemente pubblicato Heidegger e il nuovo inizio. Il pensiero al tramonto dell'Occidente. *A lui chiediamo di ipotizzare ciò che sta accadendo, nel profondo delle coscienze, nel terremoto prodotto dal periodo angoscioso che abbiamo trascorso.*

«Nella prima parte, con il lockdown di marzo 2020, quella che si era verificata era una sorta di angoscia. Che non è la paura, perché la paura è un ottimo meccanismo di difesa. Vedo un incendio, scappo. Ha come oggetto qualcosa di determinato. Mentre l'angoscia non ha qualcosa di nitido davanti a sé. È quello che provano i bambini quando si spegne la luce nella loro stanzetta e loro non sono ancora addormentati. La sensazione spiacevole di non avere più punti di riferimento.

Sia Heidegger sia Freud, che neanche si conoscevano, o quantomeno non si erano reciprocamente letti, definiscono l'angoscia il nulla a cui agganciarsi. Durante la prima crisi, l'angoscia per la minaccia costituita dal rischio del contagio – chiunque poteva infettare chiunque – ha generato angoscia e consentito, per reazione, una disciplina generalizzata. Più tardi, dopo il rilassamento estivo, la stanchezza di essere confinati e un'imprevedibile sorta di superficialità nel considerare il pericolo ci hanno fatto ripiombare nell'incubo. E la condizione allora è stata quella di spaesamento, non più di angoscia. Cosa dobbiamo fare, come ci dobbiamo comportare... Sabbie mobili. È un sentimento che oscilla tra il ribellismo, la rassegnazione e la disperazione non solo dei parenti di coloro che muoiono, ma anche di quelli che perdono il lavoro o chiudono il negozio o l'impresa. Ci si muove in un clima di assoluto spaesamento. Non abbiamo più il paesaggio in cui abitare la nostra vita quotidiana con una certa quiete. Abbiamo perduto la normalità del nostro vivere.»

Che cosa può produrre questo spaesamento?

«Questo spaesamento finisce per invocare in qualche maniera una forte richiesta di decisionismo. E questa non è la cosa più bella in ambito democratico, perché dal desiderio di decisionismo alla clonazione dell'uomo forte il passo è molto breve. Quello che si vuole è che qualcuno riesca a delimitare i confini, per costruire un paesaggio dove si possa vivere con una certa previsionalità e una certa quiete. E lo spaesamento è una condizione psicologica abbastanza pericolosa. C'è chi invoca il dittatore illuminato, per esempio. Ma non siamo all'epoca di Federico II. E poi dov'è il dittatore illuminato? Questo sentimento attraversa anche parte della sinistra, cioè persone che non sono populiste, ma che non possono sopportare lo stato di incertezza determinato dallo spaesamento.»

Il distanziamento sociale è sopportabile come condizione esistenziale?

«Io lo chiamerei distanziamento virale più che sociale, perché se cominciamo a mettere in gioco la società di relazione, finisce che ci abituiamo a considerare la società come un'appendice dell'individuo. Questo è tipico della cultura cristiana, lo devo dire con chiarezza. I greci, per esempio. Aristotele diceva: "Se uno entra in una comunità e pensa di poter fare a meno degli altri o è bestia o è dio". E di dio dice: "Forse dio non è felice perché è *monakos*". Perché è solo. Invece il cristiano ha messo in circolazione il concetto di individuo: "L'anima la si salva a livello individuale". A un certo punto la società è stata percepita semplicemente come qualcosa che non deve costruire il bene comune ma, lo dice sant'Agostino, è incaricata di togliere gli impedimenti che si frappongono alla salvezza dell'anima. Quindi un lavoro solamente negativo. Nel *Contratto sociale* Rousseau dice che il cristiano non è un buon cittadino, lo può essere di fatto ma non di principio, perché il suo scopo è la salvezza dell'anima. Ora questa cultura dell'individuo, che non era greca ma propriamente cristiana, ha fatto sì che oggi ci si lamenti dell'individualismo, dell'egoismo, del narcisismo. In sostanza del fatto che ciascuno pensi solo a se stesso. Per duemila anni l'Italia è stata governata da una popolazione straniera. Per questo si è introiettato e diffuso il concetto che lo Stato è il nemico, il nemico da contrastare, il nemico da far fuori. Questa cultura, che permane anche dopo centocinquanta anni di unità d'Italia, ha generato forme macroscopiche di individualismo. Questo spiega comportamenti non frequenti in altre democrazie: evadere le tasse, la corruzione, accedere al lavoro, dal più umile a quello più importante, attraverso le raccomandazioni. Tutto ci fa pensare che noi italiani non siamo ancora cittadini in relazione al nostro merito. Siamo ancora parenti, in funzione di una struttura sociale familistica. Da questo punto di vista, la mafia è solamente la punta dell'iceberg di una cultura diffusa, nel senso che la dimensione della famiglia, quindi della conoscenza personale, della raccomandazione ha il vantaggio su tutto e su ciascuno. Non è un caso che un'infinità di giovani oggi vada all'estero per poter riuscire a esprimere pienamente ciò per cui hanno studiato e si sono impegnati.»

Si stanno recidendo una serie di fili sociali fondamentali: una persona non va più in ufficio, chiude il suo negozio, non può vedere gli altri. Che effetto può avere questo sugli individui?

«Non penso sia catastrofico, la gente vive comunque nell'ipotesi che il contagio non sarà la forma eterna della nostra convivenza. Prima o poi se ne uscirà. Certo che questa sospensione ci mette in uno stato di stand by abbastanza disagevole e non solo perché le attività vengono interrotte. Infatti le attività non sono solo produzione, lavoro, profitto, cose tutte legittime. Ma sono anche "Cosa sto facendo nella mia vita in questa sospensione?". In quello che prima chiamavamo spaesamento? Noi riusciamo a vivere molto spesso trascinati, ma anche rassicurati nelle nostre abitudini quotidiane, e quando queste si interrompono cominciamo a chiederci chi siamo. Questa domanda sarebbe interessante se fosse davvero approfondita. Cosa siamo diventati? Siamo funzionari di apparati che, quando la quotidianità si interrompe, automaticamente perdono identità? E la nostra identità chi ce la dà? L'apparato? Conta di più il ruolo che noi abbiamo rispetto a chi siamo? Questi sono i sentimenti secondo me appena accennati nell'animo di ciascuno e poi rimossi, perché sono inquietanti. Sarebbe invece il caso che ciascuno, proprio in questa dimensione stagnante, cominciasse a pensare se la sua vita è stata quella che avrebbe voluto, oppure se è delegata agli apparati che ti danno, oltre allo stipendio, anche l'identità e tutto il resto.»

Lei non ha la sensazione che viviamo in un tempo in cui le tre dimensioni passato, presente, futuro si siano appiattite in una sola? Cioè si sia persa un po' la tridimensionalità della vita?

«Anche qui la cultura cristiana ha stabilito che il passato è male, il peccato originale, il presente è redenzione e il futuro è salvezza. Questa cultura è diventata universale in Occidente, soprattutto perché il cristianesimo ha immesso una sorta di indotto ottimismo nella nostra cultura. Senza nasconderci in maniera ipocrita dietro un dito, va detto che l'Occidente ha fatto un grosso passo avanti, per se stesso, con questo ottimismo. Ha stabilito che il futuro è sempre positivo. Anche la scienza, che si tende a contrapporre alla religione, pensa che il passato sia male, ignoranza, il presente ricerca e il futuro progresso. Cristianesimo puro. Sotto questo profilo può essere considerato cristiano anche Marx: il passato è negativo, ingiustizia sociale, il presente è far esplodere le contraddizioni del capitalismo e il futuro è giustizia sulla Terra. Anche Freud scrive un libro contro la religione: la nevrosi si colloca nel passato, il presente è terapia e il futuro è guarigione. Non è vero che il futuro è, per definizione, un tempo positivo. Il futuro è positivo se ci si attiva, non certamente per il fatto che sia futuro automaticamente è un rimedio ai mali del passato. Io sono d'accordo con Pasolini quando ha detto che aveva tolto la parola speranza dal suo vocabolario. Ogni volta che sento i politici che dicono "speriamo, auguriamoci, auspichiamo", penso che siano tutte parole della passività: stiamo fermi, aspettiamo e vediamo cosa succede. Non succede niente, se non ci diamo da fare. Questo i giovani lo hanno perfettamente capito, almeno la maggioranza. Non tutti. Esiste un piccolo settore di giovani, che io chiamo i "nichilisti attivi", che non nega di muoversi in un'epoca nichilista, non rinnega il nichilismo. Nichilismo vuol dire, secondo Nietzsche, che manca lo scopo, che il futuro non è più una promessa. Manca la risposta al perché dell'esistenza. Perché mi devo impegnare, perché mi devo dare da fare. Il futuro non è più una promessa. C'è un pezzo di mondo giovanile che vive in una sorta di rassegnazione: non c'è più niente da fare e quindi cosa faccio? Sono arrivato persino a pensare che l'alcol e la droga, a cui i giovani oggi si dedicano in particolare, non sia per loro solo un elemento di piacere, ma finisca con lo svolgere una funzione anestetica. Io non guardo avanti perché il futuro mi angoscia, non mi appare come una promessa ma come una minaccia. Quantomeno come imprevedibile e foriero di ansia. Perciò vivo l'assoluto presente.»

È difficile, oggi, il mestiere di vivere, per i giovani...

«Oggi abbiamo un'umanità molto più debole, molto più fragile, molto più incerta rispetto a quella uscita dalla Seconda guerra mondiale. Ogni generazione che ha avuto a che fare con le guerre, poi si è data da fare per la ricostruzione della società e della propria vita. E in questo ha trovato il senso, individuale e collettivo del proprio cammino. Noi siamo da settanta anni in uno stato di pace, beneficiati da una cultura consumistica che accontentava ogni nostro desiderio. Ma una società disattrezzata psicologicamente per affrontare le difficoltà. Una società debole, non abituata al sacrificio, alla fatica, all'impegno, alla solidarietà. E allora è più difficile sopportare le tragedie come può essere questa. Perché siamo meno forti, molto meno forti di prima.»

Cos'è in una società il trauma di una guerra o quello, come in questo momento, di una guerra senza armi? È una linea di frattura?

«La differenza è abissale. La guerra voleva dire bombe, crollo di case, parenti al fronte. Ora la guerra non è più una guerra tra due eserciti, è una minaccia generalizzata su tutto il territorio e in tutti gli strati sociali. La guerra era una cosa molto più tragica, ovviamente, di quanto non sia il contagio e di quanto non sia persino una pandemia. Inoltre la guerra era animata dalla dimensione del nemico: un nemico che si conosce e in qualche modo è visibile. Ora, invece, c'è l'invisibilità del nemico, una cattiva percezione di chi sia il nemico. E poi c'è questa dimensione negazionista che collabora alla non visualizzazione della minaccia. Un virus non si vede, quindi chiunque può dire quello che vuole e allora nascono quei retroscena paranoici con cui si dice che questa è stata tutta un'operazione politica mondiale per tutelare particolari interessi, peraltro come sempre sconosciuti e misteriosi. Questa negazione collabora alla mancata percezione del nemico e fa sì che i nostri comportamenti non siano rigorosi, responsabili. Sono imprecisi per la scarsa percezione di dove sia e chi sia ciò che ci fa star male.»

Questo pregiudizio crescente nei confronti della scienza dove nasce?

«Dall'ignoranza di coloro che la criticano. Quello che dobbiamo riuscire a capire è che la scienza non dice la verità, dice cose esatte. La parola esatto viene dal latino *ex-actu* che significa "ottenuto dalle premesse da cui si parte". Essere "esatti" è un obiettivo che si raggiunge secondo una logica processuale, sperimentale. Ora cosa succede? Ogni volta sento parlar male degli scienziati che si contraddicono tra di loro, lamentarsi che ognuno dica una cosa diversa dall'altra. Ma, signori, questo è il cammino normale e naturale della scienza. Perché la scienza dice le cose che ottiene dalle premesse che la muovono. Alcune delle quali verranno verificate, altre invece falliranno alla verifica e quindi verranno abbandonate. La scienza procede per prove e per errori. Proprio per questo non dobbiamo meravigliarci della diversità delle opinioni scientifiche, così come non dobbiamo credere che la scienza dica la verità. Dice le cose che la sperimentazione le consente di verificare come positive o come negative. Non c'è un criterio di verità nella scienza, non dobbiamo sposare i modelli di verità che abbiamo, per esempio, nella religione. Uno crede in Dio e lui è fonte di verità. No, la scienza non procede in questa maniera, procede attraverso la sperimentazione. Bisogna abituarsi a questo relativismo.»

L'altro da sé in questi mesi è al tempo stesso un bisogno e una minaccia, sentiamo il peso della solitudine però al tempo stesso, se incontriamo un altro, egli può essere la fonte della nostra malattia. Come disciplinare questa doppia dimensione dentro di sé?

«Noi ci eravamo già abbastanza allontanati dalla socializzazione con l'informatica, diciamolo chiaramente. Non avevamo bisogno del Covid, per creare un'altra forma di distanziamento. Perché da tempo molti giovani parlano attraverso il computer, molta gente lavora avendo davanti a sé non il prossimo, ma uno schermo. L'informatica ha già creato un distanziamento sociale, una comunicazione che non è guardarsi in faccia, uno di fronte all'altro. La relazione si è già diluita nella configurazione informatica che non è più un io e te, ma io e la tua rappresentazione nello schermo che sta davanti a me. Naturalmente questo lavoro a distanza, questa forma di comunicazione da lontano sono diventati paradossali in occasione della pandemia. Paradossali anche dal punto di vista didattico. Quando diciamo che la scuola può funzionare a distanza sosteniamo un desiderio, non una realtà. A distanza non si insegna, la formazione ha bisogno del rapporto degli studenti con l'insegnante, il luogo, i compagni di classe. Lo ha detto anche il cardinal Ravasi. E poi esiste un profilo che ha a che fare con la giustizia sociale: non tutti hanno accesso a queste macchine. Aggiungo che non tutti vogliono mostrare le loro case. Allo stesso modo non so giudicare se sia meglio o peggio il lavoro a distanza. Per la gente che ha un senso del dovere spiccato diventa superlavoro, perché ha una sorta di poliziotto interiore molto più severo di chi li sorveglia sul luogo di produzione. Ma molti altri che non hanno questo senso del dovere si muovono in un contesto di rilassamento e deresponsabilizzazione. Non so se lo smart working abbia le stesse caratteristiche positive di quando si lavora insieme e si scambiano costantemente esperienze e parole.»

Improvvisamente l'uomo moderno, che viveva con un tempo organizzato, scandito e frenetico, si trova di fronte a delle praterie di ore. Quale è il modo migliore per occuparlo?

«Se uno non scappa da sé come dal peggior nemico, può essere una buona occasione per cominciare a riflettere sulla propria vita. Come mi comporto in termini di affettività con i miei figli e con mia moglie o mio marito? Com'è la mia relazione con il prossimo? Questo deve essere un momento di interiorizzazione. La mia impressione è, invece, che la gente abbia paura di indagare se stessa e questo lo possiamo dedurre anche dal fatto che, se è vero che io sono un funzionario d'apparato dal lunedì al venerdì, il sabato e la domenica potrei usarli per leggere un libro, per vedere altri orizzonti, per assistere ad altri scenari, per capire quali sono le forme autentiche di relazione e di sentimento. Ma non va così. Il week-end è una fuga all'esterno, non un viaggio all'interno. Bisognerebbe cominciare a farlo da piccoli, insegnare ai bambini a capire e gustare chi si è, cosa si fa, e che cosa si vuole fare domani nel mondo. Se questi pensieri cominciassero a essere introdotti già dalla scuola, forse ci sarebbe un modellino interiorizzato per farlo poi da adulti. Perché vivere a propria insaputa è la cosa peggiore che possa accadere nella propria esistenza.»

Il sentirci fragili alla fine ci aiuterà a riscoprire gli altri

Benedetto Carucci Viterbi

Ho conosciuto il rabbino Benedetto Carucci Viterbi durante il lungo lavoro sulla memoria che per anni abbiamo condotto con la Comunità ebraica di Roma. Carucci è preside del liceo ebraico Renzo Levi di Roma, coordinatore del collegio rabbinico italiano, docente di pensiero ebraico presso il diploma universitario triennale in Studi ebraici dell'Ucei. Al di là dei suoi titoli, è un uomo aperto e profondo, che sa scegliere le parole, che non frequenta la banalità, che ha coscienza del cammino umano. Le sue parole, da tempo, per me hanno un valore particolare.

Rab. Carucci, cosa le sembra stia succedendo nell'animo degli uomini per effetto della pandemia?

«Nell'animo degli uomini mi sembra di scorgere confusione, timore per il futuro, spaesamento: un senso di esilio da una realtà nota a una ignota e imprevista. È una condizione nuova, nella quale i parametri certi e i punti di riferimento sembrano saltati. O perlomeno sembra saltata quella sicurezza nel dominio – della propria vita, del mondo, della natura – che sembrava acquisita, con una buona dose di presunzione, fino alla vigilia della pandemia. L'uomo si è scoperto ben più fragile di quanto pensasse di essere, e questo mi sembra tutto sommato un risultato non del tutto negativo. La fragilità umana è portatrice di riflessione e può regalarci un diverso punto di vista sulla vita: riconoscerla ci permette di comprendere l'esistenza in una prospettiva più sana e ci apre alla capacità di trasformazione. L'apparente solidità precedente alla pandemia era il grande autoinganno secondo cui tutto si tiene, tutto è comprensibile, tutto è al suo posto; e se non lo è, saremo sicuramente capaci di riparare. Ma ricomporre i frantumi della fragile realtà richiede pazienza e impegno, non certezza.»

Come è cambiata la relazione con l'altro?

«Mi sembra sia cambiata in due direzioni uguali e contrarie già nel primo lockdown. Da una parte ci siamo dovuti abituare a una sorta di rarefazione degli spazi, a una distanza vuota tra persone: una lontananza forzata, un'assenza di corpo che si relaziona. Dall'altra abbiamo vissuto, altrettanto forzatamente, una vicinanza nei limiti delle nostre case – per i più dai confini ridotti – con le nostre famiglie: i più prossimi dei prossimi. Chi ci era vicino, fuori della famiglia, è diventato lontano; chi ci era magari lontano, pur familiare, è ridiventato vicino. Dall'aperto dei luoghi di relazione sociale, spesso diventati abitazione, siamo stati esiliati in casa. Un paradosso che la tradizione ebraica vive da millenni: essere stranieri in casa propria. Abbiamo dunque dovuto ridefinire la lontananza e la vicinanza. Parafrasando il titolo di un libro di Magris – che riprende una storiella Yiddish – si può dire che ci siamo trovati a dover rispondere alla domanda, forse retorica: «Lontano da chi?». Siamo mai stati veramente vicini all'altro? Mi viene in mente in proposito una formidabile interpretazione rabbinica della creazione, secondo la quale l'essere umano, all'origine, era bifronte e androgino: due esseri in uno, attaccati per la schiena in una vicinanza assoluta e indifferenziata. Uomo e donna – la differenza – nascono con il distacco e il distanziamento, che aiuta il processo di identificazione. Forse il distanziamento, nella prima fase di questa pandemia, ci ha aiutati a capire meglio chi siamo e ci ha costretto a rideclinare più profondamente il senso delle relazioni. Temo che nella seconda fase, più critica, meno tollerante e riflessiva, il processo di identificazione si stia trasformando in una deriva identitaria esclusiva ed escludente: siamo passati dal canto collettivo sincronizzato al sospetto per il vicino.»

E quella con il tempo?

«Anche in questo caso vedo una differenza tra la prima e la seconda ondata pandemica. A marzo 2020, e per il periodo del lockdown, la condizione di sospensione temporale nella quale abbiamo vissuto mi ha più volte ricordato una sorta di shabbat/sabato prolungato. Nella tradizione e nella pratica ebraica lo shabbat/il sabato è un tempo altro, fuori della successione cronologica dei momenti feriali: i maestri del Talmud lo identificano come un sessantesimo del mondo futuro, un sessantesimo di eternità. Un tempo senza ieri e senza domani, un presente assoluto e puntuale. Ecco: il lockdown, almeno per coloro che non si sono dovuti confrontare direttamente con i drammi del contagio, ci ha collocato in un presente di spessore infinito. Abbiamo sì atteso la fine della fase acuta, abbiamo forse atteso ogni giorno la conferenza stampa delle 18.00, ma abbiamo anche avuto la possibilità di riappropriarci di una relazione distesa con il tempo, meno frenetica: lo abbiamo potuto gustare in sé e non solamente sfruttarlo senza soste. Poi siamo ripiombati nel tempo feriale, in una frenesia che forse ruota su se stessa, per molti con l'angosciosa sensazione di un'assenza di prospettiva per il futuro: il passaggio è dal tempo senza dimensioni a quello circolare che si illude di linearità.»

Gli ebrei, e non solo loro, hanno, con Auschwitz, avuto a che fare con l'interrogativo sulla giustizia di Dio. In condizioni storiche del tutto differenti non si pone, pensando agli anziani che muoiono da soli, lo stesso quesito? Dio e l'agire degli uomini... Prendersela con Dio è facile per gli uomini, un gigantesco alibi...

«Il terreno è decisamente scivoloso, non fosse altro per l'impossibilità di comparare l'incomparabile. Ma resta il grande tema del rapporto tra Dio e l'uomo e il costante tentativo di comprendere il piano della giustizia di Dio. Penso che la vera domanda non sia mai dove è Dio nelle vicende umane, quanto piuttosto dove è l'uomo nelle vicende umane. È all'uomo – uscito alla sua origine dal giardino dell'Eden e dalla condizione paradisiaca privilegiata – che è data la possibilità, e il dovere, di affrontare ciò che gli accade e di trovare le chiavi e le forme per tentare di evitare il dolore, le catastrofi – anche quelle naturali –, le difficoltà. Introdurre Dio nella sofferenza umana ricorda la reazione di Adamo nel momento in cui Egli lo rimprovera di aver mangiato il frutto dell'albero della conoscenza: "È la donna che Tu mi hai messo accanto che mi ha sedotto, e ho mangiato". L'uomo, appena nato ma già adulto, non è in grado di reggere la responsabilità delle sue azioni e di assumerne il senso: carica il fardello della colpa su Dio, primo e ultimo colpevole di tutto. La morte in solitudine di tutti, a cui da lontano abbiamo assistito in questo difficilissimo periodo, non è tanto il prodotto della giustizia e dell'ingiustizia divina, quanto dell'incapacità di pensare le relazioni, di prevedere e trovare approcci concreti, immaginabili e possibili ai momenti critici e alla sofferenza: non è questione di Dio ma di noi uomini.»

La scienza può bastare per fronteggiare questa catastrofe?

«Penso che la scienza abbia un ruolo fondamentale ma non esclusivo: niente basta da solo. La pandemia ci ha insegnato che senza un lavoro comune, senza convergenza tra discipline, campi del sapere e strategie concrete, non si esce dalle emergenze e non si fronteggiano catastrofi. Per ribaltare le situazioni, in linea con l'etimo di catastrofe, è sempre necessario uno sforzo di collaborazione...»

Come impegnare il tempo reso disponibile dall'isolamento?

«Dedicarsi un po' al silenzio, che è la forma privilegiata per esprimere l'accettazione degli eventi. Ciò non significa non intervenire per migliorare le situazioni e cercare di cambiarle, quanto piuttosto darsi uno spazio di riflessione per comprendere il senso dei fatti delle nostre vite, anche i più dolorosi e difficili. In un punto centrale della Torah, dopo la morte improvvisa e drammatica dei suoi figli, Aron, il fratello di Mosè, ammutolisce. *Vaiddom*, in ebraico, è il silenzio pietrificato della materia inerte e inanimata. Impegnare una parte del tempo a questa condizione, non essere immediatamente presi dal desiderio della replica, dal "ma" oppositivo che sorge all'istante sulle nostre labbra, può essere un buon modo per poi uscire dall'inerzia verso l'azione significativa verso sé e verso gli altri. E poi leggere, che moltiplica le vite che possiamo vivere.»

L'altro è il nemico, il rischio?

«L'altro non è il nemico, è colui che aiuta a definirmi: senza il tu della relazione non c'è io completo. Nel racconto biblico *'ish*, uomo, compare solo dopo *'ishah*, donna: l'uomo riesce a dire di essere tale solo quando vede di fronte a sé l'altra. Senza alterità non c'è ancora identità personale: è nel limite del volto altrui, irriducibile al mio, che comprendo di essere e di avere un confine che mi identifica. I maestri della tradizione rabbinica sottolineano il rischio di una deriva delirante nella unicità dell'Adamo originario: l'essere umano appena creato, non ancora diviso nelle sue due componenti, era scambiato dagli altri esseri viventi per un dio in terra. E forse poteva pensare di esserlo. La dualità della relazione salva dalla pretesa di essere come dei, dalla egolatria che è l'origine prima dell'idolatria. "Non è bene per l'uomo essere solo" dice Dio, accingendosi a creare la donna: mi piace tradurre *levaddò* con "esclusivo" piuttosto che con "solo". L'assenza dell'altro accanto, o ancora meglio di fronte, genera nell'uomo l'idea dell'esclusività e apre la porta all'esclusione. In questo senso l'assoluta alterità di Dio, che è d'altra parte in costante relazione con l'uomo, diventa fattore determinante per quest'ultimo. Alterità e relazione, ben lungi da essere in contraddizione, sono gemelle siamesi.»

Esiste un rischio per la democrazia in un tempo di decisioni dall'alto?

«Il virus di questo rischio è diffuso, ma siamo vaccinati. L'effetto immunità, mai assolutamente sicuro, ci concede una certa copertura dal contagio. Le istituzioni democratiche, l'equilibrio dei poteri, l'attenzione critica e coinvolta di ciascuno di noi mi sembrano antidoti sufficienti.»

Cos'è la normalità che oggi ci manca?

«È vedere la bocca degli altri che, più degli occhi – oggi comunque semicoperti – è la porta per comprenderne i sentimenti e le reazioni: il mezzo volto, che ci rende mascherati, non consente quel ri-conoscimento che è alla base di ogni relazione. È stringere le mani e abbracciare: azioni che esprimono richiesta e dono di affetto ma che, soprattutto, danno la forza di cui abbiamo sempre bisogno. È il passeggiare senza meta di notte per le strade e le piazze. È immaginare un futuro, anche immediato, possibile e vivibile.»

«Andrà tutto bene» era una pia illusione?

«Era una pia illusione, come tutti gli slogan che semplificano; o la formula inutilmente e falsamente tranquillizzante che si dice a un paziente in procinto di entrare in sala operatoria. O, ancora, un'espressione di presuntuosa onnipotenza. L'assertività e la mancanza di dubbio minano il senso e l'efficacia delle parole. Era meglio, parafrasando il titolo di un libro di qualche anno fa tratto da un tema di un bambino: "Noi speriamo che ce la caviamo tutti".»

I social e l'apertura all'altro. Le sembra siano uno stimolo o una gabbia?

«Possono essere una vetrina che consente l'esibizione di sé ma ingabbia e non è valicabile, come tutte le vetrine che chiudono uno spazio. Sono, tuttavia, un potente canale di comunicazione, sempre aperto e a disposizione: nella mia esperienza quotidiana con gli studenti sono stati preziosi strumenti di contatto in questo lungo periodo di distanza fisica. I social non la azzerano, ma consentono di mantenere saldi i legami, permettono la prosecuzione di un dialogo in presenza interrotto eppure mai morto, offrono spunti di ripensamento sul senso dello scambio di idee e opinioni. Zoom, il nome di una delle piattaforme più usate nella didattica a distanza, mi sembra una buona metafora di questa vicina lontananza o lontana vicinanza che i social ci hanno permesso: non è ideale – c'è uno schermo che ci rimanda la nostra immagine ancor prima di quella degli altri –, ma è forma di comunicazione.»

Cos'è la solitudine nella sua cultura?

«L'ebraismo è in linea di massima fondato sulla dimensione collettiva. Le celebrazioni sono possibili solo a condizione che siano presenti almeno dieci persone e dunque la vita religiosa in sé sembra essere legata alla collettività: la preghiera stessa – per eccellenza un'esperienza intima – è sempre recitata alla prima persona plurale e mai al singolare. Nella Torah, superata la stagione dei patriarchi – grandi individualità – gli ebrei sono "i figli di Israele", sempre al plurale: il popolo si muove in massa e in massa si accampa; è il popolo che ai piedi del Sinai ascolta le dieci parole. D'altra parte la condizione dell'uomo di fede è di solitudine profonda, soprattutto nel contesto del mondo contemporaneo, secolarizzato e centrato sulla prevalenza della dimensione materiale. Vede, l'uomo di fede, secondo l'idea di rav Joseph Dov Soloveitchik, non è mai da solo: è ontologicamente solo. Lo erano nei momenti costitutivi della loro esistenza Abramo, Isacco e Giacobbe. Lo era Mosè. Lo è il credente di ogni generazione: una solitudine speculare a quella di Dio stesso, con il quale si apre la possibilità dell'incontro. In un'immagine potentissima del midrash, la tradizionale esegesi rabbinica, Dio e Mosè, sulla cima del monte dove l'Uno è disceso e l'altro è salito, studiano insieme, interloquiscono, parlano e si ascoltano reciprocamente. La scommessa da giocare è quella di non trasformare la solitudine in individualismo: l'insegnamento più noto di un grande maestro della tradizione rabbinica classica, Hillel, recita: "Se io non sono per me, chi è per me? Ma se sono solamente per me stesso, cosa sono io? E se non ora, quando?". Il primo movimento umano, che non può essere altro che in solitudine, è in direzione del sé. Ma questo è solo il primo passo del percorso: il successivo, necessario, è aprirsi all'altro, pena la trasformazione da un chi a un cosa. E ogni momento, con urgenza, è buono per compiere questi due passi.»

Si può vivere senza speranza?

«Rabbi Nachman di Breslav diceva che "il mondo è un ponte molto stretto, l'importante è non aver paura". Penso che questo ci aiuti a essere lucidi nel guardare la realtà senza autoinganni. Il mondo non è un'autostrada dal traffico scorrevole: è uno spazio stretto, un ponte sull'abisso sul quale dobbiamo camminare con attenzione ma senza paura. Il cammino è forse la meta stessa: è capacità di muoversi, cambiare, camminare anche con gli altri, andare avanti. Non si può vivere senza speranza, ma non si può vivere solo di speranza. Uno degli enunciati di fede di Maimonide, inserito nella preghiera quotidiana, afferma: "Credo con fede completa nella venuta del Messia, e anche se ritarda, nonostante tutto lo aspetterò ogni giorno che verrà". L'attesa, che nelle *Tesi di filosofia della storia* di Benjamin è la porta dalla quale in ogni momento può irrompere la palingenesi, quale che sia il carattere che a essa vogliamo dare, non è attesa vuota: è il tempo dell'impegno dell'uomo per avvicinarla, è una speranza proattiva.»

Il passo della Torah che le sembra più adatto per questo momento.

«Il primo verso del *Levitico*, all'apparenza solo informativo: "E il Signore chiamò Mosè e parlò con lui dalla tenda dell'incontro dicendo". In queste poche parole c'è tutta la forza e la necessità di incontrarsi intenzionalmente e individualmente. L'esegesi midrashica sottolinea che Dio chiamava sempre Mosè per nome prima di parlargli e gli lasciava, tra un contatto e l'altro, una pausa di riflessione: la comunicazione è delicatamente preannunciata, indirizzata, non generica, non parola vana; e ha bisogno dei suoi tempi di decantazione. Incontrarsi è un atto volontario, generoso e di vicinanza, non casuale: è sempre un appuntamento. Mosè aspetta paziente la chiamata fuori della tenda dell'incontro, quel tabernacolo/santuario che ha appena eretto: non si impone, non pretende, non presenzia a tutti i costi. L'uomo diventa essere vivente, nel racconto della *Genesi*, quando Dio gli insuffla lo spirito di vita: la versione aramaica del testo rende "essere vivente" con "spirito parlante". Prima ancora che di pensiero, l'uomo è dotato di parola: è questa che ne determina l'umanità in quanto strumento di relazione. Dobbiamo lavorare per ricostruirla – lontani da ogni assertività violenta – in modalità attenta, gentile e premurosa.»

La vita in una stanza

Gli studenti e la pandemia

Tommaso chiede la parola con il simboletto della mano alzata. Non ha acceso la telecamera del computer e quindi arriva solo la sua voce. Una voce provata, malinconica: «Io sto in Dad da febbraio dell'anno scorso. Sarò andato a scuola due settimane in tutto. In questo periodo ho chiuso la gran parte delle mie amicizie. Non basta la dimensione virtuale, nei rapporti con le persone. Ci vuole la fisicità di uno sguardo, di un abbraccio, di una semplice stretta di mano. Così tutto è difficile, si perde la voglia di vedere qualcuno, di organizzare qualcosa, di intrattenere relazioni. Tutto è complicato, faticoso. Sto sempre qui, in casa. Ho cercato su Google, in un giorno di noia totale: "Cosa fare quando non hai voglia di fare niente". La risposta del motore di ricerca è stata che ero apatico. Ho indagato ancora e ho visto che spesso, specie in questi tempi, apatia e depressione sono confinanti. Io non sono depresso. Almeno credo, almeno spero. Ma passo molto tempo in camera mia, davanti a un computer. Sono come confinato in casa. Un mese fa ho visto una persona, ma il mio mondo si sta riducendo a questa stanza. Mi si chiude addosso. Questa storia mi ha colpito molto. Temo che quando tornerò a uscire sarò talmente spaesato che mi verrà da dire agli altri: "Io Tommaso, tu come ti chiamare?"».

Gli altri ragazzi dell'istituto Primo Levi, uno scientifico del quartiere Ardeatino a Roma, che si sono riuniti in assemblea e hanno voluto e accettato che dialogassi con loro, ora sorridono. Ma quando Tommaso ha descritto il suo stato d'animo, gli occhi dei suoi compagni sono rimasti bassi, si capisce che sono colpiti. Come il preside, che interviene per rassicurare il ragazzo e garantirgli vicinanza.

Vedo questi adolescenti nelle loro stanze, con qualche poster, qualche libro, qualche foto. Hanno bei sorrisi, nonostante tutto, e una gran voglia di parlare. Sembrano persino avere nostalgia del primo lockdown, quando ci si ritrovava sui balconi per cantare l'inno d'Italia o si diceva a se stessi, ignari di ciò che ci attendeva: «Andrà tutto bene». Quello, ai ragazzi che ho di fronte, finisce addirittura col sembrare un tempo da rimpiangere. Lo dice bene Saverio: «La prima fase l'ho vissuta meglio. Ero come catapultato in un'altra dimensione, in un mondo parallelo. Il mondo di prima, veloce e rumoroso, era lontano. Stavo scoprendo la lentezza e la profondità, la casa e la famiglia. Ho un balcone, allora sembrava oro. E pensavamo sarebbe stata una parentesi, sarebbe finito presto. Ora è tutto più duro. Io passo le giornate nella mia camera, esco solo quando mangio. La vivo male. Perché prima sembrava un altro mondo, ora invece sembra il mondo normale, l'unico possibile. Siamo come incatenati, ci vengono limitate tutte le cose che ci piace fare. E quando proviamo a sopravvivere c'è sempre qualche adulto che si scaglia contro di noi. Veniamo trattati male, come un capro espiatorio, qualcuno che è causa e non vittima di questa situazione orrenda. C'è il dito puntato contro di noi, che avremmo solo bisogno di una carezza e che ci fosse consentito di vivere la nostra età».

Ludovica, la ragazza che ha organizzato con gli altri rappresentanti l'incontro, aggiunge: «Quando tutto è ricominciato, ho sentito che non c'era una via d'uscita. Quanto dobbiamo andare avanti? Stiamo male. Alcuni ragazzi che conosco hanno avuto bisogno non solo di uno psicanalista, ma di uno psichiatra. Io non faccio più sport, non ho relazioni, non posso neanche andare a scuola. Vivo con le mie ansie, le mie paure. Ho anche avuto un periodo conflittuale con i miei, ma penso sia inevitabile. Molti non riescono a parlarne e così ti resta tutto dentro. Durante il primo lockdown ho letto *Sostiene Pereira* di Tabucchi. Le pagine finali le ho divorate con concitazione...».

Mi tornano alla memoria, mentre Ludovica parla, proprio le ultime parole di quel libro fantastico: «Non c'era tempo da perdere, sostiene Pereira».

«In questi mesi è cresciuta esponenzialmente la mia fragilità. Tutto mi sembra grande, difficile. Anche le piccole cose. Si è prodotta una rottura e io faccio fatica a leccarmi le ferite.»

Giulia, una compagna di classe di Ludovica conferma: «Con il mio fidanzato ormai ogni cavolata diventa un *casus belli*, una tragedia. Lui fino a tre mesi fa mi sembrava fatto d'amianto. Non l'avevo mai visto piangere, e stiamo insieme ormai da un anno e mezzo. Ora gli capita per un nonnulla. Anche per un film. Ne vediamo tanti, specie quelli che hanno come tema la scuola. Così, per non dimenticare. A proposito: non so perché, ma da quando è iniziata questa situazione, io ho solo voglia di leggere libri o vedere serie televisive che già conosco...». La interrompo per dirle che forse questo è spiegabile con il desiderio di ritrovare quello che si è perduto ma si conosce, piuttosto che avventurarsi per sentieri inesplorati. Prevale, in momenti così, il desiderio di rassicurazione sulla voglia di scoperta, di nuovo, che è tipica delle fasi positive individuali e collettive.

«Io non vedo i miei nonni da settembre, per proteggerli. E ormai ho zero contatti con il mondo esterno. Non posso abbracciare nessuno, se usciamo, prima del coprifuoco dobbiamo stare attenti a tutto. Un selfie si può fare con la mascherina, non con i nostri volti di ragazzi contenti di avere diciotto anni. Mi manca la voglia di uscire, di vedere cosa c'è fuori. Ci si è fatto il vuoto, intorno alle nostre stanze chiuse. Sembra un incubo: se non prendi il Covid, il rischio è che diventi pazzo.»

Edoardo aggiunge: «Della scuola, che è tanta parte della nostra esperienza di vita sociale, ci resta solo la parte più brutta. Solo i voti, non la comunità. All'inizio sembrava una dimensione nuova, faceva paura, ma era affascinante. Mio padre non l'ho visto per un mese, lui lavora fuori e torna solo per il week-end. Il venerdì sera portava il pesce ed era un rito, la cena tutti insieme. Poi andavamo a correre insieme, e io cercavo di tenere il suo passo. Mamma fa lo smart working, ma questo significa che non abbiamo più orari, lei può essere chiamata in ogni momento. Nei primi giorni ci divertiva cucinare insieme, io sono bravo. Ma da quando c'è il lavoro da casa è difficile che riusciamo a combinare gli orari. Insomma ora la vita è più difficile, più cupa. Ci sono rimasti solo i doveri e la noia. Temo che pagheremo il prezzo di tutto questo, nel futuro. Ci stanno rubando gli ultimi anni del liceo, anni importanti. In questi mesi ci siamo trovati spezzati.»

Interviene con discrezione una professoressa: «Noi abbiamo molti ragazzi che stanno male. Anche nei pochi momenti in cui sono in classe sembrano preferire l'uso del cellulare ai rapporti diretti con i compagni, ai quali sembrano ormai disabituati. È diminuita la partecipazione a qualsivoglia discussione, sono come in una bolla». Poi, con la voce rotta, una ragazza, Sara: «Durante il primo lockdown io ho perso dodici chili. Non avevo più voglia di mangiare, ma non mi accorgevo di quello che stava accadendo. Stare chiusa in casa mi ha messo sottosopra. Invece di alimentarmi, cercavo cose da fare per riempire il tempo. Quando al ritorno dall'estate mi hanno visto i miei amici, ho capito. Io facevo nuoto, mi allenavo tre volte alla settimana. Tutto finito. Insegnavo in piscina anche ai bambini, ma ora non li vedo più, forse nemmeno mi riconosceranno. Mi mancano molto. Ho letto tanto, questo sì. I classici, come *Orgoglio e pregiudizio*».

Francesco parla per ultimo: «Durante il primo lockdown sono arrivato anche a dieci ore al giorno sul computer. Computer, dormire, mangiare. La vita è tutta qui, ora. Un libro mi ha aiutato. È *Il metodo Sticazzi*, mi ha fatto dare meno peso alle nuvole che mi oscurano le giornate». Poco dopo la conclusione del nostro incontro ricevo nella posta una mail di Ludovica: «Grazie mille! È stata un'assemblea veramente interessante... Tutti i nostri ragazzi si sono sentiti ascoltati, dopo tanto tempo». Come diceva Pereira? «Non c'è tempo da perdere.»

Nessuno va perduto

Franco Lorenzoni

Franco Lorenzoni si è guadagnato negli anni, sul campo, la stima e l'attenzione del mondo della scuola italiana. La sua esperienza di laboratorio con i bambini ad Amelia e quella trentennale dell'insegnamento a Giove, in Umbria, hanno a che fare con la migliore tradizione pedagogica del nostro Paese. Ha recentemente scritto un libro, pubblicato da Sellerio, dal titolo *I bambini ci guardano. Una esperienza educativa controvento.*

Immagina di non essere in pensione ma in classe e di vedere arrivare lunedì, con le mascherine, i tuoi bambini. Cosa dici loro?

«Cercherei di curare con grande attenzione l'accoglienza, come stanno progettando di fare migliaia di insegnanti. E non parlerei di ciò che è accaduto in modo esplicito e diretto perché non funziona. Cercherei piano piano di far emergere impressioni e ricordi di quello che si è vissuto. C'è stato un grande sconvolgimento nella vita quotidiana di bambini e adolescenti, che ha generato emozioni inedite e nuove idee. È molto importante raccoglierle, trascriverle, e poi confrontarle e farne territorio di conoscenza. Il rischio è che rimangano sepolte nella memoria di ciascuno e non si abbia la possibilità collettiva di elaborarle e dunque non se ne traggano le conseguenze culturali, che possono essere molto importanti. Il tempo della "non scuola" è stato per tutti un'esperienza profonda. Bisogna parlarne, per razionalizzare e condividere.»

Hai paura che il silenzio nasconda?

«Si può partire da un disegno, da un sogno, da un testo. Dialogando molto emergono spesso spunti portati dai bambini ed è sempre interessante quando le cose arrivano in modo indiretto. C'è una bella immagine evocata da Calvino nella "lezione americana" sulla leggerezza, quando parla dello sguardo di Perseo. L'eroe scruta il mondo attraverso il suo scudo e questo modo indiretto gli permette di guardare negli occhi Medusa, senza esserne pietrificato. A questo serve la cultura e dunque la scuola, a guardare la realtà – anche quando ci ferisce come il virus – senza restare pietrificati.»

Cosa è stato il lockdown per i bambini?

«Ci sono bambini che hanno goduto inizialmente di una specie di curioso carnevale, in cui molte cose erano rovesciate, e altri che hanno sofferto moltissimo. Sono aumentate in modo esponenziale le discriminazioni e oltre un milione di bambini e ragazzi è rimasto isolato, completamente disconnesso. Quando si abita in tanti in spazi ridotti o in famiglia regna la tensione o la sopraffazione, restare chiusi in casa diventa un incubo. Le infanzie sono vissute in modi completamente diversi. A tutti è mancata molto la presenza dei compagni, l'incontro quotidiano, il vivere in una piccola comunità. Non dimentichiamo mai che la metà dei bambini sono figli unici e stare intere giornate circondati da adulti spesso non è una esperienza tanto allegra.»

In questa crisi è cambiata la percezione della morte nei ragazzi?

«I bambini parlano spesso della morte. È molto presente in loro il tema della scomparsa, dell'assenza, di cosa accade quando si muore. Credo che in questa occasione abbiano piuttosto vissuto con trepidazione la paura del mondo adulto che hanno visto, taluni per la prima volta, più inquieto e con meno certezze. Seguire ogni sera i numeri quotidiani della pandemia e incontrare la grande incertezza dei genitori sul da farsi è certo entrato nell'immaginario infantile. Ci vorrà tempo per scoprire cosa ha provocato. Anche a questo serve la scuola e credo che incontrare adulti incerti, che si pongano domande, sia un bene. Se saremo in grado di non riempire subito con facili certezze il grande smarrimento provocato dalla pandemia, sarà per tutti una buona scuola di umiltà e di umanità. E una straordinaria occasione per scoprire quanto sia importante porsi domande e amare scienza e conoscenza. Capire è importante, molto importante. La scienza è entrata nella nostra vita e tutti ci siamo resi conto di quanto sia decisivo fare esperimenti, studiare, cercare di capire. Quanto ci rassicuri poter far affidamento su buoni medici e infermieri ce ne accorgiamo quando abbiamo un nostro caro ammalato. In questo caso ce ne siamo accorti tutti insieme. Non dobbiamo farci sfuggire questo piccolo varco che si è aperto e dobbiamo esplorarlo anche con i bambini.»

Temi che i bambini possano considerare l'altro da sé come un pericolo?

«Facciamo un passo indietro. Una delle esperienze più significative e positive che la scuola dell'infanzia ed elementare ha realizzato negli ultimi trent'anni è stata la capacità di integrazione con i figli di famiglie straniere immigrate. È stata un'impresa enorme, realizzata spesso con sensibilità ed efficacia dalle maestre (parlo al femminile perché sono il 96 per cento). La scuola primaria è stata il luogo pubblico più aperto all'incontro interculturale, uno straordinario laboratorio di convivenza tra diversi, tanto che molti insegnanti si sono spesi con convinzione per lo *ius soli* e lo *ius culturae*. Oggi il rischio concreto che un bambino avverta l'altro come portatore di malattia è da considerare con estrema attenzione.»

È il momento più difficile della scuola italiana?

«Conosco insegnanti che non ci dormono la notte. Mantenere un metro di distanza dal tuo compagno e indossare la mascherina ogni volta che ti alzi non è facile. Pensiamo ai tanti bambini iperattivi o con disturbi del comportamento. Cosa facciamo, li puniamo? Penalizziamo la loro incapacità di stare fermi e seduti per ore? Allontanarli affidandoli a un insegnante di sostegno o a un operatore sarebbe una sconfitta per tutti, perché darebbe luogo a nuove forme di apartheid educativo. E allora bisogna lavorare con duttilità sui contesti e immaginare soluzioni con grande creatività. Ci sono maestre che stanno progettando ricreazioni in luoghi aperti della città. Credo che, ovunque sia possibile, intorno alle scuole dovrebbero essere create isole pedonali abitabili da bambine e bambini. Siamo di fronte alla sfida educativa più difficile di sempre e si tratta di costruire insieme delle regole sensate per andare incontro al bisogno di sicurezza, che sicuramente è fondamentale perché riguarda tutti, ma anche condividere con i bambini le difficoltà e cercare insieme soluzioni. Senza una lunga e complessa costruzione di un sentire comune è difficile dare regole che siano rispettate. Dobbiamo tutti metterci in ricerca e non limitarci ad applicare protocolli, pur necessari. La parola chiave in questo momento è includere tutti. Sapendo riconoscere che ogni ragazzo è diverso, ognuno ha qualità originali, ognuno ha un background familiare che influenza il suo apprendere. Ogni bambino è un mondo, non un numero.»

La scuola, abbandonata nel territorio, finisce con l'essere isolata?

«Quando le discriminazioni hanno cominciato a crescere a dismisura e troppi bambini e ragazzi sono rimasti completamente isolati, sono sorte alleanze inedite tra insegnanti e operatori sociali attivi nel territorio per fornire device a chi non li aveva. Per affrontare le tante fragilità e disabilità, per contrastare il crescere della povertà educativa, è necessario costruire patti territoriali capaci di coordinare le scuole con i comuni, i municipi, le Asl e il variegato mondo del terzo settore. Promuovere e realizzare "comunità educanti" attorno alle scuole, come in tante realtà difficili si sta cominciando a fare, è necessario più che mai perché quello che si cerca a fatica di costruire nella scuola non venga disfatto dal territorio che le circonda. Nel deserto, la scuola da sola non ce la fa. Ci sono quartieri urbani del sud in cui il 40 per cento dei ragazzi smette di frequentare la scuola dell'obbligo. Possibile che questo inaudito spreco di intelligenze non venga messo all'ordine del giorno della vita pubblica? Moltiplicare i linguaggi è il modo migliore per cercare di includere tutti. Per questo le scuole devono essere aperte tutto il giorno e offrire la più vasta e ricca varietà di proposte educative e di incontro per ragazze e ragazzi. Sono anni che se ne parla, è il momento di farlo. A cinquant'anni dall'istituzione del tempo pieno non è tollerabile che riguardi solo un terzo degli studenti della scuola di base. Questo vuol dire che si fa meno scuola dove ce n'è più bisogno. La scuola pubblica deve restare al centro ed essere rafforzata, ma dobbiamo immaginare le più larghe collaborazioni e mille forme di intervento per contrastare la desertificazione culturale dei territori più a rischio, investendo molto di più e meglio.»

Consigli da dare all'attuale ministro?

«Credo che la gestione di questa fase sia stata largamente inadeguata. Pochissimo si è fatto per mettere in comunicazione le esperienze più significative e renderle generative, tenendo vivo il confronto educativo. Dobbiamo facilitare al massimo lo scambio di pratiche sensate ed efficaci perché siamo in una fase di ricerca. Noi stiamo chiedendo ai nostri figli e nipoti un sacco di soldi. È a loro che stiamo chiedendo un prestito, non all'Europa. È sulle loro spalle che ricadrà un debito pubblico di proporzioni gigantesche. E allora abbiamo l'obbligo etico, prima ancora che politico, di risarcirli. E l'unico modo per risarcire le nuove generazioni sta nell'investire in istruzione, educazione, ricerca e formazione almeno il 20 per cento del recovery fund. L'Italia è l'unico Paese in Europa che affrontò la crisi del 2008 tagliando fondi all'istruzione. Mentre tutti investivano di più, Tremonti tagliò 8 miliardi alla scuola di base.»

In nessun luogo sociale come la scuola è giusto sperimentare una dimensione circolare invece che verticale?

«Calamandrei diceva: "Se lo Stato fosse un corpo, la scuola sarebbe l'organo ematopoietico", cioè dove si forma il sangue. Questo luogo non può che essere partecipato e attivo. Un luogo in cui bambini e ragazzi siano protagonisti. E allora affrontare le difficoltà della sicurezza nella scuola può diventare una grande palestra di democrazia. Una reale educazione civica deve cogliere oggi questa sfida: scriviamo insieme le regole per proteggere la salute di tutti. Ma per poterla cogliere dobbiamo impegnarci assai ed essere consapevoli che la scuola è un luogo di creazione culturale e non di pura trasmissione di conoscenze. In questo momento la cultura di cui abbiamo maggior bisogno riguarda l'attenzione e la cura. Pensiamo alle grandi manifestazioni del movimento dei venerdì del futuro promosso da Greta Thunberg. Quelle manifestazioni dicevano una cosa chiara: capire e cambiare. Se tu non cambi vuol dire che non hai capito. Oggi quel capire e cambiare parte dalla costruzione di una cultura della cura. Cura delle relazioni reciproche, degli spazi che abitiamo, degli equilibri del pianeta. Se non ora, quando?»

La scuola resta ai margini delle scelte pubbliche...

«Mi fa un po' rabbia che parlino di centralità di ricerca e istruzione solo Draghi o Visco. Mi piacerebbe fosse all'ordine del giorno di chi governa. Dovrebbe essere la priorità di un Paese che ha bisogno di profonde trasformazioni per crescere e aprirsi a una profonda conversione ecologica. È una vergogna che l'Italia sia penultima in Europa per numero di laureati: il 27,6 per cento contro il 40,3 per cento della media Ue. Questa mancanza di desiderio di istruzione deve interrogarci come insegnanti, perché se così tanti giovani non credono nella conoscenza come possibilità di sviluppo della loro personalità, qualche responsabilità credo che l'abbiamo anche noi. È importante rivendicare la centralità della nostra funzione, ma anche darci da fare.»

L'Italia non è un Paese per giovani...

«Negli ultimi anni a scuola con i bambini ho lavorato molto sulla statistica. La cosa che più li colpiva era che al sud del Mediterraneo il 50 per cento della popolazione fosse sotto i ventiquattro anni e da noi invece meno del 20 per cento. Una bambina un giorno ha detto: "Se al Nord sono vecchi e ricchi e al sud giovani e poveri, cosa succederà?". Un'altra una volta ha fatto una scoperta sorprendente. Stavamo lavorando sull'emigrazione e lei si è ricordata di un quadro di Giotto su cui avevamo lavorato a lungo in prima elementare: la cacciata dei demoni da Arezzo. Davanti a san Francesco c'è la città di Arezzo con due porte, dalle quali si affacciano un povero e un ricco. In mezzo c'è un abisso, la terra è spaccata. Da quel crepaccio si levano demoni che volteggiano in cielo. Questa bambina, in terza elementare, ha esclamato: "Allora il mar Mediterraneo è la spaccatura di Giotto". Ecco, questa capacità di fare associazioni e domandarci cosa accade con la ricchezza di suggestioni che provengono da un affresco del 1300 mi ha confermato che questa è la cultura di cui abbiamo bisogno. Osservare un quadro, leggere un racconto o ragionare su una tabella di dati può aiutare a capire cosa succede oggi, quando lo colleghiamo alla nostra vita. Quando accade, bambine e bambini si emozionano, scoprono la gioia della conoscenza, che può essere ricerca attiva, scoperte da condividere, scambio. Mi fa disperare la scuola che rende tutto uguale: fai geografia, musica o scienze e tutto è sempre uguale, leggere o ascoltare, mandare a mente, ripetere in un'interrogazione o verifica. Se non si dà voce alle diverse opinioni di chi impara, perdiamo la radice più feconda della motivazione allo studio che è sforzo, fatica, ma anche gioia della scoperta di connessioni inattese.»

Bisogna inventare un nuovo modello, sperimentare...

«Immaginare di tenere quattro o sei ore i bambini seduti e distanziati è assurdo. Usciamo e proviamo a utilizzare tutti gli spazi possibili e immaginabili nella città. Sempre Calamandrei definiva la scuola come "incubatrice di vocazioni". È un'espressione che mi piace molto: l'incubatrice è una macchina costruita per far fronte alle difficoltà della natura e superarle. La scuola deve essere proprio questo: sono tanti i bambini che soffrono, un milione di bambini vive in condizioni di povertà assoluta. E allora le scuole dovrebbero farsi incubatrici, per limare le differenze e fornire opportunità. Sono lo spirito e la lettera della nostra Costituzione.»

Se dovessi dire il momento più bello vissuto da educatore e quello da alunno, quali sceglieresti?

«Come studente certamente l'incontro con Emma Castelnuovo alle medie. Ci faceva creare la matematica, ci faceva gioire nel capire. Quando la scuola è questo, è un luogo di sogno. I momenti più felici da insegnante sono quelli in cui ho imparato di più ascoltando i miei alunni. Un giorno una bambina, dopo un lungo lavoro su Gandhi e la nonviolenza, ha detto: "Ho capito... Gandhi non dava ragione a uno, ma a due". Una sintesi geniale del pensiero nonviolento. Ne abbiamo parlato a lungo. Che voleva dire? Si era resa conto che la ragione di uno non è mai assoluta.»

Hai scelto di portare il tuo desiderio di cambiare il mondo e combattere le discriminazioni nel piccolo, con i piccoli. Per il Talmud salvare una persona significa salvare il mondo intero...

«Nel Talmud mi hanno raccontato che non viene mai pronunciata la parola maestro, sostituita dalla bellissima espressione di "scolaro saggio". Solo chi riesce a rimanere scolaro tutta la vita può provare a far bene il mestiere di maestro.»

Restituiamogli il futuro

Gli adolescenti

Ad aprile del 2020, due mesi dopo l'inizio, questo giornale segnalò che la pandemia avrebbe avuto effetti devastanti sui bambini e gli adolescenti. Non bisognava essere Jean Piaget per capirlo. Costretti in casa, isolati dagli amici, sottratti a ogni forma di socializzazione e di relazione amorosa, amicale, sessuale, congelati nella didattica a distanza – un ossimoro non meno pericoloso del «distanziamento sociale» – i ragazzi, in questi lunghi due anni, hanno mutato la loro percezione del futuro e il loro rapporto con gli altri. Nel momento in cui dovevano progressivamente staccarsi dal cordone ombelicale e guadagnare i grandi spazi dell'autonomia sono come stati richiamati al punto di partenza.

È differente, a quattordici anni, vedere il primo uomo scendere sulla luna o contare i camion che portano le bare lungo una strada di Bergamo. Sentire che l'altro non è una opportunità ma un pericolo. Vivere la morte non come una possibilità che oggi certo non riguarda chi ha sedici anni ma come l'ospite ravvicinato che regolarmente si annuncia con il suo bollettino di scomparsi, come se un aereo cadesse ogni giorno. Una minaccia che forse potrà attaccare i tuoi nonni, i tuoi genitori, poi te stesso. Quante feste di compleanno sono saltate, quanti fidanzamenti, quante partite di calcetto, quante pizze con gli amici? Quanto si sono sentiti soli i ragazzi, in quelle stanze sbarrate per difendere uno spazio vitale? Sono i trentamila studenti interrogati a fornirci il quadro delle loro reazioni: il 55,6 per cento dichiara di aver sentito aumentare l'ansia, il 55,9 la solitudine, il 68,2 la noia, il 40,5 la paura, il 45,7 la rabbia. L'allegria è cresciuta solo nell'8,2 per cento dei casi e la serenità nel 12,4. Il 28 per cento dei ragazzi dichiara di aver conosciuto disturbi alimentari, il 14,5 forme di autolesionismo, il 10,9 ammette di aver usato sostanze, il 12 di aver abusato di alcol. Tutti questi dati di comportamento hanno raddoppiato la loro incidenza con la pandemia. Alla quale è seguita, senza soluzione di continuità, la guerra, con il suo portato di sofferenze conosciute e di senso di pericolo, di paura, di ingiustizia e di impotenza.

Temo che vedremo nel tempo gli effetti, sul piano psicologico e sociale, di questa sensazione di «furto di futuro» che i ragazzi sentono di vivere oggi. La sensazione è che la solitudine dei figli non sia inferiore a quella dei loro genitori e degli insegnanti. Tutti avvertono nei loro ragazzi qualcosa di strano, di difficilmente affrontabile. Gli adolescenti non votano e non producono ricchezza e per questo nessuno si occupa di loro. Ma la mia sensazione è che ora la questione degli adolescenti debba diventare una grande questione nazionale. Che si debbano commissionare ricerche a tappeto, si debba chiamare a raccolta il meglio della cultura applicata a questo tema, si debbano prendere decisioni coraggiose per restituire ai ragazzi un po' di libertà e un po' di opportunità di relazione, di conoscenza, di socialità. Il sistema Paese deve restituire ai ragazzi ciò che a loro questo tempo ha tolto. Per una volta, cominciamo da loro.

29 maggio 2022

SECONDA PARTE
La nostra storia

La lettera di Moro e le lacrime di Craxi

Gennaro Acquaviva

Gennaro Acquaviva è stato capo della segreteria politica di Craxi dal 1976 e poi suo consigliere politico a Palazzo Chigi. È quindi uno dei testimoni privilegiati di quell'autentico passaggio d'epoca, il rapimento di Moro e la fine della Prima Repubblica, sul quale si continua a riflettere. È un uomo e un dirigente politico schietto e diretto nelle sue posizioni. Cattolico, socialista, oggi presiede la Fondazione Socialismo e dedica il suo lavoro alla ricostruzione, con preziosi volumi, della vicenda del suo partito in quegli anni cruciali.

Quando inizia per te la fine della Prima Repubblica?

«Dopo Moro, il crollo è la conseguenza quasi obbligata. La Prima Repubblica finisce perché finisce il sistema che l'ha ordinata e che non si riesce a cambiare: sempre al governo un partito di centro e sempre all'opposizione una forza rappresentativa, grande e democratica, ma che non poteva mai andare al governo perché rimaneva comunista; e con i socialisti che non riescono a prendere i voti che gli servono. La realtà che si costruisce nel 1945-1948 è decisiva. Il Partito comunista rimane condizionato dall'Unione Sovietica con tutti i vincoli e le paure che persino e nonostante Berlinguer permanevano. Era un dato oggettivo: esisteva una parte della classe dirigente comunista del Pci che era in un rapporto di filiazione, di amicizia e di fraternità con il sistema dell'Est. Questa cosa permane, inevitabilmente. La sostanza è che questo rapporto blocca il sistema, nel senso che la democrazia è un sistema complesso che senza alternanza non sta in piedi. Una realtà che alla fine produce anche corruzione, inevitabilmente.»

La democrazia dell'alternanza era la vera Seconda Repubblica?

«Secondo me, Craxi in qualche maniera è un sostituto-prosecutore dell'opera di Moro, indirizzata a favorire l'evoluzione del sistema politico che doveva indirizzarsi verso una democrazia dell'alternanza. Uno dentro e uno fuori, io all'opposizione e tu in maggioranza. Uno schema bilanciato. Non ce la fa il Pci a trasformarsi aiutato da Moro, nella prima metà dei Settanta. Moro viene ucciso anche per questo, per averci provato pur dentro una Guerra fredda che ritorna. E la mano passa a Craxi. Perché Craxi ha la fortuna di incrociare il cambiamento della politica estera americana con gli euromissili. La forza di Craxi nasce nel '79, con gli americani che scoprono l'Eni-Petromin, per fare fuori Andreotti; con il Preambolo nel febbraio 1980 per far vincere la linea anticomunista nella Democrazia cristiana. Diventa così, un po' casualmente, ma anche intelligentemente, l'uomo degli americani e di conseguenza l'uomo decisivo per tutti gli anni Ottanta.»

Secondo te perché Moro viene rapito? Perché lui e perché quel giorno?

«Perché è l'uomo che può cambiare il sistema "convertendo" i comunisti e portandoli al governo. Lo avevano ammonito duramente a non farlo più volte nel 1975, e poi ancora a giugno del 1976, durante il vertice mondiale a Portorico, quasi nessuno lo ricorda. L'Italia, e personalmente Moro presidente del Consiglio, vengono lasciati fuori della porta mentre i grandi dell'Occidente discutono proprio del "pericolo Italia".»

Schmidt in particolare glielo disse, era un socialista...

«C'è un preannuncio, oggi potremmo dire drammatico. Moro, per gli americani e per gli equilibri del tempo, è un rompiscatole. La Guerra fredda non era uno scherzo, c'erano l'Alleanza Atlantica e il Patto di Varsavia. Il Pci dentro la Nato dava fastidio a tutti. Non so chi, non so come, ma sono certo che le Br sono state manovrate, prevalentemente dal Kgb. L'infiltrazione sovietica nell'area della protesta violenta era evidente. Nel gruppo romano non lo so, non credo. Ma nelle Br in genere penso di sì. Bisognerebbe chiedere a Moretti.»

Tu allora cosa facevi?

«Ero il capo segreteria della direzione e lavoravo con Craxi.»

Mi racconti del tentativo di Signorile e del Psi?

«Signorile sa le uniche cose serie e le ha raccontate.»

Formica e Signorile nelle loro interviste mi hanno detto che avevate avvertito in quei giorni sia Cossiga che Leone.

«Craxi lo disse anche ad Andreotti. Ne sono certo.»

Signorile dice di essere rimasto sorpreso dal fatto che, nonostante tutti sapessero dei suoi contatti, nessuno fu pedinato. Tu che idea ti sei fatto di quei giorni?

«C'è un episodio che non posso dimenticare. Freato una mattina viene in direzione e porta a Craxi una lettera di Moro. Mancano quindici giorni alla morte. Io rimango lì perché ero ansioso di sapere. Lo vedo uscire. Mi chiama Craxi e lo trovo che sta piangendo, nella sua stanza, con la lettera in mano. Ha le lacrime agli occhi e quasi la butta verso di me, dicendo: "Adesso arriva quello della polizia e la deve sequestrare. Fai una copia". Naturalmente non c'erano le fotocopiatrici all'epoca. Chiamiamo un fotografo di corsa e facciamo un'istantanea del testo. Dopo dieci minuti arriva Spinella, che allora era a capo della Digos. Immagina: io con questa lettera in mano, Craxi che piangeva come un cavallo. Consegno il testo come se fosse sangue di Gesù Cristo. Ma rimango basito dalla reazione del capo della Digos: prende la lettera, neanche la guarda e se la mette in tasca. Rimane in piedi nella mia stanza, non vede l'ora di andarsene. Mi dice solo: "Ma che caspita! Ma perché ci state a far perdere tempo! Ma che è 'sta roba! Insomma è tutto deciso, non c'è niente da fare, smettetela di rompere le scatole, di far perdere tempo a tutti". Prende e se ne va. Era un bravo poliziotto, sia chiaro. Ma era evidentemente impregnato del clima di quei giorni, del mondo in cui operava. Che probabilmente lo aveva dato per morto il giorno stesso in cui l'hanno preso. Ma come? Tutti sapevano che Signorile incontrava degli emissari dell'autonomia e nessuno segue lui o loro? E Gradoli, il rubinetto dell'acqua, il lago della Duchessa? Quel giorno, con il depistaggio eseguito dalla banda della Magliana, si vede chiaramente che c'è qualche cosa sotto. Andreotti e Cossiga erano oggettivamente nella condizione di chi pensava o era costretto a pensare che la ragion di Stato, ammesso che tale fosse, dovesse prevalere sulla prospettiva della liberazione di Moro. Andreotti, che era più cinico e duro, va avanti come se niente fosse, Cossiga vive una autentica sofferenza. Cossiga assiste alla tragedia, al calvario. Perché avviene questo? Non posso saperlo. Forse perché c'era stato Portorico. C'è la rinascita della Guerra fredda, dietro.»

Sia Moro che Berlinguer avevano, come dici tu, rotto le scatole agli americani e ai sovietici.

«Sì, anche Berlinguer era nel mirino dei sovietici. E la storia dell'attentato in Bulgaria è vera. È un tempo di nuove relazioni anche tra Pci e Psi sulla politica estera. A parte Sigonella, c'è il dibattito parlamentare nel novembre dell''83 alla Camera sugli euromissili con Craxi che dà quasi ragione a Berlinguer, perché dichiara attenzione all'emendamento per tornare a trattare senza installare automaticamente. Anche se poi il movimento pacifista continua e si accentua. Napolitano in un convegno nostro sulla politica estera del 2002 lo ha ricordato come un grande momento di dialogo. Capisco che Craxi stava sulle scatole a tanta gente, che i socialisti apparivano dei supponenti e antipatici di natura loro, però quando erano in ballo gli interessi superiori, quelli della nazione, ci si ritrovava.»

Che ruolo ebbero i consulenti americani?

«A settembre del '79 vado negli Stati Uniti su invito del governo americano; mi fanno anche fare il solito giro degli uffici competenti. Il messaggio diretto per Craxi me lo dette un ambasciatore mentre mi salutava sulla porta, prima che partissi. "Dipende tutto da Craxi, glielo riferisca" mi disse. Si chiamava George Vest, è stato un grande ambasciatore, e allora era il capo dell'ufficio Europa del Dipartimento di Stato. Noi avevamo capito che non c'erano solo dei monoliti a Washington, c'erano dei partiti, nel potere, che prescindevano dalle presidenze democratiche o repubblicane. C'era continuità, comunque, nella gestione del rapporto con l'Urss, con l'Europa, con la Guerra fredda. Cossiga e Andreotti avevano delle entrature storiche di alto lignaggio ed erano visti da lì come interlocutori forti. Ma i loro universi di riferimento erano spesso diversificati. Andreotti stava con un mondo più progressista, sembra assurdo ma era così. Ovviamente a parte Vernon Walters, il suo amico d'infanzia. Cossiga guardava dall'altra parte. E durante la vicenda Moro chiese un aiuto e gli mandarono quel tizio che sembrava preoccupato solo di gestire la morte di Moro, non di liberarlo. Perché?»

Il sacerdote don Mennini andò da Moro?

«Non ho prove, ma probabilmente sì. Il canale vero della Santa Sede era però il cappellano delle carceri attraverso cui si cercò di imbastire una trattativa. E questi gli avevano quasi detto di sì, perché il canale era robusto. Erano più seri, più dentro e più discreti e probabilmente una parte di quelli che tenevano Moro con i soldi ci sarebbero stati. Anzi, sicuramente. E i soldi a Castel Gandolfo c'erano. Li hanno visti, non dico che li hanno contati, ma hanno visto la stanza piena.»

L'incontro Craxi-Zaccagnini come fu? Tu c'eri?

«Ero fuori dalla porta, non sono entrato. Era domenica e Zaccagnini chissà perché venne quel giorno, non c'era nessuno. Craxi lo ricevette al Partito. Dovemmo passare dall'entrata posteriore, usare l'ascensore di riserva, perché non c'era il portiere. Zaccagnini era teso, provato. Parlarono mezz'ora. Craxi illustrò la proposta dello scambio. Questo era il tema. Zaccagnini era andato a sentire, incuriosito e forse desideroso di agire. Quando esce, è commosso, quasi piangente, e quando siamo sulla porta io gli dico: "Tanti auguri e forza, ne usciremo". Gli do del tu, lui mi guarda: "È difficile, difficile". C'è due giorni dopo un incontro formale. La Segreteria democristiana e la Segreteria socialista si incontrano a piazza del Gesù, stanno chiusi cinque ore anche perché Craxi vuole far vedere ai giornalisti che li tiene stretti, li tiene al tavolo. Finalmente escono tutti. Ma sono rabbuiati, incazzati, preoccupati. Cipellini, il presidente del gruppo Psi del Senato, quasi mi grida che si è rotto e aggiunge: "Dicevano in continuazione 'Non si tratta, non si tratta'. E allora io gli ho ricordato la grazia a Moranino! Non vogliono assolutamente nessuno scambio".»

Pci e Psi, conflitto perenne ed eterno?

«C'è l'incontro delle Frattocchie nell''83. Fu un'occasione in cui i due partiti forse potevano recuperare un rapporto. Craxi non voleva farsi attaccare troppo in campagna elettorale, era già stato arrestato quello di Genova, Teardo. Il Pci, passato all'alternativa, non voleva litigare con i socialisti. Stanno lì una giornata a discutere, fanno colazione insieme alle Frattocchie e durante la pausa poi si mettono a parlare più liberamente. Fanno un comunicato, alla fine, di rilancio del dialogo in cui si dice addirittura, dopo aver denunciato il concentrarsi di attacchi contro le giunte di sinistra: "Alcune delle iniziative giudiziarie in corso non possono non suscitare, in questo quadro, forti dubbi di strumentalizzazione". Craxi prende sottobraccio Reichlin e gli sussurra: "Perché non convinci Berlinguer a venire a Milano a trovarmi e lo porto io in giro un paio di giorni e gli faccio vedere come è davvero l'Italia di oggi? Come la gente sta bene, vive, lavora, sfrutta il prossimo, si arricchisce, stanno tutti come papi". Leggevano la società italiana in due modi molto diversi.»

Quando morì Berlinguer, Craxi come reagì?

«Siamo a Londra, una visita ufficiale alla Thatcher. Verso le dieci, dieci e mezzo di sera torniamo in albergo, nella hall ci sono tutti i giornalisti pronti a bloccare Craxi e lui si mette lì a parlare. Da pochi giorni c'è stata la rottura sulla Scala mobile. Io me ne vado a letto perché non mi va di stare lì, ma immagino che abbia criticato duramente Berlinguer. Sono a letto, verso mezzanotte mi telefona con la voce strozzata dicendo: "Vieni qui, corri". Corro là pensando che stesse male. È ancora vestito e mi dice: "Berlinguer sta per morire, ha avuto un malore mentre faceva un comizio, sto parlando col prefetto di Padova, mi sta richiamando per dirmi come sta". Era come impazzito, andava in giro per la stanza con le braccia alzate come un matto. Può darsi fosse anche preoccupato per quegli attacchi, ora sgradevoli. Ma era davvero addolorato, era uno come lui, della sua generazione, che se ne stava andando. Uno con cui aveva combattuto, ma che stimava, sentiva dalla stessa parte. Craxi con la morte ha avuto sempre un rapporto difficile, si ritraeva nel giudizio. Anche quando doveva fare una commemorazione, per esempio di Nenni, quasi non riusciva a parlare, commosso e teso pensando al dopo.»

I fischi a Verona. Condividesti la frase di Craxi che li rivendicò?

«Tecnicamente ha fatto una fesseria. Ha detto una cosa in cui credeva profondamente, anche con ragioni, che però era del tutto inopportuna. Su questo non c'è dubbio, io non l'avrei detta. Stiamo nella fase più brutta dei rapporti a sinistra. C'è lo scontro sulla Scala mobile, che divide anche la Cgil e quindi il Pci. Una cosa oggi incomprensibile perché poi, nel profondo, il Partito comunista era d'accordo sull'abbassare l'inflazione, come si faceva ad andare avanti col venti, venticinque per cento di aumento del costo della vita? Era una situazione del Paese che il loro senso di responsabilità nazionale non poteva tollerare alla lunga e che avrebbe colpito i più poveri. Ma era Craxi a proporlo e Craxi era l'avversario. Craxi non avrebbe voluto mai rompere, fino all'ultimo tenta disperatamente di non rompere, non vuole rompere. Quando, due anni dopo, De Michelis gli porta la legge sulle pensioni, che avrebbe anticipato la riforma di dieci anni dopo, lui non lo aiuta. Sai perché? Perché non vuole tornare a litigare.»

Quando è che Craxi capisce con Tangentopoli che è finita?

«Agli inizi degli anni Novanta, Craxi è sempre meno lucido. I cinque anni dopo il 1987 sono stati per lui anni difficili, soprattutto perché ha scelto di aspettare il suo turno, dopo la Legislatura "riservata" alla Democrazia cristiana. Certo non gli mancavano vitalità, combattività e anche lucidità, ma contemporaneamente aumenta il suo pessimismo *naturaliter*. Lui ha visto il gioco del potere mondiale al di là del sipario: tutto, dentro e fuori, il buono, il cattivo. Ed è anche la condizione degli uomini. Allora questa fragilità umana rispetto al potere quasi lo demoralizza, nel senso che lo rende ancora più perplesso, io dico pessimista. Ma dopo il 1992 si sente anche abbandonato e tradito. E questa condizione lo porta a chiudersi ulteriormente; apparentemente è sempre se stesso, il battagliero, il leader che ha capito tutto e tutto domina. Ma dentro di sé ha profonde incertezze. Alla fine perde lucidità di analisi, travolto dagli avvenimenti e anche abbandonato da chi lui credeva più vicino. È la fase finale.»

L'autocritica che i socialisti possono fare guardando la loro storia qual è?

«Noi avevamo l'occasione un po' fortunosamente di cambiare il sistema negli anni Ottanta e non l'abbiamo colta. Perché c'era una fase di decadenza dei due maggiori partiti, soprattutto i comunisti, e nessuno ci ha veramente aiutato a prendere i loro voti, a partire dai preti. Il campo era potenzialmente sgombro e noi avevamo il leader migliore sulla piazza. Ed eravamo anche il gruppo dirigente più intelligente e più moderno d'Italia. Ma non avevamo i voti. Alla fine i recinti democristiano e comunista in fondo tengono, anche se ammaccati. Per me il momento decisivo è dopo la crisi del 1987, il punto più alto della confusione democristiana e dell'autorevolezza di Craxi. Lui allora doveva avere la forza di dire: "Io sono il bene, questi sono il male. Io sono la nuova Repubblica, l'Italia moderna e ve l'ho dimostrato con il buon governo di quattro anni e questi mi vogliono mandare via". Purtroppo Craxi era innanzitutto un uomo di partito, nato nel partito e incapace di comprendere un'azione, una rivoluzione senza di esso. "Io contro i partiti! E come faccio? È la mia vita il mio partito." Rinunciò ai voti, ma non a se stesso.»

Non cedere alle Br salvò la democrazia

Guido Bodrato

Guido Bodrato è stato portavoce della Dc nel periodo del rapimento Moro. È un uomo rigoroso, espressione di quel cattolicesimo democratico che è tanta parte della Storia e della cultura politica italiana.

Quando va collocata la fine della Prima Repubblica?

«Una data ha segnato in modo più profondo il declino della centralità della Democrazia cristiana, caratterizzata dall'intreccio tra un forte consenso elettorale, la maggioranza relativa che la Dc aveva ottenuto per tanti anni, e la sua capacità di determinare le maggioranze che hanno governato il Paese. Questa centralità è entrata in crisi dopo il referendum del '74 che ha visto per la prima volta dal '48 prevalere i voti del Partito comunista insieme a quelli dei tradizionali partiti alleati della Dc; cioè ha registrato l'isolamento della Democrazia cristiana.

Mai così evidente. Poi si è delineata, con Tangentopoli, una perdita di credibilità della politica, una crisi morale, che ha colpito in particolare la Dc. Ma vorrei dire che la caduta dei riferimenti, dei valori ai quali un partito si ispira, è sempre alle origini della crisi dei regimi e dei partiti che li rappresentano. La fine del centrismo si era intrecciata con un cambiamento profondo del Paese, dell'orientamento e del costume della società; e poi con una crisi della autorevolezza di un partito che era stato egemone. E si avviava una lunga transizione. Tuttavia agì sul declino della Dc anche la crisi del suo avversario storico. In politica i successi di una parte hanno sempre a che fare con le vicende del nemico, e la Dc aveva costruito il suo consenso in alternativa al Pci. La storia del Partito comunista di Berlinguer, che aveva riconosciuto "l'esaurirsi della spinta propulsiva della rivoluzione d'ottobre" prima della caduta del muro di Berlino, aveva inevitabilmente ridotto l'area di consenso possibile della Dc. Per De Gasperi un partito di ispirazione cristiana non doveva isolarsi, doveva avere degli alleati: con il referendum del '74 questa regola era stata dimenticata. Con l'apertura ai socialisti si era fatta più evidente la strategia delle riforme, e il confronto parlamentare con l'opposizione. E anche la politica di centrosinistra rischiava di essere indebolita, perché gli alleati che si erano uniti contro un comune nemico stavano maturando l'idea dell'alternativa, mentre l'immagine del nemico perdeva di rilievo. Poi l'anticomunismo è sopravvissuto come motivo di aggregazione della destra ed è stato rilanciato proprio a partire dalla crisi della Democrazia cristiana con la discesa in campo di Berlusconi, ma questa è già un'altra storia.»

Una persona come te, espressione della cultura cattolico-democratica, come votò il 12 maggio del '74?

«Avevo assunto una posizione diversa da quella che Fanfani aveva imposto alla Democrazia cristiana. Lui era convinto che sul tema del divorzio la Dc avrebbe recuperato i voti dei cattolici che stava perdendo; non si rendeva conto che si stava organizzando, anche all'interno del mondo cattolico, una posizione opposta a quella che lui sosteneva. Io mi ero convinto che, dopo il Concilio Vaticano e con la secolarizzazione della società, stava emergendo un orientamento nuovo; cambiava radicalmente il modo di guardare alla politica e ai rapporti tra questa e l'opinione pubblica. Anch'io pensavo che la Dc dovesse avere una sua posizione e fosse giusto difenderla; ma pensavo che dovesse rispettare la scelta degli elettori senza una contrapposizione frontale, di rottura. Noi avevamo fatto la battaglia parlamentare, ma quella referendaria doveva farla chi l'aveva promossa. Finivo sempre i miei interventi dicendo: "In coscienza, gli elettori sono liberi di scegliere"; e questa posizione mi ha fatto trovare nella terra di nessuno, con bordate da una parte e dall'altra.»

Il «compromesso storico» e la posizione di Moro non erano la stessa cosa...

«Moro pensava a una tregua che avrebbe fatto maturare delle posizioni politiche nuove e avrebbe aiutato a camminare in direzione della democrazia compiuta. Guardava avanti, ma era prudente, parola che secondo me si adatta molto al personaggio Moro. La sua preoccupazione era: dobbiamo stare attenti perché i comunisti potrebbero un giorno dirci "Sono cambiate le condizioni"; e noi cosa faremmo? Moro aveva ricordato all'assemblea dei parlamentari Dc che "tutto dipende anche da noi", ma non era così sicuro che di fronte a noi ci fosse una strada in discesa. E le Brigate rosse, colpendo il cuore dello Stato, il personaggio che più e meglio di altri era in grado di portare avanti un dialogo, un confronto storico con Berlinguer, hanno messo in profonda crisi quella politica.»

Berlinguer e Moro sfidarono troppo la Guerra fredda?

«Dal punto di vista democristiano la scelta atlantica è stata naturale, come quella per la Comunità europea, anche se talvolta poco critica. Non ci siamo forse resi conto, lo abbiamo scoperto negli ultimi anni, che esistevano posizioni diverse sul fronte della Guerra fredda anche negli Stati Uniti. Basta riflettere sul modo con cui Kissinger giudicava Moro e si rivolgeva polemicamente a lui, per rendersi conto che il presidente della Dc era un personaggio certo non amato dai vertici americani di quegli anni. Credo che anche Berlinguer non fosse molto amato dai vertici dell'Unione Sovietica di quegli anni. Anche Acquaviva dice che la Guerra fredda aveva condizionato il nostro sistema democratico (la *conventio ad excludendum*); ma non lo aveva bloccato. Entrambi, Moro e Berlinguer, avevano riferimenti internazionali piuttosto chiari, dal punto di vista della loro collocazione in termini generali, ma erano entrambi considerati personaggi troppo autonomi, non affidabili per le rispettive ortodossie della Nato e del Patto di Varsavia.»

Moro vi parlò mai dell'incontro con Kissinger?

«Di quella vicenda, Zaccagnini ci ricordava che Kissinger si era alzato troncando un colloquio con Moro praticamente voltandogli le spalle. Oggi parlano tutti bene di Moro, ma allora non era così, neppure nella realtà nazionale. Per esempio, il film di Roberto Faenza *Forza Italia* metteva l'immagine di Aldo Moro insieme a tutti gli altri democristiani. E ricordo che quando alcuni autorevoli personaggi del mondo cattolico hanno messo in dubbio la libertà di Moro di scrivere lettere durante la prigionia, e lo fecero per difendere la sua immagine dalle critiche, si scatenò un'amara polemica. Gli amici di Moro si riferivano a giudizi come quello di Giorgio Agosti: "Quella lettera può essergli stata estorta... ma Parri nelle sue condizioni, una lettera del genere non l'avrebbe mai scritta". Cito dal *Diario* pubblicato da Einaudi, con grande rispetto... Ma questi giudizi erano ripetuti polemicamente, e facevano pensare che Moro fosse un uomo intento a difendere la sua vita ma incapace di reggere alla prova di un sequestro politico. Non posso dimenticare che Sandro Pertini, presidente della Camera, quando venne a piazza del Gesù, abbracciando Zaccagnini gli disse: "In questi giorni, voi siete il mio partito".»

Ma tu allora e oggi che giudizio dai di quelle lettere? Perché allora fu subito detto che non erano sue. E invece...

«La lettura più convincente delle lettere dalla prigionia è quella che ne ha dato Miguel Gotor. Ne ha riconosciuto l'autenticità, le ha considerate "scritte per non morire", ma anche "per sopravvivere alla morte", insistendo sul fatto che le Br hanno messo in campo una strategia delle lettere, per condizionare il comportamento della Dc e del governo, per radicalizzare le posizioni e rovesciare tutte le responsabilità per la vita di Moro, loro prigioniero, sulla Dc. Di quei giorni di angoscia ho sentito ricordare da due brigatisti, incontrati tanti anni dopo, una donna presente in quella prigione e un brigatista di via Fani, che in quella situazione "Moro era l'unico uomo", l'unico che mantenesse una coerenza, una dignità; gli altri recitavano in una tragedia nella quale erano prigionieri. C'era in Moro una coerenza assoluta. Fin da quando ha iniziato a insegnare diritto penale, ha sostenuto che la vita è la cosa più importante e che il resto viene dopo, il resto si può sempre comporre. Questa era la sua posizione. A noi era stata imposta un'altra posizione, e non ho trovato finora ragioni per cambiarla: un cedimento al ricatto delle Brigate rosse, il riconoscimento politico del terrorismo, avrebbe significato alimentarlo, dimenticando quelli che combattevano contro il terrorismo e chi era caduto in via Fani, chi continuava a essere colpito. Oppure passare a un sistema di repressione analogo a quello che ha caratterizzato la lotta al terrorismo in altri Paesi europei: considerare cioè il terrorista un nemico da eliminare, da uccidere. L'Italia ha sconfitto il terrorismo rispettando la Costituzione. Ne *L'ape e il comunista*, un libro che ha pubblicato i documenti del "Collettivo dei prigionieri comunisti delle Br", in carcere con Renato Curcio, relativi agli anni 1979-1980, ho letto che la trattativa non faceva parte della strategia delle Br e che "la fine di Moro ha aperto la crisi più acuta nella Dc partito-regime, e quindi nello Stato"; che "la distruzione della Dc è un momento essenziale della distruzione dello Stato". Quando ho portato il saluto della Dc al congresso del Psi, nei giorni in cui a Torino era in corso il processo a Curcio e ad altri brigatisti, quel congresso ha approvato le conclusioni di Craxi contro il ricatto delle Br... Nel 2008 ho partecipato a un convegno, organizzato dai socialisti Acquaviva e Covatta, con questo titolo: "Fermezza e trattativa trent'anni dopo". Sono passati altri dieci anni dai drammatici giorni del 1978, e io potrei ripetere, dopo aver letto l'intervista di Gennaro Acquaviva, ciò che ho detto in quell'occasione. Rispetto l'iniziativa socialista di avviare una trattativa per salvare la vita di Moro. Ma noto che il processo Metropoli, riferendosi a quella trattativa, parla di un tentativo fallito, di una vicenda comunque emersa dall'ombra quando Moro era già stato ucciso. Eppure Signorile, coinvolto in quella vicenda, ripete: "Tutti sapevano", riferendosi però a persone che non ci sono più.»

Secondo te si è fatto tutto per salvare Moro? Perché ho visto anche da parte di democristiani come Corrado Guerzoni e altri dei giudizi molto sferzanti, specie su Andreotti...

«Sicuramente Moro aveva nemici anche nell'apparato dello Stato e forse anche per questo non si è fatto tutto, come se fosse ormai inutile. Ma noi abbiamo fatto tutto quello che siamo stati capaci di fare per salvare Moro. Nell'ultima lettera a sua moglie Anna, Zaccagnini scrive dall'ospedale: "Tra poco incontro Aldo e gli andrò incontro per abbracciarlo... io mi sono chiesto tante volte se potevo fare qualcosa di più". E aggiunge: "Qualcosa di onesto". E poi: "Se Aldo fosse stato con noi... avremmo trovato una strada che io non ho trovato". Una posizione di assoluta trasparenza e obiettività; Zaccagnini aveva letto con il cuore straziato le lettere di Moro e non nega di aver perso quella battaglia.

Tuttavia, per comprendere il "no al riconoscimento del terrorismo" (questa è stata la fermezza della Dc), bisogna ricordare l'Italia degli anni di piombo, delle stragi nere e del terrorismo rosso, delle Br, di Prima Linea, degli Autonomi: bisogna ricordare l'elenco delle vittime innocenti, la cronaca quotidiana delle uccisioni, degli attentati, dei gambizzati a Bologna e Milano, a Torino e Genova, a Padova e Napoli.

Il problema, rimasto per noi senza soluzione, era come avere un rapporto con le Br che non comportasse il riconoscimento politico del terrorismo. Una volta i brigatisti hanno cercato un contatto telefonico "con il portavoce della Dc". Avevo spiegato alla tv le ragioni della Dc, e mi convocarono attraverso il canale di Charitas. Cosa avrebbero chiesto? Cosa avrei potuto rispondere? Zaccagnini mi incoraggiò: "Fatti guidare dalla tua coscienza". Attesi un pomeriggio, per due volte si accertarono che io ci fossi, ma nessuno venne al telefono... Un'altra volta, la delegazione della Dc, dopo aver emesso un comunicato che si concludeva: "La Repubblica, con le forze che la esprimono, dinanzi alla libertà di Moro saprà certamente trovare forme di generosità e di clemenza coerenti con la Costituzione", restò in attesa di un segnale, ma le Br rimasero in silenzio. Quella dichiarazione scatenò invece aspre polemiche: "Allora avete accettato la trattativa!". E Almirante portò quell'accusa nel dibattito parlamentare, come prova del nostro cedimento al ricatto delle Br. Da un libro uscito di recente (*Brigate rosse, un diario politico*, edito da DeriveApprodi), che contiene la ricostruzione di quegli anni dalla parte delle Brigate rosse, sappiamo che la trattativa su Moro per i terroristi era strumentale; che l'obiettivo era scardinare lo Stato democratico. I brigatisti ripropongono, quarant'anni dopo, gli argomenti resi pubblici, nel 1980, da Curcio e dai "prigionieri comunisti".»

Cosa doveva accadere il 9 maggio e perché secondo te lo hanno ucciso proprio il giorno in cui la Democrazia cristiana stava per fare un passo ulteriore?

«Il passo ulteriore non so cosa potesse significare. Dal processo Metropoli è emerso che Moretti ha forzato i tempi di una decisione che era stata assunta, forse per evitare che si rafforzasse il dissenso di Morucci e di Faranda. Quella decisione avrebbe potuto essere ridefinita dopo la direzione della Democrazia cristiana? In realtà Aldo Moro era stato ucciso quella mattina, prima che la direzione della Dc iniziasse.»

Facciamo un passo indietro. Il Pci e il governo Andreotti.

«C'era molta tensione alla vigilia del voto di fiducia. Il Pci era irritato per la composizione del governo e quella mattina stava per decidere come votare. La sera prima si erano incontrati Luciano Barca e un consigliere di Moro, Tullio Ancora. Barca non riuscì a comunicare a Berlinguer il contenuto di quel colloquio prima che fosse raggiunto dalla notizia sul rapimento di Moro. Il presidente della Dc, consapevole del disagio comunista, aveva mandato a dire a Berlinguer: "Non tronchiamo i rapporti, questo è un passaggio difficile, io capisco le vostre difficoltà, voi capite le difficoltà della Dc. Ma io continuerò a mantenere le posizioni che ho assunto". Probabilmente senza la strage di via Fani e senza il sequestro di Moro da parte delle Brigate rosse il gruppo parlamentare comunista si sarebbe astenuto sulla fiducia al governo Andreotti. Cosa sarebbe accaduto? Nessuno lo può prevedere; il modo con cui si era conclusa la vicenda del governo riapriva la discussione sulla "solidarietà nazionale". Il Partito comunista aveva le sue ragioni per non restare in mezzo al guado; attendeva una risposta da Moro, che si era trovato in difficoltà all'interno del partito proprio sulla formazione del governo. Anche Zaccagnini aveva spinto, con convinzione, perché si formasse un governo diverso, e l'aggravarsi della situazione politica lo ha costretto a restare alla guida del partito.»

Zaccagnini e Moro chi avrebbero voluto in quel governo che poi invece ebbe quella composizione così continuista?

«Ci dovevano essere alcuni ministri indicati dagli indipendenti di sinistra per rendere esplicito che dal "governo delle astensioni" si faceva un passo verso una presenza più significativa della sinistra nel governo. Ma una parte della Democrazia cristiana non era d'accordo su quel passo, su quella svolta. E la crisi restò aperta.»

Cossiga è un personaggio shakespeariano...

«Cossiga nelle sue memorie mi tratta molto male, anche se eravamo stati molto amici. Penso lo abbia fatto perché a qualche sua intemperanza verbale avevo risposto con lo stesso tono. Era un personaggio di grande cultura, di grande intelligenza, ma instabile nelle posizioni che assumeva. Era un grande amico di Moro, ma in quella circostanza aveva attorno a sé personaggi che non lo erano, che lo ritenevano vittima della sua politica. Può sorprendere che dopo questa vicenda, dopo le dimissioni da ministro degli Interni, sia diventato presidente della Repubblica: i parlamentari lo conoscevano ma lo stimavano. La politica, quando diventa Storia, è fatta dagli uomini, e si porta dietro non tanto una teorica e astratta razionalità, ma la fragile e concreta razionalità e coerenza degli uomini.»

Gelli però con Andreotti aveva dei rapporti.

«La filosofia di Andreotti era molto particolare: in fondo siamo tutti peccatori. Non era un personaggio votato all'intransigenza, e aveva un'idea del potere che coincideva con la sua celebre definizione: "Il potere logora chi non ce l'ha". A mio parere una delle principali ragioni che ha incrinato la credibilità della Democrazia cristiana è stata proprio quella di affidare al potere il compito di riprodurre se stesso.»

Molti dei protagonisti di quella stagione della quale tu sei stato protagonista non ci sono più. Chi ti manca di più?

«Se guardo alle esperienze che abbiamo avuto in comune penso a due persone diversissime: Carlo Donat-Cattin e Benigno Zaccagnini. Ho iniziato la mia esperienza politica con Donat-Cattin: aveva un temperamento politico diverso dal mio, aveva un'irruenza che io non ho mai avuto e una tenacia che probabilmente io non ho. Se consideriamo la politica come uno scontro continuo – "una guerra condotta con altre armi" – potremmo dire che Zaccagnini non era fatto per la politica. Amava ascoltare, più che parlare, aveva uno straordinario senso della solidarietà. Aveva il fascino della semplicità e della coerenza. Entusiasmava i giovani. Signorile ha ironizzato sul suo silenzio nell'incontro delle delegazioni Dc-Psi. Avrebbe dovuto chiedersi: cosa poteva dire in quella situazione? Quando è andato da Craxi per essere informato sulle intenzioni dei socialisti, è tornato senza nulla. Zaccagnini era di una trasparenza e di una lealtà assoluta. Stava per lasciare la politica, quando divenne segretario del partito su sollecitazione di Moro. E toccò proprio a lui affrontare la prova politica più dura...»

Combatteva per la pace dalla parte dei più deboli

Gino Strada

Ci sono vite splendide, vissute inseguendo i propri valori, le proprie convinzioni più profonde, sapendo costruire comunità e sapendo restare soli, quando serve. Vite consacrate all'imperativo morale di dire ciò in cui si crede, non ciò che conviene dire. Ci sono vite splendide, vissute trasformando, con la fatica di un artigiano, le parole che ti ronzano tra il cervello e la testa in luoghi, strumenti, cose che mutano la vita degli altri, realizzando la tua.

Gino Strada ha vissuto una di queste vite bellissime, piene di senso.

Ha sofferto come pochi, nella sua vita personale e nella sua esperienza di medico e di volontario. Ha conosciuto la morte di chi amava ed era parte della sua vita e quella di chi non conosceva, perché arrivava con il viso sfigurato dall'esplosione di una mina. Ha sofferto per loro, perché una vita bellissima è spesso una vita di sofferenza per gli altri. Gino è stato dalla parte degli ultimi, sempre. I «dannati della Terra» avevano in lui un difensore strenuo e coraggioso. Più erano soli al mondo, più erano dimenticati e più Gino si occupava di loro, cercava di alleviare le loro sofferenze, la loro solitudine.

Ma non era un santo contemporaneo. Era un uomo contemporaneo. Qualcuno che sa che l'esistenza è una dimensione nella quale vi è una comunità di destino, una relazione, come un filo invisibile, che lega, sempre e comunque, gli esseri umani tra loro. Agiva spinto da forti motivazioni civili, sociali, politiche. Non era un predicatore. Era un combattente per la pace, un ossimoro che in lui trovava un senso compiuto. Qualcuno si lamenta va della radicalità di certe sue posizioni. Provate voi a essere moderati in una corsia di un reparto ospedaliero nel deserto in cui arrivano bambini con il ventre squarciato da una bomba, o contemplando, in Siria o in Afghanistan, il cinismo dell'Occidente che è capace, al contempo, di esportare democrazia sulla canna di un fucile e di abbandonare, come accade a Kabul, intere popolazioni al dominio della violenza e dell'intolleranza. Gino era per la pace, sempre e ovunque, sempre e comunque. Lo era non solo con le parole, spesso ruvide, ma con la fatica di chi ha fatto vivere una delle più importanti organizzazioni del volontariato come Emergency. Di radicalità veniva accusato anche padre Alex Zanotelli. Ma chi lo faceva non era mai stato nell'inferno di Korogocho o nelle discariche dove i bambini si nutrono di rifiuti e di droga artigianale.

E i riformisti in particolare dovrebbero sapere che, se vogliono cambiare le cose del mondo, con la radicalità e il conflitto devono fare i conti, devono sforzarsi sempre di ascoltare, capire, tradurre in programmi e decisioni spinte che salgono dalla voce di chi la sofferenza la conosce e la vive. Non si difende l'idea di una società multietnica, se non si difendono i diritti di chi rischia di annegare in mare, se non si garantisce a chi è nato qui di essere italiano. Non si può parlare di pace se ricchezza e povertà sono così iniquamente distribuite.

Ai governi che ne abbiano la sensibilità, la capacità di individuare le soluzioni che assicurano la rimozione delle ingiustizie. E ascoltando sempre la voce di chi condivide quelle sofferenze, le vive sulla propria pelle, le rappresenta con la necessaria forza.

Con Gino si poteva non essere talvolta d'accordo, ovviamente. Ma era un grande uomo, al quale ho voluto bene. Da oggi, si deve sapere, i poveri, gli emarginati, i «dannati della Terra» sono più soli. Chi lo ha stimato e apprezzato assuma ora il suo punto di vista non come la bizza di un uomo inquieto, ma come lo stimolo a fare in modo che radicalità e riforme concrete non siano mai due sorelle separate.

E che sempre, al centro, ci siano i diritti dei più deboli.

Ventidue anni in carcere per un delitto mai compiuto

Giuseppe Gulotta

Voleva essere reclutato dalla Guardia di Finanza, Giuseppe Gulotta, ragazzo di Alcamo. Aveva diciotto anni, compiuti il 7 agosto 1975. Era andato a Roma, aveva riempito un mucchio di scartoffie e firmato un sacco di documenti. Gli avevano detto che era andato bene e che un giorno sarebbe stato assunto e forse la sua prima destinazione sarebbe stata l'isola d'Elba. Fin da ragazzo aveva lavorato, dal barbiere al manovale. Ma lo Stato che voleva servire lo ha sbattuto in galera per ventidue anni, innocente. Parlo con lui, sopravvissuto all'ingiustizia.

«Quando, la sera del 12 febbraio del 1976, sono venuti a prendermi, i carabinieri mi hanno detto che avevano bisogno di me per informazioni. Mi è sembrato normale: ho pensato che, giustamente, la Guardia di Finanza voleva sapere tutto di me, prima di farmi indossare la divisa grigioverde. Ma quando sono uscito fuori, alle dieci di sera, c'erano troppe macchine ad attendermi. A fine gennaio erano stati uccisi due ragazzi dell'Arma, nella caserma di Alcamo Marina. Trucidati. Si chiamavano Salvatore Falcetta e Carmine Apuzzo, uno aveva trentacinque anni, l'altro solo diciotto. La mia stessa età. Un assassinio che sconvolse la mia città, la Sicilia e l'Italia intera.

«Mi portano in caserma e lì mi tengono in una stanza un paio d'ore. Io chiedevo perché mi trattenessero, ma loro mi intimavano di stare zitto e che prima o poi mi avrebbero detto le ragioni. All'improvviso, verso la mezzanotte, si apre la porta ed entra un bel numero di carabinieri. Mi afferrano con forza, mi mettono su una sedia. Mi legano mani e piedi alla sedia e iniziano a bastonarmi a tirar i pugni e schiaffi. "Dai, confessa, sappiamo tutto." Sembrava uno di quei film in cui c'è il poliziotto buono e quello cattivo: uno cerca di convincerti con le parole, l'altro con le mazzate. È stata una notte tremenda, uscivano e rientravano, quando ritornavano mi dicevano che gli altri avevano confessato, ma non mi dicevano chi erano questi "altri". Io non capivo di cosa parlassero, mi sembrava tutto assurdo, un incubo inspiegabile. Io ripetevo solo che non sapevo nulla, non mi rendevo conto di quello che improvvisamente mi stava succedendo, del gorgo in cui ero precipitato. A un certo punto mi dissero che ero accusato dell'assassinio dei due carabinieri di Alcamo Marina. Io continuavo a pregare, in quella notte infame, che non sapevo nulla, non c'entravo nulla. Ero un ragazzo di diciotto anni e volevo solo tornare a casa mia. Ma la parola "nulla" era una miccia che li accendeva, appena la pronunciavo, partivano i pugni. Così tutta la notte. C'era un uomo in divisa, sembrava un ufficiale. Io non sapevo chi fosse, non conoscevo la natura dei gradi. La mattina sono svenuto, il mio fisico non ce l'ha fatta più; me la sono anche fatta addosso. Quando sono rinvenuto, gli ho detto che avrei confessato quello che volevano, tutto quello che volevano, purché la facessero finita. È così che mi sono autoaccusato. Mi hanno dato pugni, schiaffi, tirate di capelli, calci nelle gambe... Mi hanno puntato la pistola in faccia, facendomi sentire il rumore, mi hanno afferrato e strizzato i testicoli. Mi urlavano di farmela pure addosso, dopo una notte intera, che tanto non mi avrebbero mai fatto andare in bagno.

«Avevo diciotto anni, ero terrorizzato. Volevo solo che finisse, che finisse presto. Mi dicevano che se non confessavo non sarei mai più uscito. Avevo dolore e paura. Qualsiasi ragazzo della mia età, che non aveva mai avuto nulla a che fare con quelle cose, avrebbe confessato di tutto... E così ho fatto io, Giuseppe Gulotta. Con questo nome e cognome mi hanno fatto firmare un verbale in cui mi autoaccusavo di aver ucciso due ragazzi. Funzionava in questo modo: loro ricostruivano come volevano gli eventi di quella notte del 27 gennaio, io dovevo confermare ogni frase da loro pronunciata. Loro dicevano: "È andata così, vero?". E io dovevo rispondere solo "Sì". Così fu redatto il verbale. Al momento della firma non volevo più sottoscrivere quella follia. Fui strattonato e uno mi sibilò: "È meglio che firmi, altrimenti ricominciamo come e peggio di prima".

Il mio nome lo aveva fatto un ragazzo che conoscevo, al quale i carabinieri avevano inflitto la stessa pena.»

Questo ragazzo si chiama Giuseppe Vesco, è un giovane fragile, con idee e comportamenti confusi. Gli manca un braccio, perduto nel maneggiare da bambino una bomba della guerra. Fin dalle prime ore successive alla strage di Alcamo, esattamente come sarà per la morte di Giuseppe Impastato, viene fatta circolare la «pista rossa». Vesco non ha alcun precedente politico, ma improvvisamente si dichiara membro di sconosciute formazioni armate siciliane. La verità sulla notte dell'arresto la racconterà alla Commissione antimafia Nicola Biondo, un giornalista che ha seguito da sempre questa vicenda. A Vesco hanno fatto bere, mentre era legato, acqua e sale, un metodo di tortura ben conosciuto. E poi: «Viene recuperato in questa caserma un telefono da campo, vengono scoperchiati i fili, Vesco viene denudato quasi completamente e vengono attaccati gli elettrodi ai suoi testicoli». Per chi non lo avesse mai visto, neanche nei film, un telefono da campo è una scatoletta coi fili e la rotella. Ogni giro di rotella è una scarica. Vesco fa così il nome del capobanda, dell'uomo adulto, che magari poteva avere qualche «pregiudizio di polizia» – si diceva un tempo – o qualche parentela. È Giovanni Mandalà, fa il bottaio, viene da una famiglia molto umile e vive a Partinico, a pochissimi chilometri da Alcamo, in provincia di Palermo...

Dunque il cerchio si stringe. Vesco ha fatto, in quelle condizioni, il nome di Gulotta e di due suoi amici. Tutti insieme, per capirsi, avevano festeggiato il diciottesimo compleanno di Gulotta, solo qualche mese prima. Vesco, per essere credibile, ha aggiunto, o gli hanno fatto aggiungere, l'indicazione di un adulto, Mandalà. Una persona che Gulotta neanche conosceva.

Il caso è chiuso. Tutti hanno confessato. Seguirà un'interminabile sequenza di processi, appelli, sentenze della Cassazione.

«Una sera uno dei miei figli ha trovato sul sito di un programma Rai il messaggio di un tal Seddik74 che diceva di sapere e di voler dire la verità sugli interrogatori per la strage di Alcamo Marina. Seddik era uno dei carabinieri che aveva partecipato alle indagini. Decise di raccontare la verità. Venimmo interrogati dalla procura di Trapani. Riscontrarono che raccontavamo le stesse cose. Anche se i luoghi delle violenze erano stati prudentemente trasformati, nuovi arredamenti e nuove tinte alle pareti.

«Il processo di revisione inizia finalmente nel 2010, dura due anni. Grazie alle testimonianze e alle intercettazioni dei sospettati si arriva alla verità. Nel 2012 viene decretata l'assoluzione per tutti. "Per non aver commesso il fatto." La sentenza è arrivata, è assurdo, esattamente lo stesso giorno del mio arresto. Ma trentasei anni dopo, ventidue dei quali trascorsi in carcere. Anni che ho regalato allo Stato. Ho perduto il mio tempo migliore. Avevo diciotto anni, ero un ragazzo. Quando sono stato assolto ne avevo cinquantacinque. Una vita spezzata a metà.»

Chiedo a Gulotta quale rapporto abbia ora con l'Arma. «Ho grande rispetto e grande considerazione. Se non ci fossero i carabinieri sarebbe il Far West. Io ce l'ho solo con quelli che hanno sporcato la divisa e non onorato la memoria di quei ragazzi morti che non hanno avuto giustizia. Le loro famiglie fanno bene a dire: "Per quarant'anni lo Stato mi ha indicato dei colpevoli, ora non ci sono più. Ma chi ha ucciso i nostri figli e fratelli?".»

Già, la domanda resta quella che gli investigatori dovevano porsi quella sera. Invece di perquisire, come fecero, la casa di Giuseppe Impastato o di fare del male a dei ragazzini innocenti. Si è parlato di tutto, per questo caso. Anche di Gladio, sostenendo, da parte di un ispettore di polizia, che i due carabinieri avrebbero fermato un camion sospetto, sul quale c'erano armi appartenenti alla struttura clandestina operante in zona da tempo.

Possiamo però concludere questo allucinante racconto con le parole di un autorevole magistrato siciliano: «La strage di Alcamo Marina, assieme ai mandanti degli omicidi politici Reina, Mattarella e La Torre e ad altri importanti fatti di sangue, sono buchi neri su cui nessuno ha saputo fare luce. Neanche i collaboratori di giustizia, che la procura di Palermo ha messo insieme nel corso degli anni, hanno saputo dire nulla di utile, per esempio, proprio sulla strage della casermetta. Questo porta a pensare che Cosa Nostra non abbia avuto nulla a che vedere con quell'eccidio».

Quarantadue anni in un manicomio perché ero un bimbo silenzioso

Alberto Paolini

Mi chiamo Alberto Paolini, ho ottantotto anni. Ne ho passati quarantadue nel manicomio di Santa Maria della Pietà a Roma. Sono entrato che avevo quindici anni e ho rivisto la città nell'anno dei Mondiali, il 1990. Ho subito per tre volte l'elettroshock perché avevano scambiato i miei silenzi per una malattia. Ma io non parlavo perché stavo male.

Cominciamo dall'inizio, come in tutte le storie che si rispettino. Vivevo con la mia famiglia in via Piave 15, nel quartiere Pinciano di Roma. Papà faceva il portiere e per arrotondare riparava le scarpe del vicinato. Mia madre lavorava a mezzo servizio. Era una donna dura, severa. Comandava tutto lei, una mamma «padrona». Era sempre nervosa, urlava. A mia sorella voleva bene, a me no. Mi brontolava sempre, mi picchiava. A casa nostra nessuno dei parenti si avvicinava più, la temevano.

Papà è morto quando io avevo cinque anni. Stava bene. Una sera si è portato le mani al cuore e ha cominciato a rantolare. Mia sorella e io ci siamo tanto spaventati. Mamma ha detto poi che era stata una sincope a portarlo via da noi. Da quel momento tutto è precipitato. Mia madre non ce la faceva più a sostenerci, abbiamo dovuto lasciare la casa e ci ha messo in due collegi differenti, lontani. Poi, qualche anno dopo, anche lei è morta e ci siamo trovati completamente soli al mondo.

Nel mio collegio le suore erano cattive, non ci trattavano bene, spesso ci picchiavano. Insegnavano a stare zitti e obbedire senza discutere. In collegio era obbligatorio il silenzio, se parlavi eri punito. Tutti sembravano volere solo una cosa, quando ero bambino: che non parlassi. E io obbedivo, non parlavo.

Le suore non erano caritatevoli, stava cominciando la guerra, tutti avevano fame, tutti avevano paura. A dodici anni vengo mandato in un collegio di salesiani. Anche loro erano duri, severi. Anche loro picchiavano per un nonnulla. Io che, va bene, ero silenzioso e timido, subivo tante cattiverie dagli altri ragazzi.

Si faceva l'avviamento professionale e io stavo studiando in un laboratorio di sartoria. Ma quelli più grandi mi prendevano di mira. Io ero piccolo, anche fisicamente, e poi non parlavo, o parlavo poco. Mi facevano scherzi di tutti i tipi. Al laboratorio c'erano, di norma, un capo e un maestro. Il capo però era tornato al suo paese e un giorno il maestro si assentò. Al ritorno trovò una gran confusione e volle sapere di chi era la colpa. Tutti dissero che ero stato io. Ma non era vero. Un'altra volta mi spinsero fuori dalla classe e mi lasciarono in corridoio. Quando arrivò il maestro, mi punì. Io non ci volevo più entrare, in quel laboratorio. Cercavo di richiamare l'attenzione del direttore che era più buono, ma non ci riuscii.

A un certo punto vennero due benefattori, due persone ricche che avevano un locale, forse un caffè, in piazza di Spagna. Ci andava il bel mondo romano e, visto che eravamo alla fine della guerra, anche gli ufficiali americani. La signora, credo fosse svizzera, ho saputo più avanti che aveva fatto un voto. Suo figlio, durante la guerra, si era imboscato e i nazisti lo cercavano per fucilarlo. Lei si era rivolta alla Madonna garantendo che se si fosse salvato, lei avrebbe adottato un bambino in un collegio. Quel bambino fui io. Ma non venni adottato. Stetti a casa loro per un po' e poi loro mi seguirono nel tempo. Ma da lontano. Perché a un certo punto anche loro pensarono che stessi male. Ero poco esuberante, per essere un bambino. E parlavo poco. Ma che volevano da me? Era quello che tutti, da mia madre al collegio delle suore fino ai salesiani, mi avevano imposto di fare.

D'accordo con i salesiani, mi portarono alla clinica neuropsichiatrica dell'Università. C'era un giovane professore di guardia che si chiamava Giovanni Bollea. Lui disse che spesso i bambini strappati dalla famiglia o abbandonati che finiscono in collegio hanno queste reazioni. E che dovevo solo stare sereno, stare fuori, conoscere la città e la vita. Per un po' fu così. Ma io ero rotto dentro e le parole non mi uscivano facilmente.

Così i benefattori e i salesiani decisero di farmi ricoverare alla clinica dell'Università. Lì mi facevano tante domande, scrivevano dei moduli, mi fecero la puntura lombare che era molto dolorosa. Fui sottoposto a vari test psicologici, tra i quali quello delle macchie di Rorschach. Il dottor Finzi disse che ero un caso interessante e mi tennero lì cinque mesi.

Poi questo tempo finì e dovevo uscire. I medici dicevano che non avevo patologie, ero solamente stato troppo vessato da un'educazione repressiva. Ma i benefattori non volevano o non potevano accogliermi e il collegio si rifiutò di riprendermi. Avevo una zia, lo scoprii allora, ma anche lei non mi volle, perché i suoi due figli erano contrari.

Non sapevano dove mettermi. Era il dopoguerra, c'era tanta fame. E allora decisero tutti insieme di ricoverarmi al Santa Maria della Pietà.

Lì mi trovai nel reparto dei bambini, anche se sarei dovuto stare con i grandi perché il limite era quattordici anni. Io ero piccolo, mingherlino e allora mi tennero con i ragazzi. Feci amicizia con un bambino che si chiamava Franco. Lui era il contrario di me, faceva scherzi, si burlava di tutti e in particolare di Italia, un'infermiera che aveva paura dei piccoli insetti con i quali lui, immancabilmente, le riempiva le tasche. D'altra parte in quei tempi erano i ragni o le lucertole i nostri compagni di giochi preferiti. Non avevamo altro. Franco stava bene di testa, aveva però delle crisi epilettiche e per quello lo avevano chiuso lì. Il primo mese giocammo sempre insieme. Scaduto quel periodo, detto di osservazione, o qualcuno ti veniva a prendere oppure il tuo destino era in un padiglione di internamento. Lui fu portato al 22 e io mi ritrovai di nuovo solo.

Dopo altre due settimane toccò a me. E qui la storia prende un carattere che non so descrivere. Potrei dirla così: sono finito all'elettroshock per un equivoco. C'era un giovane medico, non il primario, che mi fece un mucchio di domande. A un certo punto mi chiese se io sentivo ogni tanto delle voci che mi chiamavano senza che ci fosse nessuno vicino. Io risposi candidamente di sì, ma volevo solo dire che ogni tanto qualcuno mi chiamava dal corridoio, insomma che ci sentivo bene. Io ero nuovo lì, non sapevo che l'espressione «sentire le voci» corrispondesse alle allucinazioni. Ho risposto di sì perché volevo dire che non avevo problemi di udito. Quando mi accorsi dell'equivoco, o del tranello, cercai di correggere, ma il dottore mi incalzava, era un incubo, e io ero confuso anche perché non ero abituato a parlare, non sapevo rispondere perché, da piccolo, non dovevo rispondere.

Cercai di farmi capire, ma lui scrisse sul verbale che non ero capace di spiegare la ragione per la quale sentivo le voci. Alla fine riportò qualcosa sulla cartella clinica: avevo uno «stato depressivo» il che mi rendeva, chissà perché, «una persona pericolosa». La suora chiese dove mi dovessero mandare. Lui rispose gelido: «Al padiglione 6 a fare l'elettroshock».

Io mi sono subito spaventato. Quando ero con i bambini avevo visto applicare quella tecnica a un ragazzino, Claudio, e lui, a ogni scossa, era come se si alzasse in volo, se levitasse. Lo dovevano tenere per evitare che cadesse dal lettino. E poi faceva la bava alla bocca, mi aveva molto impressionato.

Tornando nella mia camerata chiesi a un'infermiera, si chiamava Teresa, se davvero lo avrebbero fatto anche a me. Lei mi rispose: «Ma no, stai tranquillo. È per quelli che non capiscono» mi rassicurò.

Ma poi mi chiamarono e mi ritrovai in una fila, tutti erano silenziosi più che disperati, gli avevano detto che dopo la cura sarebbero tornati a casa.

Arrivò il mio turno. Io volevo scappare. Avevo sentito che l'elettroshock non si poteva fare agli anziani, ai malati di epilessia e a quelli con problemi al cuore. Allora, una volta entrato, dissi al medico che avevo male al cuore, sperando di farla franca. Lui mi appoggiò un istante lo stetoscopio al petto e disse che non avevo nulla e si poteva procedere. E procedettero. In quattro mi tennero, mentre la suora mi inumidiva le tempie con un batuffolo bagnato di acqua e sale e mi appoggiava due elettrodi alle tempie. Io piangevo invocando la mamma, che non avevo.

Il medico chiese: «È pronto?». La suora rispose: «Sì, è pronto».

Poi non ho sentito più nulla. Mi risvegliai in una corsia piccola, con una sensazione penosa, non sapevo dove fossi e cosa stessi facendo, mi sentivo con la testa con la nebbia, i nervi del corpo tutti tesi.

Me ne hanno fatti tre, così. La cura prevedeva tre cicli di quindici applicazioni. Quarantacinque scosse alla tempia.

Ma poi anch'io ho avuto una fortuna. Un giorno venne a trovarmi la benefattrice. L'aspettavo da tanto. Mi aveva promesso che sarebbe venuta a trovarmi, ma era passato più di un mese e non si era visto nessuno. Ero disperato, pensavo che mi avessero abbandonato tutti. Avevo quindici anni. Quando la signora entrò e mi vide in quello stato, in quel padiglione, si arrabbiò moltissimo. Non era quello che aveva concordato al momento del mio ricovero. Le dissero che c'era stato un disguido e mi mandarono subito al padiglione dei lavoratori. E lì sono rimasto fino al 1990.

Si sono avvicendati, nel tempo, vari direttori. Chi apriva i cancelli dei padiglioni, chi li chiudeva. Un direttore, Buonfiglio, diceva che i pazienti non erano dei reclusi, che dovevano muoversi, dovevano distrarsi. Organizzava feste, spettacoli, veniva spesso Claudio Villa. E anche gite. Vabbè solo una volta all'anno, ma erano bellissime. Ci si poteva anche incontrare con le donne, nascevano degli strani fidanzamenti. Ci si facevano i regalini, che so, un fazzoletto ricamato o cose così. Io avevo conosciuto una ragazza, avevamo fatto amicizia, stavo bene con lei. Ma dopo un mese uscì e non l'ho più rivista.

Ho lavorato, per trent'anni, in tipografia, all'ufficio statistica e poi in biblioteca. Era per i medici, con testi specializzati, ma c'era un armadio con libri vari. E io li leggevo. Un infermiere una volta mi portò in regalo un pacco di riviste. Ne ero ghiotto. Mi piaceva lo sport, tifavo Venezia perché c'erano Loik e Valentino Mazzola. Poi il mio cuore lasciò posto al Grande Torino, dove giocavano i miei eroi. Di Superga seppi dalla radio e fu un dolore acuto, inconsolabile.

Un giorno vennero a dirmi che sarei uscito, avrei avuto un appartamento con altri al quartiere Ottavia. Stavo al Santa Maria della Pietà dal 1947 e ora eravamo nel 1990, la città fremeva per i Mondiali. Ero entrato bambino e ora avevo quasi sessant'anni. Non sapevo cosa ci fosse fuori, in fondo stavo bene lì, tutti mi volevano bene. Quasi mi dispiaceva uscire. Quando nel quartiere seppero che stavamo per venire a vivere qui, ci fu una rivolta, non ci volevano. «Questi arrivano dal manicomio, saranno pericolosi.» Hanno fatto pure manifestazioni. Poi, piano piano...

Per me era un'esperienza nuova. Solo quando ero piccolo avevo dormito da solo a casa. Dopo ero sempre in camerate insieme agli altri. Ora avevo una stanza tutta per me e una casa da condividere con altri come me. Avevo un po' paura.

In manicomio ci ho lasciato un po' di vita, tanta, e un po' di cuore, tanto. Ho tanti ricordi.

Per esempio quando, attorno al 1968, vennero dei ragazzi a manifestare perché si aprissero le porte del manicomio. Avevano cartelli, bandiere, i capelli lunghi, esponevano le loro idee, idee di libertà. Parlavano di un professore che si chiamava Basaglia. Occuparono un padiglione. La polizia voleva mandarli via, ma loro resistettero. Misero uno striscione con scritto «Centro sociale». Ci facevano andare per corsi di ceramica, di lavorazione del cuoio. C'era anche un laboratorio di scrittura, che frequentai con passione.

Ed è lì che forse io, Alberto Paolini, ho finalmente imparato a parlare. A parlare con gli altri.

Odio, la malattia sociale che ci lascia senza respiro

Willy Monteiro Duarte

«Vi prego, basta, non respiro più.» Sono le ultime parole di Willy, il 6 settembre 2020, mentre dei ragazzi poco più grandi di lui lo stavano pestando a morte per aver cercato di aiutare un amico in difficoltà. Lo hanno fatto perché era meno forte di loro, perché aveva un colore della pelle diverso dal loro. Sono le stesse parole, proprio le stesse, di George Floyd mentre un poliziotto gli teneva il collo sotto il suo ginocchio per un numero interminabile di minuti. Due episodi molto diversi tra loro, che sarebbe sbagliato accostare, ma uniti dalle stesse parole delle vittime.

Non respiriamo più. Ci toglie il fiato un'onda di violenza e di odio che sembra impossibile da frenare. L'odio non è un virus. È una terribile malattia sociale. La storia ci ammonisce a capirne le ragioni, prima di essere travolti dallo tsunami. Nasce, in primo luogo, dalla diseguaglianza sociale, dall'insicurezza del futuro, dalla sensazione che la vita sia un rischio, persino una minaccia, e non una possibilità. L'odio sociale è figlio delle crisi economiche e porta a individuare nell'altro il pericolo per la propria serenità e stabilità. E «l'altro» è chi ti viene indicato come colui che ti sta sottraendo ricchezza, come un intruso che viene a mangiare nel tuo piatto. È il «nemico» del quale hanno bisogno le idee autoritarie che si fondano sulla negazione delle differenze.

Le parole sono importanti. Ed è importante selezionarle: scartarle non meno di sceglierle. Ci sono parole che determinano comportamenti, che sdoganano e legittimano veleni che la fatica, il sangue e il sacrificio del Novecento avevano riposto in un cassetto. Il loro riemergere toglie il respiro. Mi ha colpito, tra i messaggi dei social citati da un bel servizio del tg di Enrico Mentana, il tweet di un essere umano che, pubblicando il volto di una donna nera, la chiamava «scimpanzé». Mi ha fatto venire alla mente un'immagine della «Difesa della razza», il giornale che costruì le condizioni del consenso alle leggi razziali del fascismo. È la fotografia di un vero gorilla, pubblicata nel novembre del 1942, proprio mentre i nostri soldati, trattati come bestie dal fascismo, morivano in Russia. La didascalia dell'immagine recita: «No: le cure del parrucchiere lo lasceranno scimmione come prima. Così un ebreo non potrà mai diventare ariano, malgrado tutti i virtuosismi anagrafici». Gli ebrei furono demonizzati. Furono descritti come un pericolo sociale, economico e un attentato alla purezza della cosiddetta «razza ariana». Si cominciò con le parole dell'odio e si finì ad Auschwitz.

Se è vero che uno dei parenti degli aggressori ha detto ai giornalisti: «In fin dei conti cosa hanno fatto? Niente. Hanno solo ucciso un immigrato», non è difficile capire che quel pregiudizio, quell'idea che non tutte le vite umane siano uguali, è tornato tra noi, come un demone difficile da governare. Al fondo di quella vicenda – per la parte penale saranno i magistrati a chiarire – c'è in ogni caso questo substrato: il corpo di un immigrato, che venga lasciato affogare in mare o venga pestato a sangue, vale meno degli altri.

Per i segni che possiamo trarre dalle vicende di cronaca, spesso utili per decifrare il proprio tempo, il pestaggio di Willy mi ha fatto pensare a quello che significò, alla metà degli anni Settanta, la notte del Circeo, quando un gruppo di giovani di estrema destra seviziò e uccise Rosaria Lopez e ferì, ledendole la vita, Donatella Colasanti.

L'odio corre veloce, oggi. È alimentato dall'anonimato dei social e dall'impunibilità di parole che, se pronunciate in pubblico, sarebbero inammissibili. I social sembrano una stanza chiusa, invece che una maglia di una rete. Lì tutto è possibile, per minoranze che usano le parole come randelli, come l'olio di ricino del Duemila. Persino nelle reazioni all'uccisione di Willy si sono conosciuti orrori. Coloro che volevano condannare l'odio e il razzismo hanno scritto alla moglie di uno degli arrestati che aspetta un bambino dicendo: «Ti meriti di abortire» oppure «Spero che tuo figlio muoia come Willy». Si pensa ormai che l'unica forma di reazione all'odio sia altro, contrapposto, odio. È la stessa spirale degli anni Settanta.

Sono minoranze. Non bisogna mai dimenticarlo, per non sbagliare. Non si deve pensare che le parole del veleno appartengano alla grande maggioranza degli italiani che invece oggi soffrono per la morte di quel ragazzo che voleva solo mettere pace, difendere un suo amico. Ed è inutile prendersela con i tatuaggi o con le palestre. Significa guardare il dito invece della luna.

Il vero problema è che esiste un profondo malessere sociale, educativo, culturale nel nostro Paese. La pandemia, precipitando l'Italia nella crisi più profonda dal dopoguerra, ha accelerato i rischi di scollamento.

Sul campo rischiano di restare solamente le parole violente che giocano furbescamente con questo malessere, lo esasperano, lo indirizzano verso qualcuno. Chi, nel discorso pubblico, le usa spregiudicatamente si assume una grave responsabilità. E rischia di essere l'apprendista stregone di fenomeni che non riuscirà poi a controllare.

Non sembri un paradosso, ma un antidoto all'odio è il conflitto. Quel sano, collettivo strumento di ogni vita democratica. Quello che nel passato ha tradotto la rabbia in energia ed è stato potente strumento di cambiamento.

Una società in crisi, con una vita pubblica di marmellata, con l'indistinto che prevale sulla nettezza delle magnifiche differenze del pensiero è esposta a potenti rischi di involuzione.

L'odio può generare, con il consenso popolare, risposte autoritarie che, nel nostro tempo, possono convivere con garanzie formali. Ma Navalny, gli intellettuali turchi, il dissenso a Hong Kong ci raccontano come, per slittamenti progressivi, la democrazia, sotto sistemi autocratici, sia destinata a consumarsi. La morte di quel ragazzo sorridente, che voleva fare il cuoco e tifava per la Roma, che si sentiva italiano perché era italiano, richiede che si depongano i guantoni e si usi il cervello.

Colleferro, Alatri, Macerata sono Italia.

Quei casi ci hanno detto qualcosa di grande e di inquietante. Ma rischia per tutti noi di valere il titolo di un film di Eduardo De Filippo tratto da *Le voci di dentro*. Si chiamava *Spara forte, più forte... Non capisco!*. Nella commedia un personaggio, lo zio Nicola, aveva smesso di parlare per sempre perché deluso dal mondo e comunicava con gli altri in un solo modo: attraverso i «botti».

Odiatori e indifferenti stanno lastricando il nostro futuro di intolleranza, razzismo e violenza. Se vogliamo evitare che anche noi, delusi dal nostro tempo, ci si riduca a esprimerci con «botti» violenti, dobbiamo sempre ricordare le parole che Martin Luther King, uno che ha cambiato il mondo, disse nel 1963 a Washington: «Le nostre vite iniziano a finire il giorno in cui tacciamo sulle cose che contano».

Il vestitino di Emma, deportata nei lager

Emma di Veroli

Siamo nella mattinata del 16 ottobre del 1943. In tutta Roma, non solo al ghetto, gli ebrei vengono sequestrati dai nazisti. Vengono portate via dalle loro case 1024 persone. Tra di loro 200 bambini. Torneranno in 16. Una sola donna e nessun bambino.

Nel 2021 è stata presentata con la comunità una nuova iniziativa del museo della Shoah, che ha installato nella sua sede e che ha reso disponibile in rete una mappa interattiva della deportazione di ottobre. Dal sequestro delle persone alla permanenza al collegio militare, dal viaggio verso lo sterminio al ritorno dei sopravvissuti. Memoria non solo della grande Storia, ma delle storie di coloro la cui vita fu spezzata quel giorno del 1943.

Lorella Zarfati un giorno, dopo la morte di sua nonna, Emma Ajò Calò, ha trovato in un cassetto della sua casa una federa ingiallita, dentro la quale c'era un vestitino da bambina.

Era quello della sua cuginetta, Emma di Veroli, e le era stato donato quando aveva compiuto quaranta giorni. La bambina era del 1941. In quel maledetto ottobre aveva dunque due anni. Sua mamma era una ragazza di ventitré. Si chiamava Grazia Ajò di Veroli, s'era sposata con Mario. Erano una coppia bella, di ragazzi che sognavano il futuro.

Quella mattina Mario e la bimba sono nella piazza di Monte Savello. I tedeschi li prendono e li caricano sui camion della deportazione. Nel caos di quei momenti qualcuno avverte Grazia, che scende da casa disperata alla ricerca dei suoi cari. Li vede sul mezzo tedesco e non ci pensa un istante, chiede di salire per restare con loro. Tutti cercano di mettersi in salvo, Grazia, ragazza ebrea, non può immaginare di sopravvivere senza suo marito e sua figlia.

Come tutti gli altri, arriveranno ad Auschwitz, dopo la breve permanenza al collegio militare e il lungo viaggio nei vagoni piombati. Giunti al campo di sterminio, la mamma e la figlia verranno passate subito per la camera a gas. È trascorsa solo una settimana da quella mattina nel ghetto. Mario, invece, distrutto dal dolore e dalla fatica, morirà qualche mese dopo.

Anche il padre di Grazia ed Emma, si chiamava Giacobbe, verrà ucciso ad Auschwitz-Birkenau. Un ambulante, uno dei tanti mestieri che gli ebrei, dopo le infami leggi del 1938, non potevano più esercitare. Fu arrestato nell'aprile del 1944 e portato a Fossoli. Di lì poi trasferito con i viaggi della morte al campo di sterminio, dal quale non è mai tornato.

Se si scorre l'elenco delle vittime della deportazione del 16 ottobre, si troveranno ripetuti i cognomi di famiglie sterminate dalla follia nazista E dal collaborazionismo fascista. Inoltre quartieri di Roma sono stati svuotati, persone sono sparite, inghiottite dalla macchina di morte dell'occupante.

A Roma dunque si sapeva cosa stava succedendo. Lo sapevano certamente i fascisti, che collaboravano attivamente. Assai probabilmente Mussolini era stato informato e aveva dato il suo assenso, visto che il giorno prima aveva ricevuto, come risulta dall'elenco delle udienze a Villa Feltrinelli, i vertici dell'occupazione tedesca come il generale Wolff, comandante supremo delle SS in Italia, e Moellhausen, console generale di Germania. Difficile pensare che i due rappresentanti del Führer gli abbiano taciuto l'operazione che da lì a poche ore avrebbe preso il via.

Ma c'erano anche italiani veri. Lavoratori che in quelle ore rischiarono la pelle, come faceva chi per scelta aveva deciso di combattere dalla parte della libertà.

Emanuele di Porto, che allora aveva dodici anni, disubbidì alla madre che gli aveva ordinato di restare a casa. Lei sarebbe corsa ad avvertire degli eventi il padre che dalle tre del mattino era al lavoro alla Stazione Termini. Ma Emanuele disubbedì, scese in strada e vide la madre già sequestrata sul camion. «Ero affacciato alla finestra. Ho visto quando l'hanno presa e costretta a salire su un camion. Sono corso da lei e sono salito sul mezzo, ma mi ha spinto giù dal camion. Non l'ho più vista.» Salirà su un tram, una delle «circolari», e dirà al fattorino quello che sta accadendo al ghetto. E così per due giorni interi quel ragazzino resterà seduto accanto ai bigliettai che, pur cambiando di turno in turno, si tengono vicino quel bimbo che non conoscono. Rischiano, mossi solo da pietà.

Lorella Zarfati racconta di una sua zia, Elisabetta Ajò, che, saputo quello che stava succedendo alla sua famiglia e alla comunità, prese i suoi tre bambini e si mise su via Marmorata, nel quartiere del Testaccio. Fermò un taxi e disse, forse imprudentemente, al guidatore che era ebrea, che non sapeva dove andare. Il tassista non la denunciò, non incassò le cinquemila lire della relazione, ma la tenne per tutto il giorno sulla sua auto. Le fece girare Roma e poi la sera la portò a casa e la fece dormire con i tre bambini in cantina.

La nonna di Lorella riuscì, invece, a sopravvivere alla razzia perché si riparò nell'appartamento che stava al primo piano dell'edificio in cui suo padre esercitava il mestiere di sfasciacarrozze. Era una casa di tolleranza. Ma la tenutaria le ricoverò e la sera, quando arrivavano i nazisti per divertirsi, nascondeva la famiglia in uno sgabuzzino con la raccomandazione del silenzio assoluto.

I «ladri e le puttane» diceva Lucio Dalla. E nel racconto di Lorella entrano così anche i malandrini di Trastevere. Suo nonno paterno, Pellegrino Zarfati, quella mattina del 16 ottobre vide due macchine nere e scorse i camion in strada. Prese la famiglia e scapparono su per i tetti. Ma non sapevano come sopravvivere. Allora si rivolse al ladro del quartiere, il più celebre, e gli chiese dei soldi in cambio del poco oro sfuggito alla colletta fatta dalla comunità ebraica per ottemperare alla richiesta – all'inganno – dei nazisti che obbligarono gli ebrei romani a pagare, in cambio della promessa di aver salva la vita.

Il ladro guardò Pellegrino e rifiutò l'oro. Gli diede il corrispettivo in soldi, ma non volle nulla in cambio. Il nonno di Lorella gli disse che non sapeva se sarebbe tornato. Anzi, non sapeva se sarebbe sopravvissuto.

Il ladro di Trastevere gli disse solamente: «Zarfati, tu devi tornà, perché mi devi restituire i soldi».

Io, Aurelia, nata ad Auschwitz

Aurelia Gregori

Quando le telefono è il giorno del suo compleanno. Compie settantacinque anni. Ma in questo caso, conta, insieme alla data di nascita, il luogo in cui questa è avvenuta. La signora Aurelia Gregori è venuta al mondo nel campo di concentramento di Auschwitz il 13 gennaio del 1945. Il suo è un racconto inedito. È la vicenda di uno dei due neonati italiani la cui identità è stata ricostruita attraverso l'analisi di documenti conservati nell'archivio di Auschwitz, l'elenco delle donne con bambini ricoverate, dopo la nascita, nell'ospedale allestito nell'ex lager subito dopo l'arrivo dei sovietici, i cui dati sono stati analizzati e messi a confronto con la documentazione italiana di vario tipo e della Croce Rossa internazionale. È un lavoro coordinato da Marcello Pezzetti, uno dei massimi studiosi della Shoah, insieme alla storica Sara Berger, che, con Pezzetti, per la Fondazione Museo della Shoah di Roma, ha effettuato la ricerca per la realizzazione dell'esposizione «Dall'Italia ad Auschwitz», da Liliana Picciotto e dal suo staff del Centro di Documentazione Ebraica Contemporanea di Milano, da Laura Tagliabue, dell'Aned di Sesto San Giovanni, e da Dunja Nanut, dell'Aned di Trieste.

Ne sta uscendo un quadro della deportazione dall'Italia ad Auschwitz del tutto inedito, ricco di novità assolute, spesso sconvolgenti. Una di queste è l'avvenuta deportazione di un numero incredibilmente consistente di donne da Trieste, arrestate in tutto il territorio del litorale adriatico, incarcerate nel penitenziario del Coroneo e deportate ad Auschwitz, come tutte le persone di origine ebraica. Tra queste donne c'erano le due giovani che hanno dato alla luce un bambino e una bambina nelle condizioni insostenibili del campo di Auschwitz. Una di queste era Aurelia Gregori, una ragazza triestina di ventitré anni che partorì, in quell'inferno, una bambina alla quale diede poi il suo stesso nome.

«Mia mamma non era ebrea e non era antifascista. Era una ragazza come tante. Fu presa da due fascisti che la sequestrarono e la portarono a Villa Triste, dove fu stuprata. Poi l'hanno messa su uno di quei treni piombati, destinazione Birkenau.»

Villa Triste era in via Bellosguardo numero 8, a Trieste. Era stata la casa di una famiglia ebraica che, per spietato contrappasso, fu trasformata nella sede dell'Ispettorato speciale di Pubblica Sicurezza dove operava la banda Collotti, che prendeva il nome da un funzionario di polizia che Paolo Rumiz ha così descritto: «Il capo era tale Gaetano Collotti, un tipo distinto che andava a messa ogni mattina prima di iniziare il lavoro. Per non far sentire le urla dei disgraziati – in gran parte sloveni del Carso e altri antifascisti di lingua italiana – faceva sparare intorno musica ad alto volume». Molti sono stati torturati lì e anche nella caserma dei carabinieri di via Cologna. È sempre Rumiz a dare voce al racconto di quel martirio attraverso le parole di Sonia Amf Kanziani: «Un giorno mi appesero con altre tre donne. Avevamo solo gli alluci che toccavano terra. Guardi, porto ancora ai polsi i segni delle corde. Ci picchiavano e Collotti guardava, impassibile. Diceva: "Se parli ti aiuteremo". Ma aveva due cani lupo pronti a strapparci la carne. A un tratto mormorai in sloveno: "Gesù, a te ti hanno tormentato per tre giorni, io sono qui da tre mesi. Tu ci hai messo tre ore a morire, io muoio ogni giorno...". Allora mi percossero ancora più forte, gridando che non dovevo parlare quella lingua schifosa. Furono in molti a vedermi uscire svenuta e piena di sangue dalla stanza. A guerra finita un medico mi visitò e mi chiese come avevo fatto a uscire viva da una simile pena».

«Mia madre» dice oggi Aurelia Gregori «lì fu violentata dagli aguzzini che poi l'hanno trasferita ad Auschwitz-Birkenau. Solo quando sono stata più grande mi ha raccontato ciò che aveva subito nel campo: le baracche, i corpi delle persone agonizzanti portati dentro la sera per essere spostati, morti, il mattino dopo. L'orrore delle kapò che si vendevano ai nazisti. Mi ha raccontato di quando ha contratto il tifo, al sesto mese di gravidanza, e di quante persone ha visto cadere intorno a lei per sfinimento, fame, freddo. Non ci si rende conto di cosa fosse l'inverno lì. Mamma andava con le altre prigioniere a vuotare al mattino i bidoni con le feci nella tundra, nel gelo, sotto zero e vestite di niente. Lei non ce la faceva più, voleva farla finita, era al nono mese, era stremata. Una sua compagna era fuggita e i nazisti, quando qualcuno scappava, scioglievano i cani che prendevano i fuggitivi e li sbranavano.

«Le SS non si erano accorte che mamma era incinta perché lei era alta e nascondeva la pancia. Altrimenti l'avrebbero certamente mandata nella camera a gas. È stata fortunata e io con lei. Col tifo ha temuto di non farcela, mi ha detto che pensava: "Muoio e muoio insieme a te". Dio ci ha salvate, insieme.

«Io sono nata a gennaio. Il parto glielo hanno fatto fare su un tavolaccio di pietra. Mamma non aveva le doglie, le contrazioni, non riusciva a partorire. Era troppo debole, aveva fame, non mangiava nulla, aspettava che qualcuno morisse per prendere un pezzo di pane. Mi ha detto: "Dovevo far sopravvivere te e me. Eravamo in due. Io pensavo che saresti venuta fuori come un mostro. Se fosse stato così ti avrei lasciata lì, sotto la neve. Invece, nonostante tutto, eri una bella bambina. Avevi molti peli, e questo ti salvò dalla marchiatura col numero che i nazisti volevano farti".

«Mia mamma cercò invece, con un chirurgo, di far venire via quelle cifre impresse nel suo braccio. A Trieste, dopo la guerra, meno parlavi dei lager e dei nazisti e meglio era. Io, che lavoravo in ospedale nel reparto geriatrico, stavo zitta. Alla scuola elementare le maestre, che erano ebree, certamente avranno avuto un sobbalzo nel leggere il luogo in cui ero nata, ma non mi hanno mai detto nulla.»

Aurelia è rimasta in vita perché non era ebrea, altrimenti sarebbe stata eliminata come i tanti bambini le cui foto ogni giorno l'Auschwitz Memorial pubblica sui social network. Furono portati nel lager circa duecentotrentamila bambini e adolescenti, ne sopravvissero alcune centinaia. Ci sono pagine atroci come quella del martirio dei venti bambini ebrei sequestrati da Mengele per gli esperimenti e poi trucidati nella scuola di Bullenhuser Damm o il racconto che faceva Shlomo Venezia, uno dei deportati, che testimoniò di aver visto con i suoi occhi un neonato strappato dal seno della madre morta nella camera a gas e lanciato in aria dai nazisti che gli spararono così.

Aurelia riprende a parlare: «Io non sono mai voluta andare ad Auschwitz, mamma invece ci è tornata con l'associazione. Lei ha sofferto tanto, per tutta la vita. Faceva la pulitrice dei condomini. È morta nel 2012, il 14 marzo».

Di lei i freddi dati degli archivi dicono questo: «Aurelia Gregori (1921-2012), nata a Sant'Antonio (Villa Decani, Capodistria, oggi in Slovenia) viene arrestata il 24 maggio 1944 a Trieste nella sua abitazione di largo Barriera Vecchia n. 14. Quando viene deportata ad Auschwitz, dove arriva il 25 giugno 1944, è incinta di tre mesi. Immatricolata con il numero 82120, resiste alle spaventose condizioni igienico-sanitarie del campo e il 13 gennaio 1945, due settimane prima dell'arrivo dell'Armata Rossa, riesce a dare alla luce una bimba che riceve il suo stesso nome: Zlatka/Aurelia Gregori. La bimba viene battezzata nel febbraio in una chiesa a Brzeszcze. Aurelia rientra a Trieste il 20 settembre 1945».

Dell'altro bambino nato ad Auschwitz si sa solo che, da grande, non ce l'ha fatta.

Ho accarezzato le dita di Gaia per l'ultima volta

Edward von Freymann

«A Gaia piacevano i film di avventura, ma la cosa che amava di più era scoprire luoghi, viaggiare, vedere posti nuovi. Ogni anno per il suo compleanno le regalavo un viaggio. Andavamo in Finlandia, dove vive mio padre, lei aveva la doppia cittadinanza. Lì c'è la natura, la totale libertà. I boschi, davamo da mangiare agli scoiattoli. C'erano le piste ciclabili, io correvo e lei andava in bicicletta, ci facevamo dieci chilometri in quel paradiso verde. Raccoglievamo mirtilli e lamponi. Andavamo sempre a trovare i parenti che abitavano nelle case di campagna che loro hanno in varie isole. In Finlandia ci sono seicentomila isole. Ogni finlandese ha il suo isolotto con la casa di legno e la sauna. Siamo stati ad Amsterdam e a Berlino. Ad Amsterdam vide per la prima volta degli anticoncezionali appesi come fossero panni stesi. Mi chiese cosa fossero, io mi sentii in imbarazzo. Ma le spiegai tutto e lei capì tutto. Siamo stati in Grecia a Gregolimano e poi a Castellorizzo dove hanno girato *Mediterraneo*. Vide la foca monaca nella grotta. Il più bel viaggio che abbiamo fatto insieme fu dopo la separazione con mia moglie, presi un gommone cabinato. Eravamo lei, io e Maciste, il cane che adorava. Era un boxer gigantesco, quando morì io le dissi che era andato in cielo e si era trasformato in una farfalla. Da allora, ogni volta che ne vedeva una pensava fosse quell'animale che lei aveva adorato. E la farfalla è diventato un po' il suo simbolo.

«Partimmo da San Felice Circeo, un mese di viaggio. Arrivammo alle Egadi, ottocento miglia nautiche. Vide i delfini. Pensava che la prendessi in giro nel dirle che li avremmo trovati. Quel giorno il mare era un lago, acqua ferma. Nel tratto tra Marina di Camerota e Stromboli sembrava bollire di delfini. Erano centinaia. Quando siamo arrivati a Stromboli vedemmo il vulcano eruttare. Uno spettacolo. Un viaggio magico. Lei era impazzita, aveva sei anni. Ancora se lo ricorda, anzi se lo ricordava.»

Nella differenza tra il passato e il presente di questa frase sta il travaglio e il dolore disumano dell'uomo che ho davanti. Si chiama Edward von Freymann ed è il padre di Gaia, la ragazza che insieme alla sua amica Camilla, un'altra vita da raccontare, è morta travolta dall'auto guidata da un giovane di poco più grande di loro nei giorni di fine dicembre del 2019. C'è stata una sentenza di condanna emessa dal tribunale. Ma Edward non vuole sentire parlare di giustizia, non sente che sia un'espressione applicabile al dramma che ha «distrutto tre famiglie». Gli interessa invece la verità, la ricostruzione di quello che è avvenuto in quella notte maledetta, la linearità del comportamento di Gaia, ragazza meticolosa e rispettosa delle regole. Prende il cellulare in mano.

«Quella sera ero andato a cena da amici, dalle parti di San Giovanni. Le avevo detto che poteva stare con i suoi amici, il giorno dopo sarei andato a prenderla per andare dalla nonna. Le piaceva stare da mia madre. Aveva imparato a cucinare. Mi mandava la foto dei piatti che faceva, come la carbonara o l'amatriciana. Alle 21.48 le ho scritto: "Ci eravamo messi d'accordo che ci comunicavi i tuoi spostamenti". Non l'avevo sentita dalle 17.36. E lei mi ha risposto così.» Ora Edward spinge un pulsante e da quell'apparecchio si leva la voce di Gaia: «Mi sono appena mossa dal ristorante. Ora andiamo a Ponte». Ponte è ponte Milvio, luogo di ritrovo dei ragazzi, prima che fosse vietato per loro incontrarsi.

«Poi le ho scritto alle 22.30 per dirle: "Avvisami se ti sposti da Ponte". Lei ha risposto: "Sì". Ma lei era precisa. A mezzanotte meno un quarto non mi aveva né scritto né telefonato e ho iniziato a preoccuparmi. Ho provato a chiamarla, ma non rispondeva. Allora, non so neanche io perché, ho deciso di andare sotto casa, alla collina Fleming. Sono passato da corso Francia, ho visto due sagome a terra e ho detto a Bea, la mia compagna, che doveva essere successo qualcosa di grave. Non ci ho proprio pensato. Non potevo pensarci. Arrivato a casa ho citofonato. La madre era anche lei fuori, è arrivata a casa in quel momento, preoccupata anche lei. In quel momento ho capito, ho collegato. Ci siamo precipitati a corso Francia. Pioveva, non facevano passare nessuno. Gaia non aveva documenti addosso, non sono mai stati trovati poi né il cellulare né le chiavi di casa. Io guardavo da lontano, ma non capivo, o forse non volevo capire. Poi ho chiesto al comandante dei vigli urbani, qualificandomi per quello che sono stato, un ufficiale dei carabinieri, di farmi passare. Mi ha detto che me lo consentiva perché io, nel caso peggiore, "ero preparato". Mi hanno accompagnato e l'ho vista. Quello da cui non riesco a liberarmi sono i suoi occhi sgranati, Gaia deve aver capito quello che stava accadendo. È stato terribile. Io ho assistito al parto di Gaia e la prima cosa che ho notato, quando è venuta al mondo, era che aveva delle dita lunghe, affusolate. Quelle dita che, sotto la pioggia, ho toccato per l'ultima volta.

«Gaia non ha mai preso il motorino, non ha mai voluto salire su una moto. Aveva paura di morire sulla strada. "Io non voglio fare la fine di mio padre."»

Edward von Freymann ha perso l'uso delle gambe il 19 luglio 2011. Stava tornando da Ponza, in motocicletta. Una macchina ha fatto una specie di inversione a U e lui ha subito l'impatto anche con la macchina che seguiva la prima, che lo ha investito facendogli scoppiare il midollo e scomponendogli il viso. Si è salvato per il casco integrale. È stato mesi in coma e poi in un centro per il recupero a Montecatone, vicino a Imola. Edward mi mostra i disegni che Gaia gli ha fatto quell'estate. Sono immagini solari, lei aveva otto anni. Una mi colpisce. Gaia ha ritratto suo padre e lei come a cavallo di due scogli, gli scogli di Sperlonga, luogo che lei amava molto. Solo in un foglio ha descritto come immaginava la stanza di degenza del papà. C'è una finestra con gli uccelli e il sole, un letto, il padre, in piedi, e il «gocciolatoio» da ospedale, quello che rilascia il liquido delle trasfusioni. Ma sembra una favola, un gioco della Lego.

«Gaia voleva venire al San Camillo, ma non era davvero il caso. Aspettai che mi togliessero tutti i tubi, consultai gli psicologi di Montecatone che mi dissero, come fosse facile, che dovevo mostrarmi normale e cercare di non commuovermi. Io ricordo la scena benissimo. L'aspettavo alla fine di un corridoio. Può immaginare con che stato d'animo. Era la prima volta che lei vedeva suo padre, quello con cui sciava per ore, nuotava, praticava ogni sport, inchiodato su una sedia a rotelle. La vidi in fondo e lei cominciò a correre verso di me. Arrivata a tre metri si bloccò. Io mi sentii morire. Poi mi disse tre cose: "Quanto sei dimagrito, quanto sei bianco, che brutto naso che hai".

«Poi mi abbracciò e mi sussurrò: "Papà ti voglio tanto bene".

«Ma nulla, dopo, fu semplice. L'anno successivo dovevamo andare a Sperlonga, era la cosa che le piaceva di più. Ma lei non voleva più. Scoppiò in un pianto che mi devastò. Diceva: "Non potrò più nuotare con papà, non potremo prendere le telline, non potremo correre e sciare insieme. Mai più". Io allora ho fatto i corsi di idrokinesiterapia per tornare a nuotare e ho trovato una scuola di sci per i disabili. La prima volta che provai, può immaginare con quanta difficoltà, alla fine della discesa sentii, dalle spalle, un abbraccio forte, intenso. Gaia aveva seguito tutto nascosta dietro a un albero.

«Era una ragazza con una sensibilità particolare. Senta quello che ha scritto come lettera ai genitori in quinta elementare: "Questo Natale non vi voglio scrivere come una bambina piccola, ma come una ragazza che tra poco andrà alle medie. Ho riflettuto molto sulla mia situazione familiare e ho concluso che alcune volte i genitori devono anche loro chiedere scusa a noi ragazzi, perché spesso ci trattano come dei bambini e non pensano che anche noi ragioniamo e comprendiamo molte cose; mi piacerebbe molto vivere sempre con voi i sentimenti di pace e serenità secondo le frasi del papa: nel mondo c'è bisogno di tenerezza".

«In finlandese le coccole si chiamano *pai pai*. E Gaia, quando stavamo insieme a vedere un film mi chiedeva sempre di farle *pai pai*. E io, ora che mi ha lasciato, mi sono convinto che il mio compito sia trasformare il mio dolore non in rabbia ma in tenerezza, in amore. Il destino ha strappato la carne della mia carne e il dolore che provo è intollerabile, mi strazia. Ma cosa devo fare? Abbaiare alla vita per tutto quello che mi ha preso? O cercare con l'amore di restituire agli altri quello che comunque mi ha dato, a cominciare da quella figlia meravigliosa? Per questo ho iniziato a girare per le scuole e voglio far nascere una fondazione che in suo nome porti avanti anche il tema della sicurezza per i ragazzi. Sono rimasto colpito dalla commozione dei ragazzi ai quali racconto la storia di Gaia, che si identificano nella sua storia e si rendono conto che l'onnipotenza della quale da ragazzi si è convinti di essere protetti non esiste.»

Edward ora mi fa sentire una canzone che un'amica di Gaia le ha dedicato e che gli ha mandato perché l'approvasse. Dice Federica: «Sembra ieri che parlavamo, le risate fino a tardi, una vita da vivere... Penso spesso a quei ricordi...».

Federica non può saperlo, ma questa frase è la stessa che Gaia ha scritto al padre nel 2016, a tredici anni: «Al mio papi, a quei ricordi che spero non dimenticherò mai».

La canzone continua così: «Se vuoi, ti presto un respiro, dimmi che ci sei anche se non ti vedo... Non so dove trovarti, vieni a trovarmi in un sogno».

E il sogno è l'oggetto di un tema che Edward mi mostra. È stato scritto in inglese pochi mesi «prima». Lo riporto integralmente perché qui conta solo occuparsi di lei, raccontare com'era Gaia, che amava gli animali, giocava a pallavolo e voleva entrare nel mondo della moda.

«La parola "sogno" è infinita nel glorificare la vita di una persona e rendere la vita piena di speranza. Ogni persona ha un sogno che pensa un giorno possa avverarsi e miracolosamente rendere la sua vita fantastica.

«I sogni sono come le stelle: sappiamo che non potremo mai incontrarle o toccarle, ma comunque ci crediamo. Chi ha una cornucopia di sogni conduce sempre una vita allegra, perché i sogni gli danno coraggio e speranza. Queste persone lavorano duramente per realizzare i loro sogni in qualsiasi modo.

«I sogni possono essere dolci, amichevoli e infiniti, perché più sogni hai, più diventi creativo. Se ti riempi di sogni, diventerai pieno di immaginazione. Io non sono una sognatrice, ma mi piacerebbe lavorare nel campo della moda, perché mi affascina sin da quando sono bambina.

«C'è una parte di verità dietro ogni sogno, visto che la persona crede che il suo sogno si avvererà e quando ci credi deve essere vero.

«I sogni a volte possono fare paura. Spesso senti che sono più grandi di te.

«Sognare è come scalare una montagna. Puoi sognare e sognare, lasciando correre la tua immaginazione e alla fine raggiungerai la vetta o il tuo sogno si realizzerà.

«I sogni portano felicità nella tua vita, perché ti fanno dimenticare le lacrime e sperare per il meglio».

Un delitto dimenticato

Renzo Modugno

«Faccio la seconda commerciale» disse Giuseppe Conte ai funzionari di polizia, «avevo preso quattro in matematica. Il professore mi rimproverava, perché non ascoltavo attentamente la lezione. Chiesi di essere interrogato di nuovo e presi un'altra insufficienza. Nel rinviarmi al posto, Modugno disse con aria di scherno: "Pitagoricida" perché non avevo saputo fare l'applicazione del teorema di Pitagora. Demoralizzato non volevo più andare a scuola; mia madre mi dissuase e mi incitò a studiare di più. Chiesi al professore di essere nuovamente ascoltato: mi allontanò dicendo "Smamma". Il 13 febbraio Modugno lesse i voti del trimestre: io avevo quattro in matematica. Scoraggiato, scoppiai in pianto. Nella mia mente si rincorrevano le idee più disperate: volevo uccidermi e ammazzare il professore. Trascorsi la domenica con amici per divagarmi. Lunedì pensieri ancora più neri. Aprii con una chiave falsa un cassetto di mio padre, ne tolsi una pistola, non poteva accorgersi della scomparsa, perché ne aveva un'altra. Alle 14.30 caricai la pistola nel bagno.»

Siamo a febbraio del 1953, lunedì 16. L'alunno Giuseppe Conte, nulla a che vedere con il nostro ex presidente del Consiglio, varca il portone della sua scuola. Il Leonardo da Vinci, via Cavour, Roma.

Si entrava alle 14.30, allora, per il secondo turno. I ragazzi erano tanti, non come oggi, e le scuole erano poche.

Nella seconda I, alla terza ora, entra il professor Renzo Modugno. Un insegnante stimato, che la vita aveva già segnato. Sorpreso dallo scoppio della guerra nella città di Gimma, nell'Africa orientale, viene preso prigioniero dagli inglesi e internato in un campo di concentramento in Rhodesia, all'interno del quale continuò a insegnare. Durante quel periodo contrasse un morbo che gli paralizzò gli arti inferiori. Tornato in Italia cercò di curarsi, ma la malattia gli lasciò una visibile zoppia.

Quel giorno, a fine lezione... «Il professor Modugno, con il suo passo zoppicante di invalido, appoggiandosi ai bastoni, è sceso non senza sforzo dalla cattedra e si è avviato verso l'uscita, salutato rispettosamente dagli studenti... L'insegnante stava già con un piede nel corridoio, quando è risuonato il primo sparo. Colpito al collo, il disgraziato ha tentato di fuggire, ma i suoi piedi paralizzati non hanno risposto al richiamo della volontà. Raggiunto da un secondo proiettile, il professore è caduto a terra ma lo studente, animato da una volontà omicida addirittura incredibile in un ragazzo di quell'età, ha continuato a sparare ancora, raggiungendo l'insegnante con una terza pallottola.»

Le cronache fin qui riportate di due diversi quotidiani danno la misura dell'incredibile episodio, la «Columbine» italiana avvenuta nella Roma dei primi anni Cinquanta. E del tutto dimenticata.

Giuseppe Conte era figlio di uno stimatissimo maresciallo di P.S. Dopo aver sparato, si rifugiò in una tabaccheria di via Nazionale e da lì, col gettone, telefonò a casa dicendo: «Mamma, ho ucciso il professore di matematica». Il «Corriere della Sera» scrisse che il papà era stato udito dire: «Avevo affrontato tanti sacrifici per farlo studiare. Tutte le mie speranze erano riposte in lui. Invece è divenuto un delinquente come quelli contro i quali ho combattuto tutta la vita. Non voglio che mi si parli di lui, spero di non vederlo mai più».

Il maresciallo per due volte, umiliato e offeso, darà le dimissioni che saranno sempre respinte.

Il professor Modugno spira dopo due giorni di agonia. I quotidiani riportano la notizia di una sua frase pronunciata, in punto di morte, al cappellano che lo assisteva: «Dite a Giuseppe che lo perdono». Ma don Somma lascerà nel dubbio dicendo, testualmente: «Si tratta di un segreto professionale».

Per tutta la scuola italiana, e per l'intero Paese, quello che è accaduto è sconvolgente. Il professor Modugno, a detta di tutti, era un insegnante capace e comprensivo e, come diranno in una lettera aperta alcuni suoi studenti: «Un vero padre, una guida sincera e benevola... Univa nell'insegnamento alla riconosciuta sapienza professionale un senso di profonda umanità... Gli studenti non erano per lui, né si sentivano, "alunni" ma quasi figli o amici».

I suoi funerali, con un corteo che si snoda da piazza del Popolo fino a piazza di Spagna, vedono la partecipazione di migliaia di persone. La famiglia Conte invia un cuscino di fiori e il maresciallo si confonde nella folla, vuole testimoniare da che parte sta. Si ritroveranno il padre poliziotto e il figlio assassino, in una stanzetta del carcere minorile di San Michele Ripa. Anche qui ascoltiamo le parole del «Corriere della Sera»: «Il ragazzo chiedeva: "Quando verrà mio padre a trovarmi?". Né gli agenti di custodia né i compagni di detenzione sapevano cosa rispondergli. Allora crisi di pianto agitavano Giuseppe Conte: lo udivano singhiozzare anche la notte nella sua cella... Se fosse stato bocciato agli esami, Giuseppe Conte avrebbe dovuto ritirarsi dagli studi, suo padre, con il modesto stipendio di maresciallo, non avrebbe potuto sostenere altri sacrifici per lui».

Sembra *Rashomon*. La stessa storia appare come un poliedro, a seconda del luogo da cui la si guardi.

Ma c'era un ragazzo che ha sparato e un uomo che è morto, questo è un dato di fatto. Si aprono discussioni alimentate dalla morbosità dell'informazione. Gian Carlo Pajetta, su «l'Unità», stigmatizza «il circo mediatico» con toni che si potrebbero utilizzare ora: «I giornalisti si sono puntati sulla faccenda, l'aula insanguinata è stata vista soltanto come una fotografia a effetto; una compagna di scuola, che avrebbe dovuto piangere impaurita e avere il pudore della sua pena, è diventata una divetta con fotografie e interviste, il preside, il bidello, i genitori, tutti hanno dovuto dimenticare che era morto un uomo e che un ragazzo aveva perso coscienza e senno e sono stati trasformati nei protagonisti di un fattaccio».

Ma quella settimana di febbraio finisce com'era iniziata. La domenica 22, un ragazzo si getta dal quarto piano della sua casa per i cattivi voti riportati in greco. Filiberto, così si chiamava il ragazzo, era intelligente, sensibile, ma a scuola faceva molta fatica. Ripetente, a fine trimestre si vide consegnare una pagella piena di quattro e cinque. Filiberto aveva problemi di salute. Con una prosa spietata «l'Unità» così lo descrive: «Il ragazzo, piccolo di statura, magro, squallido, era di salute cagionevole; la sua acuta sensibilità era esacerbata da una malattia del sistema nervoso che si manifestava anche in attacchi epilettici».

Episodi accaduti anche in classe, più volte. Possiamo immaginare con quale vergogna abbia vissuto quella condizione. Prima di lanciarsi dalla cucina della sua casa di via Sant'Ippolito lascia un biglietto di scuse al fratello e un altro in cui dice, secco: «Io non uccido il professore di greco, mi uccido».

Culture e sensibilità si dividono, ieri come oggi. Lo scrittore Giovanni Mosca, commentando sul «Corriere», con la malcelata nostalgia per i tempi andati, i tragici eventi, li giudica: «L'ultima drammatica fase di dissolvimento dei rapporti di rispetto e soggezione che fino a un tempo non molto lontano legavano fortemente i giovani ai loro superiori. Questi legami si sono venuti rapidamente allentando e indebolendo e la figura del giovane sottomesso ai genitori, rispettoso degli insegnanti, riverente verso i vecchi è ormai una figura da libro di lettura».

Pietro Ingrao commenta invece sul giornale dei comunisti: «Responsabilità delle famiglie che vedono nella scuola solo una fabbrica di impieghi? Responsabilità della organizzazione della scuola, dei programmi staccati dalla vita, del vecchiume che non si è saputo cancellare? Responsabilità delle cose, e cioè del sistema in cui viviamo e che trasforma la scuola in una lotta precoce e in un campo di spietata concorrenza per il diploma, dove il quattro e il sei decide del domani?».

Fatto sta, e qui Mosca ha ragione, che il sedicenne Giuseppe Conte: «Non è il vendicatore degli scolari perseguitati, non è il giustiziere dei professori di matematica, non è l'eroe della lotta tra due generazioni: è un povero ragazzo con le mani sporche di sangue».

La Columbine nella piccola Italia nel 1953 sembra anticipare temi che accenderanno, quindici anni dopo, scuole, università, piazze. Erano passati allora solo otto anni dalla fine della guerra, i giovani che andavano al liceo erano stati bambini sotto i bombardamenti e avevano visto con i loro occhi la paura, il sangue, la morte.

Nella sua crudele durezza ci può essere utile oggi ricordare quell'episodio cruento, sangue fra i banchi, per ripeterci quanto la scuola sia fondamentale nell'esperienza umana di ragazzi e insegnanti.

La qualità di un Paese, il suo futuro si possono misurare sempre, in primo luogo, dalla profondità e modernità del suo sistema formativo. Tornano alla mente le parole di Pietro Calamandrei a proposito della funzione della scuola: «La formazione della classe dirigente, non solo nel senso di classe politica, ma anche classe dirigente nel senso culturale e tecnico: coloro che sono a capo delle officine e delle aziende, che insegnano, che scrivono, artisti, professionisti, poeti. Questo è il problema della democrazia, la creazione di questa classe, la quale non deve essere una casta ereditaria, chiusa, una oligarchia, una chiesa, un clero, un ordine. No. Nel nostro pensiero di democrazia, la classe dirigente deve essere aperta e sempre rinnovata dall'afflusso verso l'alto degli elementi migliori di tutte le classi, di tutte le categorie... a questo deve servire la democrazia, permettere a ogni uomo degno di avere la sua parte di sole e di dignità. Ma questo può farlo soltanto la scuola, la quale è il complemento necessario del suffragio universale. La scuola, che ha proprio questo carattere in alto senso politico, perché solo essa può aiutare a scegliere, essa sola può aiutare a creare le persone degne di essere scelte, che affiorino da tutti i ceti sociali».

L'agonia di un bambino: gli errori, gli eroi

Alfredino Rampi

«Si può andare sulla Luna, ma non si può salvare un bambino caduto in un pozzo. Si possono annientare milioni di vite umane in un attimo; non si riesce a salvarne una sola in trentasei ore... Lo spavento che provava Pascal di fronte al silenzio degli spazi infiniti noi lo sentivamo ora davanti a un pozzo da cui la voce di un bambino invocava la salvezza. Il pozzo era il nostro infinito.» Con queste parole Leonardo Sciascia descrisse l'incredibile shock collettivo di un Paese intero di fronte al destino di un bambino. Alfredo Rampi, età sei anni, un mercoledì di quaranta anni or sono, stava giocando nel verde di uno spiazzo di Vermicino, vicino a Frascati. Era un bambino magro, una malattia che gli rendeva faticosa la vita gli pesava come uno zaino sulle spalle. La sindrome di cui soffriva aveva un nome letterario o sinfonico, si chiamava e si chiama la tetralogia di Fallot e comporta una difficoltà nell'ossigenazione del sangue. È una malattia rara, odiosa come sono oggi quelle sindromi autoimmuni che sembrano sempre una anomalia statistica. Anche per Alfredo aver scoperto la «sindrome del bambino blu» era stato il primo incontro con una vita messa per storto. Ne vengono diagnosticati tre casi ogni diecimila persone nate. Una di queste era lui, il cucciolo Alfredo.

L'incubo

In *L'inizio del buio*, uno dei miei libri che mi è più caro, per il quale ho lavorato più di un anno sentendo i testimoni e rivivendo quei giorni, ho messo a confronto le due notti televisive che gli italiani più ricordano, quella dello sbarco sulla Luna e quella dell'incubo di Alfredo.

Quella del luglio 1969 era l'emozionante testimonianza delle magnifiche e progressive sorti di una scienza che sembrava tanto veloce e onnipotente da essere riuscita, nell'arco di un solo decennio, a portare l'uomo prima nello spazio e poi sulla Luna. Lo sguardo, in quel momento, era rivolto in alto, verso un cielo carico di promesse.

Ora, in un'altra notte d'estate, gli occhi di tutto il Paese cambiano invece direzione, scendono verso il basso, esplorano non più lo spazio infinito sopra di noi ma un buco nella terra, nero e umido, infido e imprigionante.

Scrissi allora: «In cielo c'è Dio, in fondo alla terra il diavolo». E questa è la sensazione psicologica del passaggio di testimone tra quelle due notti in bianco vissute dagli italiani. In una ci si sentiva fratelli del mondo intero che, ovunque e nello stesso momento, guardava con illimitata speranza al fatto che un uomo avesse lasciato la sua impronta sul luogo descritto da Ariosto per il viaggio di Astolfo. Su quel deserto di pietre grigie non esisteva, però, quello che il poeta aveva immaginato: «Altri fiumi, altri laghi, altre campagne / sono là su, che non son qui tra noi; / altri piani, altre valli, altre montagne, / c'han le cittadi, hanno i castelli suoi, / con case de le quai mai le più magne / non vide il paladin prima né poi».

La Luna era terra, alfine. Ma il viaggio, quello sì, accendeva sogni non minori di quelli di Astolfo.

Eravamo sicuri, a ventiquattro anni da Hiroshima, quasi la stessa distanza di tempo che ci separa dall'attentato alle Torri Gemelle – un attimo della Storia e della vita –, che quel cielo scalato, assaltato fosse, in definitiva, la dimensione del nostro futuro realizzato. Era la fine, forse meglio dire il culmine, degli anni Sessanta: ricchezza e contestazione della ricchezza, fiducia nel futuro e voglia di libertà, rabbia e speranza. La combinazione di opposti che ha sempre fatto muovere il mondo nel modo più veloce e più giusto. Ma ora, nel 1981, siamo ad altri ventidue anni di distanza da quella notte stellata. E le finestre degli italiani, nel buio estivo, si illuminano della luce azzurrognola dei teleschermi, per seguire il destino di un bambino solo in un buco della terra. La scienza che era riuscita a portare tre uomini sul suolo della Luna non riesce a tirare fuori il corpicino di un bambino sospeso nel vuoto di una terra scavata male, per fare un pozzo abusivo, da mani furtive e non autorizzate.

Terra scempiata che inghiotte gli innocenti, come il sangue sul terreno dei soldati in trincea. È difficile da descrivere a chi non l'ha vissuto: quelle notti di giugno del 1981 sono state un'esperienza psicologica collettiva concentrata nel tempo ma di terribile, sconvolgente, intensità.

Gli attentati

Solo un mese prima una tonaca bianca, quella di papa Giovanni Paolo II, era stata insanguinata dai colpi di un incredibile, e non creduto, sparatore turco. Non ci si è chiesti abbastanza cosa sarebbe successo se quella pistola, e chi l'aveva armata, avesse ottenuto l'effetto che si proponeva. Se il papa che sosteneva Solidarność fosse stato ucciso, il regime sovietico sarebbe caduto nei tempi in cui è accaduto? Ci sarebbe stato il 1989? Sarebbe stato prima, dopo, mai? La crisi polacca fu infatti l'innesco del disfacimento del blocco comunista.

Un paio di mesi prima, un solitario attentatore aveva cercato di uccidere Ronald Reagan. Fatti separati, distinti, non assimilabili a un'unica strategia, ma sicuramente temporalmente coincidenti.

Nel 1981 sono stati ritrovati gli elenchi della loggia massonica P2 e l'elenco di quei nominativi ha sconvolto il Paese. E la Dc smette di guidare l'Italia, dopo decine di anni.

Che anno, il 1981!

Nel giorno stesso in cui Alfredino cade nel pozzo, più o meno alla stessa ora, un ragazzo di San Benedetto Del Tronto viene rapito dalle Brigate rosse. Si chiama Roberto Peci, è il fratello di Patrizio, uno dei primi pentiti del terrorismo italiano. Sua moglie è incinta. Lui paga, con il sequestro, per colpe non sue.

Le due vicende si intrecceranno, sui media. Quella di Alfredino dominerà schermi e colonne dei quotidiani per un tempo breve e intensissimo, sarà un flash di inaudito dolore. Quella di Roberto durerà mesi, fino al 3 agosto, uno stillicidio di notizie sempre meno evidenti. Come se la generale assuefazione di quel tempo a morti ammazzati, ferimenti, gambizzazioni, sequestri avesse mitridatizzato la coscienza del Paese, ormai abituato a considerare un rumore di fondo, una spiacevole normalità, il fiume di sangue che scorreva ogni giorno.

L'Italia è fragile, in quei giorni di giugno del 1981. E per questo ha il cuore ancora più strizzato dall'odissea di questo bambino precipitato nel buio di un pozzo, il luogo di ogni orrore immaginabile. Alfredino è lì sotto, che soffre, ha paura, dorme, ha fame, fa la pipì, chiama la mamma.

In superficie – uno spiazzo che a vederlo in televisione sembrava grande e dal vero è invece minuscolo – succede di tutto. Sia chiaro, era meno facile di quanto possa sembrare, l'operazione di salvataggio. Ma la somma di improvvisazioni e di errori consumati in quelle ore è pari solo alla generosità e al coraggio di chi ha provato a salvare il bambino. O ha provato a tenerlo sveglio, ad accendere in lui la speranza, che qualcosa sarebbe successo. Come Nando Broglio, vigile del fuoco con quattro figli, che per giorni, piegato all'imboccatura del buco nero, si sforzerà di parlare al piccolo e, soprattutto di ascoltarlo. Un giorno un microfono sguaiato viene calato nell'antro non per ascoltare Alfredino, ma per catturarne la sofferenza.

Quella voce straziante, quell'urlo che sale dal ventre della terra, mi è rimasto da allora nelle orecchie. Sarà il momento più inaccettabile di quella saga del dolore. Quello più cinico, più immorale.

Tanto che chi lo trasmette, forse colpito dalle reazioni degli spettatori, lo rimuove in fretta. Quell'urlo resterà, come una cicatrice, solo in chi l'ha sentito durante un notiziario delle tredici. Alfredino dice una frase che avrà sentito dai grandi, che magari lo rimproveravano. Dice, rivolto all'affanno confuso che percepisce lassù: «La vogliamo piantare?». È una frase di rimprovero, da un bambino verso gli adulti. Poi grida disperato: «Basta, basta».

Non sa che invece il circo Barnum sta montando le sue tende e disponendo le attrazioni e le musiche del caso. Dopo la trasmissione di quella voce, a un telegiornale dell'ora di pranzo, si forma una coda interminabile di auto dirette verso Vermicino, scambiato per Ostia o Fregene. I soccorritori, pressati dai curiosi, invocano le forze dell'ordine, affinché garantiscano almeno «uno spazio vitale» per il loro lavoro. A questo siamo.

Lassù, sulla testa di Alfredino, si accalcano telecamere e sperimentatori. A un certo punto viene la brillante idea di calare una tavoletta di legno nella presunzione che il bambino possa afferrarla e risalire attaccato all'oggetto. Nel rapporto delle autorità verrà scritto che, essendo Alfredo, «di natura vivace e di intelligenza spiccata, era da ritenere senz'altro in grado di servirsi con facilità dell'attrezzatura predisposta collaborando alle operazioni di soccorso».

Allora: Alfredo è da ore al buio, imprigionato in uno spazio di ventotto centimetri, grande come un sottopiatto; ha freddo, paura, fame. Ma i «dotti, medici e sapienti» che sono all'aria aperta pensano che lui, con facilità, si aggrapperà alla tavoletta così «collaborando alle operazioni di soccorso».

Che dubbio c'era? Alfredo è «vivace e di spiccata intelligenza».

Lui sì, quelli sopra no.

Infatti la tavoletta si incastra, come era forse prevedibile, e costituisce un altro tappo tra il bambino e la luce, tra il bambino e la voce, tra il dentro e il fuori, tra la prigione e la libertà.

Arrivano gli speleologi, quelli che il ventre della terra lo conoscono bene. Si calano in diversi, a testa in giù. Come era il mondo a Vermicino, in quei momenti.

Mi dirà uno di loro, Tullio Bernabei: «Scesi bene per i primi dieci metri, ma il pozzo non era rettilineo e faticai molto nella seconda parte dove la pietra era più dura. Vedevo bene la tavoletta, che era a pochi metri da me e ostruiva la vista del bambino. Ricordo il respiro affannoso di Alfredo, ricordo che piangeva sommessamente e chiamava la sua mamma. Ho cercato di rassicurarlo. Gli ho detto, con tutta la dolcezza che potevo: "Stiamo venendo". Il bimbo mi ha risposto: "Fate presto". Ma non riuscivo a scendere più giù e allora ho chiesto di essere tirato in superficie».

Lui e tanti altri cercheranno di salvare Alfredo.

Si tenterà poi di scavare con una grossa trivella per fare un tunnel parallelo capace di arrivare sotto il bambino che, con un pertugio orizzontale sarà poi prelevato e portato in superficie.

Tutti ora sono allegri, persino sorridenti. Al telegiornale dicono che è stata persino predisposta una stanza di ospedale e il pigiamino per il ricovero. Da ore la televisione trasmette senza sosta. Hanno provato a interrompere l'interminabile diretta per trasmettere una tribuna politica con il segretario socialdemocratico Pietro Longo ed è successo un putiferio. Alfredo, solo Alfredo.

Siamo, in fondo, a un passo dall'happy end, nessuno vuole mancare la scena che salderà il dolore con la felicità, l'ansia con la soddisfazione. È arrivato anche Pertini, che ora staziona vicino al pozzo e indossa le cuffie. Vuole essere vicino al dolore popolare, ma forse stavolta non fa la cosa giusta, il presidente partigiano che tutti abbiamo amato. C'è già abbastanza confusione, improvvisazione, tifo da stadio in quella macchia d'erba.

Presto, in quel venerdì, tutto cambia. I sorrisi diventano terrore e comincia il ballo italiano dello scaricabarile. Alfredino è precipitato a sessanta metri, molto probabilmente scivolando per effetto del movimento della terra provocato dalle operazioni di scavo per il pozzo parallelo. La terra si è scossa e quel corpicino, certamente disidratato, è sceso ancora. I vigili del fuoco sentono la sua voce sotto di loro, non sopra, come avevano sperato.

Ora è una corsa disperata. Arriva un sardo piccolo e determinato, Angelo Licheri, che arriverà a sfiorare Alfredino, dopo aver viaggiato per sessanta metri tra rocce e spunzoni che gli lacerano le carni. Si presentano nani e medium. Il circo, con movenze grottesche, sta per chiudere.

Alfredino non si sente più. Il suo cuore affaticato non ha retto. Ci vorranno giorni, prima che la terra lo restituisca. Quando il suo corpo rivedrà la luce, il circo ha già smontato le sue tende. Le televisioni hanno ripreso a trasmettere la musica del tempo e il pubblico si indirizza verso altre manifestazioni da assaporare. In fondo tra solo un anno vinceremo i mondiali di calcio...

Quel che resta

Roberto Peci viene ucciso, la sua esecuzione documentata e il suo corpo fotografato. Il processo farsa che era stato intentato dalle Brigate rosse, barbarie pura, concluso da una condanna a morte, viene diffuso dalle televisioni private.

La televisione, in quel giugno del 1981, ha infranto ogni barriera. La vita e la morte sono divenute un evento spettacolare, un modo per distrarsi, una specie di roulette russa.

La loggia massonica P2, la scelta di Spadolini come primo presidente del Consiglio laico dal dopoguerra passano, in fondo, in secondo piano.

In questa grande, tragica farsa ci sono solo alcuni eroi. I vigili del fuoco, gli speleologi, i medici, i giornalisti rigorosi. E due genitori fantastici. Certe volte penso cosa accadrebbe oggi, nel tempo dei social, con il tribunale istantaneo è riunito in permanenza.

Quando dopo tre giorni sotto un sole cocente Franca Rampi, mamma eccezionale, cambiò un vestito, ci fu chi ebbe da ridire. Figurarsi cosa sarebbe oggi.

Sono passati quarant'anni ma forse, con il dolore per Alfredino, c'è qualcosa da preservare, nel ricordo. Portiamo con noi la misura del coraggio di persone che volevano salvare, a rischio della propria vita, un bambino che non era il loro e due genitori riservati e sinceri. Una madre e un padre carichi di amore e dignità.

Una serata per sempre

Christian Eriksen

Circa quarant'anni or sono, esattamente alla stessa ora dello stesso giorno in cui Christian Eriksen si è accasciato al suolo sotto gli occhi di milioni di telespettatori in tutto il mondo, a Vermicino il comandante dei vigili del fuoco diceva a Tullio Bernabei, uno degli speleologi che si stavano prodigando per estrarre dal pozzo il piccolo Alfredino Rampi: «È scivolato ancora, non sappiamo esattamente dov'è. Siamo nella merda. Fate qualcosa, adesso tocca a voi».

Alle ore diciannove del 12 giugno 1981 le autorità si accorgono che il movimento della trivella usata per realizzare un pozzo parallelo a quello dove è caduto il bambino lo ha fatto precipitare ancora più in basso. È il momento più tragico di quella morte in diretta. È il fallimento, così viene percepito, della scienza. Tutto sotto l'occhio morboso di una televisione impazzita, verbosa, emotiva, cinica, avida di un happy end che non ci sarà.

Il 12 giugno del 2021, alle diciannove, in un campo di calcio del nord Europa, di nuovo sotto gli occhi di milioni di persone, un ragazzo di ventinove anni cade «come corpo morto cade».

Ero davanti alla televisione e come tutti ho percepito che l'anomalia del movimento di Eriksen – non era scivolato e non era stato colpito – lasciava immaginare qualcosa di grave. Il resto lo abbiamo vissuto in diretta. Proprio come su quell'altro prato, il fazzoletto di terra di Vermicino.

Ma sul campo di calcio tutto è stato diverso. Tutto è stato perfetto, in questa tragedia. Un episodio che comunque cambierà la vita di quel ragazzo e resterà impresso nella mente di tutti come simbolo della caducità del vivere.

In primo luogo è stato perfetto il modo in cui quei momenti, emotivamente strazianti, sono stati raccontati. Con le immagini di una regia internazionale, rispettosa e non omertosa, capace di cogliere i momenti fondamentali dell'episodio e di descrivere i fatti, con la scelta corretta di allontanarsi in volo con la telecamera appena compresa la gravità dell'accaduto, senza far prevalere il diritto di cronaca sul rispetto della dignità umana.

Ma, ci tengo a dirlo, perfetta è stata la scelta dell'unico telecronista che si sia trovato a commentare in diretta quello strazio, Andrea Marinozzi di Sky. Il silenzio di un telecronista, sembra un ossimoro. Ma la scelta di non infarcire di parole, commenti, descrizioni di tragici precedenti quei minuti in cui si cercava di salvare in un campo di calcio la vita di un ragazzo è stata la più coraggiosa che potesse essere assunta. Quel silenzio è stata una forma di rispetto per un'emozione intensa e diffusa. Non si sono lanciate, come si fece a Vermicino, né false speranze né annunci di esiti in quel momento inverificabili. L'informazione è stata responsabile, in un tempo di dissennatezza diffusa e di fake news, di tv del dolore e di granguignolesca ricerca di una pietà autenticamente smarrita.

Sono stati perfetti i medici – nel copione «la scienza» – che hanno fatto quello che si dovrebbe fare ovunque, nel modo giusto e nei tempi giusti. Perché sono sempre la scienza e la generosità degli uomini a salvare le vite umane.

Sono stati esemplari i compagni di squadra di Eriksen, riuniti in cerchio, con le mani in preghiera di chissà quale dio e il volto in lacrime nascosto nella maglietta. Una scena che ci ha profondamente commossi tutti perché non siamo più abituati all'umanità, in questo tempo livido. Una scena che resterà, come significato e simbolo della parola comunità.

E per la parola amicizia vale lo sguardo di Simon Kjaer, il suo intervento immediato, il modo in cui ha preso la testa della compagna di Eriksen per farle sentire il calore di un conforto. Perfetti sono stati gli avversari, il rigore dell'arbitro e la sincera commozione di tutti i tifosi. Ora Eriksen è in una stanza d'ospedale, a curare il suo cuore bizzarro. Che abbia la fortuna che merita. La scienza e la competenza dei medici, l'amore di un amico, la solidarietà dei suoi compagni di lavoro lo hanno strappato dal pozzo nero dell'anticamera della morte nella quale era precipitato. «Andrà tutto bene» ci siamo ripetuti, per sperare che così fosse.

Stavolta, grazie al sapere e all'amore, tutto è andato bene.

Il giornalista che credeva nella politica e nei valori

David Sassoli

È difficile scrivere di David al passato. Ci conosciamo da decenni e abbiamo vissuto lo stesso tempo della Storia. La sua morte, così assurda e ingiusta, ci trova impreparati e ci accartoccia, sembrandoci l'icona di una stagione plumbea. David era in primo luogo una persona gentile, aperta, incapace di coltivare il sentimento che sembra incarnare lo spirito di questo tempo di caos: l'odio. Era un uomo del dialogo e rispettava sempre chi aveva idee diverse dalle sue. Ma questo atteggiamento non deve essere scambiato solo per la pur non disprezzabile virtù della buona educazione, che David non difettava. Sassoli era aperto al dialogo perché aveva dentro di sé un sistema di valori forte. Per questo, proprio per questo, sapeva dialogare. La sua formazione affonda in una radice profonda della vita culturale e politica di questo Paese: il cattolicesimo democratico. Quello di Dossetti, di La Pira, di Mazzolari, di Scoppola e di tanti altri, politici e non.

Un intreccio di valori etici e spirituali coniugati con la tensione al dispiegamento della libertà dell'uomo e alla permanente ansia di giustizia sociale. David sentiva inaccettabile la violazione dei diritti della persona, fosse un immigrato al quale si rifiutava accoglienza o una persona minacciata per le sue scelte religiose, politiche, sessuali.

L'Europa nella quale ha creduto, della quale ha più volte richiamato lo spirito originario, quello di Ventotene, gli piaceva esattamente perché era la culla di quei valori, conquistati a fatica: la libertà di pensiero e di mercato e la multiculturalità, i diritti e il pluralismo. Ha presieduto, assai bene, il Parlamento europeo perché si vedeva che credeva in quella istituzione, in quell'utopia realizzata. David è anche stato la smentita vivente della dicotomia tra politica e società civile. Veniva da una professione, quella di giornalista, che aveva vissuto fedele alla sua indole, correttezza e curiosità. Non ha frequentato la vita dei partiti, neanche quella comunque formativa di un tempo. Eppure si sentiva non in prestito, non coltivava separazione dalle logiche dei partiti politici, specie di quello al quale ha creduto come pochi. Era un politico, uno vero, uno di quelli che credeva in quello che faceva. E che, proprio per questo, rispettava chi la pensava diversamente. David era una persona lieve e importante. Il dolore che oggi accompagna in tutta Europa la sua morte è anche la richiesta che il suo modo di essere, valori forti e capacità di dialogo, non voli via come lui.

L'uomo che uccise il sogno americano

Sirhan Sirhan

Non tutti gli omicidi politici hanno la stessa devastante precisione chirurgica che dimostrò l'attentato a Robert Kennedy. Era il 5 giugno 1968, anno di mille svolte e mille eventi, e nelle cucine dell'Hotel Ambassador di Los Angeles un uomo arabo, Sirhan Sirhan, scaricò l'intero caricatore della sua scalcinata pistola contro l'uomo che aveva appena vinto le primarie presidenziali della California e si avviava, finalmente, a conquistare la candidatura con la quale avrebbe affrontato il suo avversario repubblicano Richard Nixon. Sirhan sparò a Kennedy, sostenne, per punirlo in ragione del suo sostegno a Israele in occasione della guerra dei Sei giorni di cui, in quell'alba di giugno, ricorreva il primo anniversario.

Alcol, squilibrio e odio furono l'impasto che trasformò un uomo normale in assassino e lo proiettò nel ristretto numero di persone che con un gesto hanno deviato il naturale corso della Storia. Fu condannato a morte, pena poi rapidamente trasformata in ergastolo e ora, dopo più di quindici richieste di scarcerazione, potrebbe uscire di prigione, ormai quasi ottantenne. Chi non pensa che il carcere sia il luogo della vendetta dello Stato sul corpo del recluso, chi ritiene la pena di morte uno strumento barbarico di punizione umana, non può avere nulla da dire sul percorso della carcerazione e scarcerazione di Sirhan.

Ma dal punto di vista storico e politico è difficile sottrarsi alla considerazione che quei colpi d'arma da fuoco abbiano mutato il destino della storia umana e dunque quello di ciascuno di noi. Come accadde con Moro, Martin Luther King, Rabin, Palme... E come John Kennedy. Come Falcone e Borsellino, Piersanti Mattarella, Carlo Alberto dalla Chiesa, Pio La Torre. Colpi sparati da killer lunatici o da professionisti della morte. Ma l'effetto è sempre lo stesso: edificare muri resistenti al libero fluire delle cose, dighe improvvise capaci di essere più potenti di lotte e voti, di parlamenti e partiti.

Sirhan Sirhan balbettò dopo l'omicidio parole deliranti, non diverse da quelle che aveva vergato su uno sconclusionato diario. Ma c'era del genio, in quella follia. Come in quella di Harvey Lee Oswald, James Earl Ray, Ygal Amir, Nathuram Godse, l'uomo che tolse la vita al Mahatma Gandhi.

Sirhan elesse Nixon. Dopo che in quella maledetta cucina il senatore Kennedy pronunciò le sue ultime parole – solo sua moglie Ethel che gli teneva la testa in quel momento sa quali fossero –, l'America sterzò a destra come non aveva fatto neanche dopo la morte di suo fratello John. I democratici erano fiaccati da una guerra sbagliata, i cui segni percepiamo ancora ora nelle decisioni inerenti i conflitti lontani da casa, divisi tra fazioni in aspro conflitto tra loro. E solo attorno a Bobby, la più lucida e coraggiosa mente politica della famiglia, i giovani dei movimenti di protesta, gli operai e gli intellettuali più radicali si erano ritrovati uniti. Alla candidatura più radicale di un galantuomo come Eugene McCarthy, RFK contrapponeva non il volto moderato dei democratici ma un impasto originale di pacifismo e realismo, di critica radicale a un modello sociale e di forte tensione contro ogni discriminazione.

Robert Kennedy avrebbe vinto le elezioni di novembre. McCarthy fu sconfitto anche nella convenzione democratica di Chicago, segnata da scontri violenti con morti nelle strade. Quel mondo che la radicalità democratica di Kennedy riusciva a esprimere non si riconobbe nel moderatismo istituzionale di Hubert Humphrey che perse malamente contro Nixon. Quel Nixon che si sarebbe macchiato dello scandalo Watergate.

Qualche settimana prima della sua morte, Bobby Kennedy non aveva avuto paura di tenere un comizio nella comunità afroamericana di Minneapolis alla quale aveva dovuto annunciare la morte del loro leader Martin Luther King.

John Lewis, uno dei capi del movimento contro il razzismo, disse: «Quella notte ho detto ai miei amici che non avevamo più King, ma che avevamo ancora

Kennedy». Ancora, per poche settimane. Poi nulla, per anni.

Sirhan Sirhan colpì non come un folle, ma come il più lucido dei cecchini politici del Novecento.

Sirhan Sirhan ha sparato non solo su un innocente, ma sui sogni di milioni di persone in tutto il mondo.

L'orrore social su chi sbaglia

Paolo Mancinelli

Una denuncia e una riflessione a partire da una delle notizie che hanno impegnato nel 2021 quel tribunale popolare permanente che è diventato il mondo dei social. Nel corso di un collegamento per la testata Rai News 24, un giornalista, Paolo Mancinelli, ha avuto un blackout: improvvisamente non riusciva a mettere in sequenza concetti e parole. Alla fine ha onestamente opposto un decoroso silenzio all'attesa delle informazioni che doveva fornire. Si è smarrito, ha mostrato una fragilità che non saprei giudicare essere migliore o peggiore di certe cronache meccaniche, di certi dibattiti pieni di ovvietà, urla preparate e luoghi comuni.

I responsabili della testata immagino abbiano cercato di capire cosa sia successo e perché. È il loro ruolo e, se hanno richiamato il collega al dovere di assolvere pienamente al suo compito professionale, sono stati nel giusto. Ma quello che è ingiusto, insopportabile e feroce è il clima da mattatoio che è scattato sui social. Dileggio, accuse personali, insulti. Una vita di lavoro messa in discussione e delegittimata per un momento di inspiegabile buio delle parole. Non so e non voglio sapere perché quel giornalista si sia smarrito. Ma so che capita. So che il mondo non è fatto dagli infallibili, ma dalla meravigliosa approssimazione con la quale ciascuno cerca di corrispondere alla miriade di attese alle quali si deve inesorabilmente saper ogni giorno tener testa.

Sbagliare è sbagliato. Ma nessuno si può sentire autorizzato, da dietro una tastiera spesso anonima, a distruggere la rispettabilità professionale e personale di un essere umano reo di aver mostrato un istante di fragilità. C'è da immaginare che gli insulti a quel giornalista vengano da persone che non hanno mai sbagliato nulla nella propria vita. L'errore, invece, è un elemento costitutivo dell'esperienza umana. Sbagliano calciatori e politici, professori, papi e artigiani.

Ma il tribunale supremo, o una parte di esso, si diverte, gode nello sbranare la vita di chi soffre, di chi è scivolato, di chi è caduto. La solidarietà verso quel giornalista, verso quell'essere umano, è dunque un piccolo dovere civile. E, infatti, la reazione delle persone perbene non si è fatta attendere.

Qui si apre la riflessione. È un discorso difficile, ma ora forse necessario. Quando parliamo di questi fenomeni di odio, ci stiamo davvero occupando di qualcosa che meriti la nostra attenzione? Un singolo tifoso urla contro il portiere del Milan, una donna interrompe un comizio di Letta, Conte o Salvini, uno squinternato manda proiettili a qualcuno di cui non condivide idee, posizioni, decisioni o tifo sportivo. È giusto denunciarlo, lo stiamo facendo.

Ma sono minoranze. Sono unità di odio la cui amplificazione mediatica finisce con cambiare dimensione e volto al fenomeno. Sono singoli, spesso. Non movimenti, non migliaia di persone. Però il rilievo mediatico del gesto o dell'insulto di un singolo o di un gruppo ristretto lo fa diventare indizio presumibile di un pensiero diffuso. Una ristretta minoranza, fatta di uno o cento persone, diventa così la maggioranza della «rete» o dei «social». Spesso, ormai lo sappiamo, all'odio dei singoli si uniscono gli «*shitstorm*» organizzati per imbarazzanti ragioni politiche.

Ma il quadro non cambia. Sono i media a trasformare gesti e parole dei singoli nell'immagine di una dilagante corrente di pensiero che merita il nostro allarme o la nostra riprovazione. Il rischio così è che la profezia si autoavveri. I fanatici e gli odiatori non sono solo inebriati dalla rilevanza che il loro gesto assume, ma scoprono e si illudono di non essere soli, anche se lo sono.

La maggioranza nei social e nel Paese, le due dimensioni non si identificano, è certamente estranea alla violenza verbale che può trasformare quotidianamente persone dabbene in anonimi e ringhiosi seminatori di veleno. Bisogna sempre ricordarselo, per non sbagliare analisi e fotografia del Paese reale. E per non pensare che la cosa migliore da fare sia mutuare, da quei comportamenti, contenuti e linguaggi. E per evitare che lo «spirito del tempo» sia definito da minoranze rissose e capaci di provocare frastuoni. Esiste, nel nostro Paese, una consistente maggioranza di persone responsabili, capaci di misurare parole e reazioni, di ascoltare e apprezzare pensieri altri dai propri.

Se arrivano uno o cento messaggi di odio, bisogna sempre rammentare che siamo sessanta milioni di cittadini. È proprio quella maggioranza assoluta di italiani a costituire la base su cui edificare un tempo nuovo.

Non è una maggioranza silenziosa. È una maggioranza consapevole e responsabile. Che non discrimina gli altri e cerca ogni giorno di costruire una comunità di persone diverse tra loro e capaci, perciò, di convivere. Che distingue il conflitto, necessario in democrazia, dall'odio.

È l'Italia reale.

In «letargo» per salvare il mondo

Bambini migranti

Sembra una favola nera. Ma succede nella realtà. *Uppgivenhetssyndrom.* «Sindrome della rassegnazione.» L'hanno chiamata così, in Svezia. In quel Paese, chissà perché quasi solo in quel Paese, dall'inizio del nuovo millennio si è manifestata, con centinaia di casi, una sindrome fino ad allora sconosciuta. Una patologia, per ora chiamiamola così, che ha colpito centinaia di bambini tra gli otto e i quindici anni che cadono in una condizione prima di abulia e poi di letargo, di catatonia. E dormono, dormono per mesi o anni. Riguarda esclusivamente bambini e bambine che sono arrivati in Svezia dalle repubbliche dell'ex Urss, dai Paesi balcanici e, più recentemente, ragazzi di origine yazida. Qualche caso è emerso in Australia, sempre tra bambini immigrati.

Non è un virus, non è un problema genetico. È una reazione al dolore, alla paura. Un lungo articolo del «New Yorker» e il bel documentario *Sopraffatti dalla vita* hanno raccontato la natura del fenomeno. I bambini che si addormentano sono tutti figli di immigrati. Nella maggior parte dei casi, sono stati testimoni di violenze terribili avvenute nei loro Paesi e hanno vissuto il clima di terrore che ha spinto le loro famiglie a intraprendere un lungo e spesso spaventoso viaggio. La violenza è entrata nella loro vita nella forma di esperienza diretta – occhi di bambino che vedono morte – e nella condivisione di un'ansia, di un panico che stravolge un nucleo familiare e lo porta a lasciare la propria terra, le proprie relazioni sociali e a migrare verso luoghi sconosciuti: altri paesaggi, altra lingua, altre culture, altre persone. Ma, arrivati alla meta, l'ansia non smette di rincorrere i bambini e i loro genitori. L'attesa della cittadinanza, la Svezia ha molto ristretto l'accoglienza ai richiedenti asilo, è per le famiglie dei migranti un incubo. Terrorizza i bimbi il ritorno nella terra della violenza da cui sono fuggiti – spesso la madre è stata violentata o il padre picchiato davanti a loro – o il continuo cercare un luogo della terra dove avere il diritto di esistere.

Il bambino non simula, lo hanno stabilito con certezza i medici e lo sanno i genitori che li alimentano con sondini e li trascinano nella stanza, per non fargli perdere il tono muscolare.

Il bambino avverte un clima di paura in casa, sente il pericolo e fa scattare la sua estrema difesa, quella di fuggire in un sonno che è riparo, è fuga e conforto. E, dicono gli analisti, è anche l'unico contributo che un bimbo possa dare alla salvezza del suo nucleo familiare. Cosa può fare un bambino, di fronte alla paura del futuro, se non cristallizzare il presente nell'unica forma che gli è consentita? I bambini proteggono sempre i grandi, nei momenti più difficili. Lo fanno come possono, anche dormendo.

Il documentario racconta due casi. In uno la richiesta di asilo è stata respinta. Alla prima bambina si è aggiunta allora la sorella più grande. E ora dormono insieme. La seconda famiglia ha invece ricevuto la lettera che concedeva il diritto a fermarsi e i genitori l'hanno letta alla figlia che dormiva da mesi. Pian piano la bambina è tornata a vivere. I medici sostengono che i piccoli, dal loro sonno, percepiscono il clima della famiglia. Lo avvertono dal tono delle voci, dai gesti di cura che ricevono. La serenità è la loro sveglia. Uno dei ragazzi che è «tornato» ha detto al «New Yorker»: «Non avevo più volontà, ero molto stanco. Mi sentivo come dentro una gabbia di vetro con pareti sottili nel profondo del mare. Parlando o muovendomi il vetro si sarebbe rotto e l'acqua mi avrebbe ucciso, ogni movimento avrebbe potuto uccidermi».

Protezione di se stessi e della propria famiglia, bisogno di sicurezza e di serenità. Questo chiedono i bambini che si addormentano. Non c'entra nulla Biancaneve. Non ci sono mele stregate e principi azzurri. Qui c'è il dolore squassante di vite stracciate da traumi prodotti non da calamità, ma da uomini. L'esperienza del trauma prodotto da altri esseri umani, specie se vissuta nel tempo giovanile, lascia un senso di irredimibile terrore. La minaccia non è un'alluvione ma è l'altro, l'umano, e, spesso, l'altro che detiene il potere. Il potere della forza, della violenza. Il potere di mutare il destino tuo e della tua famiglia.

Ma forse è proprio il mondo degli adulti, quello del potere, che soffre di «sindrome della rassegnazione», accettando ormai che elementari principi di umanità vengano calpestati da considerazioni di opportunità o, peggio, di volubile consenso.

Elie Wiesel, sopravvissuto alla Shoah, di fronte a un bambino impiccato che non riusciva a morire pensò: «Era ancora vivo quando gli passai davanti. La lingua era ancora rossa, gli occhi non ancora spenti. Dietro di me udii il solito uomo domandare: "Dov'è dunque Dio?". E io sentivo in me una voce che gli rispondeva. "Dov'è? Eccolo: è appeso lì, a quella forca"».

I bambini capiscono molto più di quanto i grandi pensino e la loro mente, specie in quel tempo della vita, è attraversata da una tempesta di sogni e mostri, di desideri e paure, tutte estreme.

Quei bambini che dormono, senza saperlo, vogliono salvare il mondo. La loro «rassegnazione» è un grido. È un appello ai non rassegnati. Svegliatevi, per svegliarci.

Buio in sala
Il cinema

Quando scende la saracinesca di una sala cinematografica spesso è per sempre. I ristoranti e i bar che chiudono magari dopo un po' riaprono con il promettente cartello «nuova gestione». Il cinema ha resistito a tutto, durante il Novecento. Alla guerra, alla povertà, alla televisione. Ora, nel disinteresse totale, si stanno spegnendo a uno a uno gli schermi. Dove ci sono stati Chaplin e Totò, ora c'è un supermercato o un bingo. Non possiamo pensare che ci faccia bene. Intere aree del Paese e grandi quartieri delle città non hanno più un cinema aperto. Sparisce così qualcosa di grande, qualcosa che ha connotato l'esperienza umana per tutto un secolo: la fruizione collettiva delle immagini e delle emozioni. Da quando i fratelli Lumière proiettarono l'arrivo del treno nella stazione di Lione e gli spettatori fuggirono per paura di essere investiti, la luce magica che nel buio si stampa su uno schermo bianco è sempre stata capace di far piangere, ridere, indignare. Unica forma di spettacolo in cui la fruizione collettiva non è legata alla fisicità dei corpi, come nel ballo e nel teatro, o alla materia, come per i quadri e per la scultura, il cinema è sempre stato capace di imprimere orme indelebili in ciascuno di noi. E, nella sua natura di esperienza collettiva, è stato madeleine del tempo vissuto, alfabeto di battute da ricordare, rosario di personaggi amati e odiati, cornucopia di paure e sogni.

Cannes sta dimostrando la prevalenza delle serie sui film. Non bisogna dolersene. È così. Dal punto di vista estetico, cinematografico, culturale non è detto sia peggio di prima. Bertolucci amava la serialità, in fondo il suo *Novecento* era già ispirato all'idea di un racconto non delimitato dalla tagliola del tempo stabilito tra una proiezione e l'altra. E poi, anche in un momento fulgido del cinema in sala, Edgar Reitz con *Heimat* e Krzysztof Kieślowski con i suoi film *Tre colori* e *Decalogo* esprimevano il bisogno di «distendere» nel tempo le storie.

Catalogare le serie come genere di qualità inferiore sarebbe uno sbaglio. Non lo sono state *Fargo*, *True Detective*, *Stranger Things*, *The Crown*, *Gomorra*. Sono cinema, in un altro modo. Ma questo vuol dire che le sale devono essere lasciate al loro destino, come balene spiaggiate? Io credo che la grande crisi che il cinema tradizionale sta vivendo meriti dei cambiamenti non solo nelle politiche pubbliche ma anche nelle scelte di chi i film li pensa, li fa, li produce e di chi gestisce le sale. Si deve essere coscienti che i cinematografi devono diventare il luogo in cui si offre qualcosa di diverso dalla fruizione comoda della piattaforma in casa. Luoghi che abbiano accoglienza, poltrone, cibo, qualità tecnologica della visione e dell'ascolto e, soprattutto, che creino ciò di cui si ha più bisogno: una comunità di persone, come nei vecchi d'essai, unita dalla curiosità e dalla voglia di parlare di cinema e di vita.

Così hanno fatto all'Anteo di Milano o alla Sala Troisi di Roma, quella nata sulla base dell'esperienza del movimento del cinema America.

Chi i film li progetta e chi ci mette i soldi deve sapere che ogni opera deve oggi contenere qualcosa, per qualità espressiva o per ricchezza produttiva, tale da rendere ancor più che preferibile, persino necessaria, la fruizione collettiva sul grande schermo.

Provate a vedere *2001: Odissea nello spazio* o i film di Sergio Leone sullo schermo di casa vostra. Non saranno loro, non ci resteranno dentro.

Delle sale continua a esserci bisogno. Di quella emozione ineguagliabile. Quando tutto si fa buio e silenzio, e arriva il raggio dei sogni.

Le bombe sui civili

La guerra

Ho conosciuto Elie Wiesel, uno dei testimoni più lucidi della Shoah. Ha scritto libri bellissimi per cercare di capire l'inspiegabile, l'orrore del nazismo. E si è battuto tutta la vita perché guerre e dittature non vincessero. Ho visto nei suoi occhi e ascoltato dalle sue parole, più volte, l'accorato appello a combattere l'indifferenza, quel comportamento umano, paura e cinismo, che ha consentito all'orrore di farsi strada, fino a quel cancello, con scritto, paradosso: «Il lavoro rende liberi». Disse pubblicamente una volta: «L'indifferenza non è un inizio, è una fine e, quindi, l'indifferenza è sempre l'amico del nemico, perché avvantaggia l'aggressore – mai la sua vittima, il cui dolore si ingrandisce quando si sente dimenticato».

E noi, qui dove le case sono in piedi, non abbiamo forse smesso di indignarci? Ci sembrano normali, davvero normali, l'invasione di un Paese sovrano, i bombardamenti sui civili – tremila morti dice l'Onu – le fosse comuni, gli stupri di donne e bambini, la sistematica distruzione di case e acquedotti? Siamo talmente narcotizzati da non stupirci più? Siamo talmente ammaestrati dalle dinamiche della comunicazione dal dover dire cose che il nostro cuore non accetta e la nostra mente, talvolta la nostra storia, non giustificano? Possiamo, in questo gorgo, reimparare a parlare, a difendere le nostre idee – che tutte hanno diritto in una democrazia a essere conosciute – senza la triste procedura degli insulti, della demonizzazione, delle etichette di comodo? Sappiamo, almeno noi fortunati che possiamo, rifiutare la violenza del linguaggio come codice naturale di questi tempi?

Persone che conosco e stimo, animate davvero da profonde convinzioni di pace, finiscono col non vedere ciò che accade dal 24 di febbraio nella vita reale di milioni di uomini, di donne, bambini costretti a fuggire, morire, combattere. Esseri umani che vivevano tranquilli nelle loro case che non ci sono più, che dormivano di fianco a padri, madri, figli che non ci sono più, morti o fuggiti chissà dove.

Tutto questo non ci indigna? Non ci indigna che in un grande Paese, che non ci rassegneremo a considerare nemico, si chiudano giornali, si arrestino decine di migliaia di oppositori, siano avvelenati avversari dell'autocrazia al potere? Davvero siamo tanto cambiati da aver dimenticato noi stessi, da aver paura dei valori che abbiamo conquistato con tanta fatica lungo il secolo breve e sanguinoso? Non ci si può rivoltare contro la spietatezza di chi nega soccorso a immigrati che fuggono per cercare vita e volgere le spalle ai civili bombardati a Mariupol. O tutti e due, o nessuno.

Si dice: perché tanta indignazione per questa guerra e non per altre? In questo argomento c'è una verità, che rimanda al nostro scarso senso di umanità verso chi soffre in Libia o in Afghanistan. Ma non va dimenticato quando si riempivano le piazze di tutta Italia contro la guerra in Iraq e la follia delle «armi di distruzione di massa», e si denunciava la politica degli Usa in quell'area del mondo. Manifestazioni che in verità non ci sono state dopo l'invasione di un libero Paese decisa dal governo russo.

E prima ancora i progressisti si mobilitarono, anche contro un presidente democratico come Lyndon Johnson, in difesa del diritto del piccolo popolo vietnamita a difendersi da una invasione straniera. Ai nordvietnamiti, armati dall'Urss, nessuno disse di arrendersi e di consentire, per il bene della pace, di farsi cancellare come popolo e come nazione.

E prima ancora molti italiani, che avevano «trovato l'invasor», decisero di ribellarsi all'indifferenza e di andare in montagna a difendere il diritto alla libertà e il suolo del loro Paese. Lo fecero a rischio della propria vita e non si sentirono soli, non furono, come dice Wiesel, «dimenticati». Perché qualcuno dal cielo, su aerei alleati, lanciava loro armi e munizioni con le quali potessero difendersi dall'invasore.

Se si va a Nettuno o in Normandia si vedono quelle migliaia di croci bianche sotto le quali riposano ragazzi di Paesi che non avevano votato o applaudito dittatori, che non avevano organizzato campi di sterminio e persecuzione di oppositori. Si deve immaginare cosa sarebbe di noi e del mondo, se quei ragazzi invece di venire qui a combattere per noi si fossero limitati a innalzare un cartello con scritto «Peace» a Minneapolis o a Boston.

Chi ripudia la guerra, chi la considera la più inaccettabile delle condizioni umane deve oggi operare perché la soluzione di questo spaventoso conflitto, che inevitabilmente ci riguarda da così vicino, sia negoziale, sia sottratta alla pura logica delle armi. Che si eviti una escalation, un dilagare del conflitto. Che le parole sostituiscano le bombe. E che la ripresa del dialogo aiuti il cessate il fuoco, l'armistizio, l'avvio di una seria trattativa. Che ciascuno sia tanto intelligente da cercare, per il nemico di oggi, una onorevole via d'uscita. Ammesso che tutto questo lo si voglia davvero.

Ma la comunità e il diritto internazionale non possono prescindere dall'integrità dell'Ucraina e dalla sua sovranità, dalla riconquista della possibilità per quel popolo di tornare a vivere e a decidere autonomamente il suo destino. Come ha detto nell'intervista al «Corriere» papa Francesco: «Non si può pensare che uno Stato libero possa fare la guerra a un altro Stato libero. In Ucraina sono stati gli altri a creare il conflitto».

È un'illusione, già sperimentata nel Novecento, l'idea che la miglior garanzia di pace sia lasciar fare, per paura, ai poteri autoritari. Bisogna presidiare i valori essenziali della civiltà umana, quelli che abbiamo estratto esanimi dai lager e poi dai gulag e abbiamo trasformato nella normalità di una buona parte del mondo. Una normalità che ha sottratto aree del mondo alla dittatura e al colonialismo, che ha fatto percepire razzismo e discriminazioni come odiosi, che ha consentito il diritto a essere se stessi, con le proprie convinzioni politiche, religiose, culturali, sessuali.

Quella meravigliosa condizione, la libertà, che oggi come ieri ha un grande e subdolo nemico: l'indifferenza.

TERZA PARTE
Primedonne e mattatori

La forza delle donne? L'esempio di altre donne

Virginia Raffaele

«Il 23 febbraio 2020, a Firenze, alla fine dello spettacolo *Samusà* mi hanno detto che dovevo tornare subito in albergo, che da quel momento non avrei dovuto più uscire, che la tournée era sospesa, che mi sarei dovuta guardare bene, d'ora in poi, dall'abbracciare chiunque. Ero confusa e non immaginavo, allora, che tutto sarebbe durato tanto. Che tutto sarebbe tornato. Che avrei dovuto temere per la vita di tanti. Ho vissuto il primo lockdown da sola a casa. Ero spaesata, non avevo l'abitudine a quella condizione. Il tempo, sempre divorato e vissuto concitatamente, improvvisamente sembrava una distesa piana, si dilatava, si faceva possibilità e non costrizione. Ma quell'alluvione di minuti mi spiazzava, mi costringeva a un nuovo equilibrio tra ciò che sentivo e ciò che potevo fare. E così mi sono messa a disegnare.» A questo punto Virginia Raffaele, una delle più brave performer italiane, mi mostra dal suo cellulare delle immagini. Sono animali, in genere pappagalli. Visti in bianco e nero sono inquietanti, sembrano figure la cui geometria appare ripetitiva, quasi ossessiva. Poi me ne mostra la versione colorata e tutto prende un altro aspetto. Quel piumaggio multicolore diventa un'esplosione di colori, qualcosa che rimanda a una sensazione di gioia o, comunque, a un bisogno di serenità. I pappagalli sanno volare e quei disegni «per me erano come una coccola, come un auspicio di libertà, di spazio. Io non avevo più disegnato dai tempi, ormai lontani, del liceo artistico. E l'arte e la vita di una donna come Frida Kahlo per me sono stati importanti. In quei giorni mi svegliavo felice perché sapevo di poter disegnare, di avere il tempo per farlo. Dopo le piume sono passata alle giostre. Le mie giostre».

Virginia è una delle donne che ce l'hanno fatta, nella vita, seguendo testardamente le proprie passioni e senza avere il vento nelle vele di famiglie potenti o di importanti conoscenze. «I miei avevano due stand al luna park dell'Eur. Io lavoravo lì. Mi occupavo del tiro al Cinzano e dei pesciolini. Era un lavoro duro, senza vacanze. I giorni di Pasqua io avevo il panino col prosciutto avvolto con la stagnola e, all'ora di pranzo, lo mangiavo tra un tiro e l'altro. Davo un boccone, mi pulivo le mani e ricaricavo il fucile di chi voleva colpire da lontano il Cinzano. La nostra è da sempre una famiglia circense. Mia nonna, figura decisiva, faceva l'avanspettacolo negli anni Venti. Lavorava nel circo Preziotti. I miei zii erano clown. Uno di loro mi ha raccontato che nonna Ornella era una comica, una sapiente cavallerizza ma che la cosa che, in fondo, sapeva fare meglio era camminare sulla corda sospesa nel vuoto, tenendo in mano un ombrellino. Era una donna forte, una leader. Come ce ne sono in tutte le famiglie. Forse da lei ho introiettato un grande bisogno di indipendenza e una forte determinazione. Io volevo fare l'attrice. Da sempre, da subito. Giravo con i book per le agenzie, insieme a mio padre. E intanto mi allenavo nella mia cameretta della casa alla Montagnola. Mi ero inventata un *Grande fratello* ante litteram perché immaginavo che tutta la mia stanza fosse circondata di telecamere. Era un gioco come l'altro che ho sempre fatto e che non smetto di sperimentare con chiunque incontri: cerco di guardarmi con gli occhi di chi ho di fronte, cerco di entrare nel suo cervello e di vedermi come lui o lei mi vede. Per anni mi hanno chiuso tutte le porte in faccia. Mio padre mi ha raccontato che una volta un agente mi disse, prima di mandarmi via: "Signorina sa che questo è un lavoro duro? Non è una passeggiata di salute...". Aveva quel tono tra il pedagogico e il finto paterno che non sopportavo. Gli risposi sibilando: "Io voglio fare questo, solo questo. E lo farò". Mio padre si spaventò della durezza di quella reazione. Poi l'ho fatto, ho vinto io.

«Perché a me piace lo spettacolo, non il mondo dello spettacolo. Ho vinto anche sulla rassegnazione che ogni tanto mi prendeva. Mi ero detta che se fossi arrivata a trent'anni senza alcun risultato avrei rinunciato e mi sarei rimessa a caricare i fucili. Anche se intanto i miei avevano perso gli stand. Loro quel luna park lo avevano creato, e ora sono in pensione. Ho cominciato a teatro e poi ho fatto anche la stuntman, anzi la stuntwoman. Ho faticato. Ho fatto da sola, sono sempre stata una persona indipendente. A diciannove anni sono andata via di casa. E da allora, salvo alcuni momenti, ho sempre convissuto con una solitudine che è stata ed è anche autonomia. Ho tanti amici, tante persone che amo, ma stare da sola mi piace. Ho trovato un mio equilibrio. Recitare mi fa vivere tante vite e poi imitare gli altri, con una precisione quasi maniacale anche nel trucco, mi fa condividere altre esistenze.» In Virginia Raffaele mi sembra che ci sia qualcosa di felliniano. Forse per il fatto che le sue radici circensi mi riportano lì o forse perché lei è davvero una e centomila o forse perché mi pare che sia una comica malinconica, una "malincomica" direbbe lei, una performer consapevole del mondo che le ruota intorno. Le dico che a me, fin da bambino, i clown mi attiravano e mi intristivano. Lei mi ricorda la grandezza di Jango Edwards o dei Colombaioni e di quanto a lei piacesse la tecnica dello slapstick, quello della caduta sulla buccia di banana o delle botte date o evitate come in Goldoni. Le chiedo se per una donna sia più difficile far ridere che per un uomo e se questo sia uno dei tetti di cristallo, uno dei tanti, con cui le donne devono convivere. Un pregiudizio di ruoli. «Forse la donna è meno spietata, ha meno cinismo di quello che gli uomini utilizzano per strappare un sorriso agli altri. Spesso alle donne per far ridere è richiesto un fisico buffo. Però poi arrivano Monica Vitti o Paola Cortellesi e ci si accorge che anche il senso dell'umorismo delle donne, quello che nasce dall'interno, è universale. Io faccio le imitazioni di donne famose e mi perdo nella ricerca del loro modo di pensare, di parlare, di essere. Entro ed esco dalle loro vite. Le rispetto e le racconto.»

Le chiedo come abbia vissuto le feste grigie e distanziate della pandemia. «Il secondo lockdown è stato più duro. C'è stata più malinconia, più buio. Abbiamo vissuto un anno sotto una permanente doccia scozzese: la primavera con le file dei morti, l'estate "falsa positiva", l'autunno con lo tsunami di ritorno e l'inverno sospeso tra zone rosse e attesa del vaccino.»

Le chiedo se le donne abbiano dimostrato una capacità particolare di resilienza e di reazione positiva. «Come sempre. Le donne affrontano il dolore con forza, forse più di quanto sappiano fare gli uomini, che sovente faticano a fronteggiare razionalmente eventi inaspettati. Perché spesso sono possessivi. I femminicidi nascono proprio dall'idea della proprietà della vita femminile. Le donne sanno reagire, sanno cadere e rialzarsi. Una mia amica che gestiva con il marito un avviato ristorante ha poi avuto il tumore. Il suo compagno l'ha lasciata e lei è precipitata. Si è messa a lavorare in un forno, ma alla fine ce l'ha fatta. Oggi sta bene e ha un nuovo compagno. Da dove nasce la forza delle donne? Certe volte penso che sia generata dall'esempio della fatica di altre donne, le madri. Io oggi non so se sono felice. Ho paura della felicità. Mi sento tormentata, ma certamente non sfortunata. Le origini della mia famiglia, la loro fatica, mi tengono sempre con i piedi a terra.»

Le chiedo se il mondo sarà salvato dalle donne. «Guardo Angela Merkel, Ursula von der Leyen, Kamala Harris, le donne in prima fila nella ricerca scientifica. Poi penso alle dottoresse e alle infermiere che oggi sono nei reparti e credo che non da sole, certo, ma le donne stanno facendo e faranno la loro parte. Per uscire da questo buio che, prima o poi, dovrà finire.»

Con gli uomini ho vinto, ma ho sbagliato

Ornella Vanoni

Ornella Vanoni, donna coraggiosa e grande interprete, nel 2021 ha inciso un disco composto solo da brani inediti. Alcuni sono eseguiti in duo con Carmen Consoli o con Virginia Raffaele. Testi e musiche delle canzoni sono di firme importanti come Giuliano Sangiorgi, Gabbani, Pacifico, Renato Zero. E la gran parte è di un compositore di qualità come Fabio Ilacqua. È un bel disco. Per parlarne, con Ornella, partiamo da lontano...

Come era il mondo in guerra visto dalla bambina Ornella?

«I miei primi ricordi risalgono a quando ero piccolissima. Andavo in una scuola tedesca, poi mi hanno tolto di lì e mi hanno messo in una dove facevo la portabandiera delle piccole italiane. Era una scuola pubblica e io con questa bandiera mi divertivo. Ma poi mi sono incazzata perché mi costrinsero a consegnare la mia macchinina elettrica al Duce, perché doveva farci le armi, sai che davano le fedi e il resto. Oro alla patria, dicevano. Per quel che è servito... Comunque, mentre facevo la portabandiera scoppia a Milano il primo bombardamento e noi scappiamo. Qui devo dirti una cosa che riguarda mio padre e forse il mio rapporto con gli uomini. Se nella mia vita io con gli uomini ho sempre sbagliato, ho vinto ma ho sbagliato, dipende forse da quel momento. Vedi, mio padre era un uomo fragile, l'ho capito dopo, negli anni. Era molto timido e soffriva di depressione. Allora non si sapeva ancora cosa fare per questo male che è terribile, io lo chiamo il "male oscuro", come il libro di Berto. Insomma, Milano bruciava, siamo corsi alla stazione e c'erano migliaia di persone, si aggrappavano ai treni, un delirio. Avevo paura e lui mi prese per la vita, tipo John Wayne, e mi tirò su, mi sembrava di volare. E io, da allora, ho sempre pensato che l'uomo doveva essere chi ti proteggeva, chi ti salvava.»

Mai più trovato?

«No, no. Poi piano piano è emersa in me una parte maschile, che c'è in ogni donna. In ogni donna che fa comunque un mestiere forte. O forse è solo l'autentica forza delle donne, il loro essere capaci di fronteggiare dolore e problemi. Bisogna smetterla con gli stereotipi: ci può essere una parte femminile in un poeta, in un uomo che incontri. È bello così, non l'uomo uomo o la donna donna.»

Il 25 aprile lo ricordi?

«Eravamo a Varese, sentiamo arrivare gli americani, scendiamo tutti giù e mi ricordo questi ragazzi con i capelli corti. Mi sembravano tutti bellissimi, avevano divise chiare e addosso una maglietta che sapeva di Palmolive, di pulito. Stavano seduti sui carri armati e ci gettavano le sigarette, il cioccolato e sorridevano. Del 25 aprile mi ricordo l'odore, l'odore del pulito.»

E invece del 25 luglio, quando cadde Mussolini, ricordi qualcosa?

«No, mi ricordo quando l'hanno portato in piazzale Loreto e io, pur essendo non adulta, ho pensato: "Ma come è possibile che appendano due persone e gli piscino e gli sputino addosso?". Quando l'hai ammazzato basta, non c'è bisogno di fare di più. E quello ci rappresenta ancora oggi, questa mancanza di etica, di morale, persino di umanità.»

Tu hai avuto la tisi?

«Sì.»

A che età?

«L'avevo già avuta durante la guerra, sono stata torturata perché avevo linfonodi ingrossati. Non sapevano cosa fosse, non c'era niente per non soffrire, mi bucavano con gli aghi. Sono andata avanti fino a ventitré anni, ho subito tre o quattro operazioni. Ho sofferto tantissimo, difatti ho una soglia del dolore altissima.»

Perché hai deciso di fare dopo tanti anni un disco di inediti?

«Credo di essere l'unica di quest'età al mondo che abbia fatto un disco di inediti. E ringrazio la BMG che ha creduto in me. Ho detto a un mio amico: "Ci sono due modi di invecchiare: ridendo di se stessi o prendendosi sul serio. Se scegli la seconda strada, vivi male". Quella è una brutta vecchiaia e invece bella vecchiaia è ridere di sé, dei propri crolli, delle proprie rughe. Io guardo con tenerezza il mio corpo che cambia, è giusto sia così. Andiamo avanti finché possiamo. Quindi devo alla mia energia l'aver creduto in me e aver fatto questo nuovo disco.»

Ho appuntato delle frasi delle singole canzoni. In Isole viaggianti dici: «Eterni passeggeri sempre in cerca di sentieri secondari». È la tua condizione?

«Tutta la vita sono stata passeggera e ho sempre cercato sentieri secondari. Sono sempre affascinata da quello che non conosco, sono quelli i sentieri secondari. Ed è quella la mia meta.»

Ti senti ancora oggi viaggiatrice?

«Viaggiatrice dentro, sì.»

E il sentiero più bello che tu abbia conosciuto?

«Quando sono entrata al Piccolo. Ero una ragazza molto perbene che non diceva parolacce, che non è mai scappata dal collegio. Ero una ragazza quadrata, al Piccolo nacque tutta un'altra persona. Lì sono cambiata tantissimo e ho imparato molto. Anche troppo, per l'età che avevo.»

In L'arcobaleno canti: «Sei tutta la vita di adesso». Cosa c'è dentro di te, oggi, della vita che hai vissuto?

«Ho un'ottima memoria e un cervello molto lucido. In questo sono fortunata, rammento tutto. Ma ci sono delle cose che quando ricordo mi dico: Boh, queste non dovevo farle. Ecco. Stavo con un uomo che aveva parecchi vizi e quindi lo seguivo. Ecco quella parte la cancellerei. Però lo seguivo, era il mio compagno. Se vuoi stare con un uomo così, devi condividere.»

«Disorientata in balia di te.» Tu ti innamori ancora?

«Sì.»

Hai detto: «Io non ho più una vita sessuale».

«Io non ho più storie, però di certe persone mi innamoro.»

Perché dici che non hai più una vita sessuale?

«Perché io a sessantadue anni, dopo una grande delusione, ho deciso che bastava. Ho sbagliato, è colpa mia, ho confuso la forza con la durezza.»

Sei stata per lungo periodo un'icona della sensualità. Ne eri consapevole? Ci giocavi?

«Sì, a un certo punto sì, lo sapevo. Una volta ero a casa di una mia amica qui a Roma e dicevo: "Sono stufa, stufa di essere trattata come una cantante sexy. Se c'è una parola stupida è la parola sexy, semmai sono una donna erotica". Mentre lo dicevo il suo cane mi trombava la gamba. Io mi trascinavo via urlandogli: "Hai capito che non ne posso più? Vai via". Sexy è un termine stupido. Difatti le donne non mi amavano.»

Amavano Mina...

«Mina sì. Era una ragazzona che ha portato la gioia: *Le mille bolle blu* e *Una zebra a pois*. Era l'icona dell'allegria. Io tutta vestita di nero, un po' ferma... Tutto è cambiato con *L'appuntamento*. Quella è stata la canzone che mi ha aperto il cuore degli italiani.»

È una canzone abbastanza speciale, infatti.

«Ci si ritrovano tutti, anche i bambini di undici anni con una precoce delusione amorosa.»

In Nuda sull'erba dici: «Ho chiuso ogni dolore fuori dalla mia pelle». Quale è il dolore principale che hai vissuto?

«È stato un aborto. Ero in Svizzera e studiavo a Losanna, stavo con un ragazzo svizzero che allegro non era. Era svizzero, faceva le lancette degli orologi, una noia mortale. Ma allora non me ne accorgevo. Sono rimasta incinta e lui non ha voluto il bambino. Ero anche molto giovane, avevo diciotto anni. Hanno chiamato uno psicologo e tutti, decisi, hanno detto che io non avevo né le capacità, né la forza psicologica di fare un figlio. Però ho pensato: "Ma gli uomini, quando si mettono insieme, sono nemici...". Quello è stato un dolore terribile. Ma ho sofferto molto anche dopo, quando ho preso il treno per andare via dal cantautore e avevo il cuore che sembrava un ascè. Ma lui non ha capito, mi ha detto: "Tu mi hai lasciato". "Ma no, sono andata via perché tu non c'eri più." La moglie piangeva, cominciava il suo grande successo, la Bussola, sentivo arrivare Stefania... Insomma quello è stato un grande dolore, sì.»

Perché lo chiami il cantautore?

«Perché è un cantautore, più un autore che un cantante.»

Lui è stato molto importante per te?

«Molto. Eravamo due ragazzi di ventisei anni, io stavo lavorando a Genova dove avevo preso questa casina a Boccadasse, non c'erano i telefonini, io non lo trovavo mai, una fatica... Per lui ho sofferto. Ma l'ho molto amato.»

Tu hai più tradito o sei stata più tradita? Ammesso che questa parola abbia un senso...

«Ho tradito, però quando una storia era finita. Nel tempo ho capito una cosa: che se una donna, ti parlo delle donne perché conosco l'animo delle donne, quando finisce con un uomo, per riempirsi di nuovo, sceglie di fare l'amore con un altro, quella è una tragedia. Non devi mai cercare di uscire da una storia d'amore facendo l'amore con un'altra persona. È ancora peggio, è meglio aspettare.»

Di una donna ti sei mai innamorata?

«Sì.»

Con successo?

«Sì, ero amata. A me non piace il sesso femminile, però di una persona mi posso innamorare. Certo, di una donna mi posso innamorare.»

Anche da questo punto di vista tu sei stata molto coraggiosa, mi sembra che tu abbia sempre voluto dire che in amore non esistono barriere.

«Non deve avere muri, l'amore. Conosco anche altre donne che hanno amato. Non le sciurette, come le chiamo io, ma le donne, le femmine. Ne conosco tante che hanno avuto un amore femminile e non vuol dire che siano lesbiche, anche se non c'è niente di male a essere lesbiche. Ti innamori della persona, di quello che ti dice, di quello che ti dona, o della gioia che ti fa provare. Dell'essere umano, uomo o donna, che ti dà un bacino e vedi tutto azzurro.»

In Tu/me dici: «Cosa di me conosco veramente». Cosa conosci di te veramente?

«Tutto.»

C'è qualcosa di te che non razionalizzi?

«So tutto quello che faccio, anche quando faccio le cose sbagliate. So di farle sbagliate. Me ne accorgo. Sono stata molto male, ho avuto talmente gravi depressioni da stare un anno in casa, al buio.»

In che periodo?

«Un po' di anni fa. Adesso non mi capita più. Mi capita la tristezza, posso piangere dodici ore. La depressione è un'altra cosa. È una malattia terribile.»

Ci fu una causa?

«Non si capisce mai quale è la causa. Per esempio in quel periodo ero innamorata, ero all'inizio di un amore per un uomo che ho amato molto e stimato perché era molto colto e intelligente. Eppure mi è venuta la depressione.»

Che periodo era professionalmente?

«Sai che io non so né dare gli anni alle persone né ricordare gli anni? Ho perso tutti i capelli, ero calva, poi mi sono curata e sono ricresciuti. Il professor Cassano mi ha detto: "È molto facile la diagnosi: tu non dormi per due mesi, lavori, chiunque si deprimerebbe". Non dormivo mai. Io dal regista in poi non dormivo mai. Avevo sempre paura perché ho fatto questo mestiere distruggendo il mio sistema nervoso. Quando stavo per salire sul palco una volta lui mi ha detto: "Amore, tu hai un grande talento, ma non i nervi per reggerlo". Aveva ragione. Difatti è stato un disastro.»

Ti chiedo qualche ricordo di persone: Luigi Tenco. Tu eri a Sanremo nel '67...

«Ero a Sanremo nel '67, cantavo *La musica è finita*. Ero ancora timidissima, tipo bruco strisciante. Quella sera vedo Luigi appoggiato a una colonna. Vado da lui e gli dico: "Luigi apriamo gli occhi mi raccomando, perché sennò in televisione non passa niente. Apri gli occhi". Ma lui sembrava un busto. Dopo ho saputo che aveva preso Pronox e cognac. A me l'ha detto il cantautore. Io sono corsa al gruppo Rca dove c'era anche Dalida e ho detto loro: "State attenti a Luigi, perché mi sembra strano". Ho fatto il mio dovere. Ma lui mi sembra di ricordare che fosse già molto incazzato perché la Rai gli aveva cambiato il testo della canzone. Qualcosa era stato cambiato e questo lo aveva mandato fuori di testa.»

Tu come sapesti?

«Il giorno dopo, perché stavo in un albergo fuori e non me l'hanno detto.»

E che clima c'era la sera dopo?

«The show must go on. Why?»

E Vinícius de Moraes com'era?

«È stato bellissimo lavorare con lui. Eravamo sempre insieme per quel disco: chi si innamorava, chi piangeva. I brasiliani arrivano, ti riempiono la vita, poi vanno via come non ci fossero mai stati. I brasiliani, anche se è crollata la casa, dicono "Tudo bom".»

Chi ti manca di più di quelli che non ci sono più?

«Fai un nome a caso, uno di Bologna. Senza Lucio vivo a metà. Per me è stato il più grande in assoluto.»

Sono sempre quella che vuole alzarsi e andar via

Adriana Asti

Adriana Asti, meravigliosa attrice e donna, cosa hai scoperto a novant'anni?

«Le età sono un'idea. I miei dodici sono durati quarant'anni, i cinquanta forse due. Ci sono età che corrono e altre che vanno lente. Adesso vediamo quanto durano questi novanta. Per me i dodici hanno contato molto e permangono ancora adesso, in fondo. Io non vado in ordine con gli anni. Li ho alla rinfusa.»

Perché dici proprio dodici?

«Perché piccolini ci si sveglia, si comincia a guardarsi intorno, a prendere delle piccole decisioni. Un'età importante. Penso che durino molto. Adesso i novanta non so, è la prima volta che li ho.»

C'è qualcosa che ti sembra di aver imparato dalla tua vita oggi?

«No, mi pare di no. Mi pare di essere sempre la stessa. Non sono mai cambiata, non sono migliorata. Ero già meglio.»

C'è qualcosa che invece ti manca del tempo precedente?

«Penso che il tempo non esista, esistono tante cose vissute, pensate, sognate che si mischiano. Mi mancano certe estati di quando si era piccoli, che duravano all'infinito.»

Tu eri una bambina timida?

«Sì, ero timida, introversa, malaticcia. Quando sono nata il medico ha detto: "Che mostro!". Bruttina, racchia con un fratello invece bello. Ero piena di tormenti. Poi sono migliorata con gli anni.»

Tu da piccola hai subito delle molestie...

«Da una cameriera friulana. Avevo quattro anni.»

E ti sono rimaste dentro?

«Sì, me le ricordo, sempre. Poi non so se sono loro che dirigono una vita, costringono a qualcosa, tolgono qualcosa. Questo non lo so.»

Ne parlasti subito con tua madre?

«No. Non ne ho parlato mai con i miei genitori.»

E hai taciuto fino a quando?

«Sempre.»

Quando è la prima volta che ne hai parlato?

«Quando ero un po' più grande, forse col professor Musatti che è stato molto importante per me. All'inizio mi sembrava quasi naturale, come un prezzo da pagare all'essere bambini. La vita è molto dura per i bambini. È dura anche senza la cameriera friulana.»

I tuoi compagni di scuola ti chiamavano Miss Piaghetti...

«Sì. Bambina bruttina, senza successo, educata da suore tedesche, in tempo di guerra. Non ho avuto un'infanzia molto felice. Non vedevo proprio rosa, attorno a me.»

Studiavi con delle suore tedesche.

«Con il ricamo facevo persino delle piccole svastiche. Le svastiche come regalo di Natale. Le suore tedesche erano inflessibili. Saluto al Führer al mattino e grandi testi nazisti da ricopiare. A noi bambini sembrava normale.»

Come ricordi la guerra?

«Ricordo che mia madre si metteva delle camicie da notte bellissime per andare nel rifugio. E bombe, che quando fischiano vuol dire che sono lontane, quando non si sente niente vuol dire che ti arrivano sulla testa. Però non siamo stati colpiti, siamo andati a Mulinetti, in Liguria, e anche lì gli americani hanno cominciato a bombardare il ponte di Recco. Alla fine siamo sfollati nel biellese. Mio padre stava in un campo vicino Gorizia e invece noi eravamo a casa di contadini, mio fratello dormiva in una stalla. In quei giorni ho visto per la prima volta dei cadaveri, a Mongrando. Ho visto anche i partigiani. Poi, finita la guerra, eravamo tutti felici. E io ho fatto la permanente.»

Ti ricordi la Liberazione?

«Tutti sono tornati alle loro case. Anche mio padre che stava non si sa dove, in un campo, è tornato a piedi. La gente camminava per chilometri, andava in bicicletta, per ritrovare le proprie case distrutte.»

Come era quell'Italia?

«Durante la guerra e il fascismo c'era una gran fame, non c'era da mangiare. A Mulinetti vicino Recco era lo stesso. Invece quando siamo andati da questi contadini nel biellese abbiamo cominciato a mangiare i frutti della loro terra.»

Tuo papà che faceva?

«Mio padre era un imprenditore, ma tutto poi è andato perso.»

Avevate un'auto?

«Sì, una Balilla. Dentro aveva una tappezzeria scozzese marrone, molto brutta. Andavamo a fare delle gite la domenica a Monza, a Como. Eravamo perfetti in quattro sulla Balilla: mio papà, la mamma e mio fratello. Io non so perché in quei momenti mi chiedevo: "Ma se muore uno di loro, come sarà per me? Se muore lui sarà peggio, se muore lei forse sarà meglio?". Facevo tutte le combinazioni per immaginare quale sarebbe stata per me la più favorevole. In realtà non ce n'era nessuna di favorevole. La nostra era una famiglia molto unita, nella sua Balilla.»

Eri una bambina infelice?

«Sì, lo ero.»

Ti mordi ancora l'interno della guancia?

«Sì, ancora oggi.»

Quand'è che è scattato qualcosa di diverso?

«Si può proprio dire alla fine della guerra. Non si poteva fare a meno di sentire che c'era questo grande cambiamento, che corrispondeva anche, per me, a un cambiamento fisico. Ora mi sentivo un po' signorina, le permanenti, i vestiti. Mia madre mi comprava molti abiti perché lei non mi trovava bella, ha cominciato a vedermi meglio quando sono un po' cresciuta. Ma quando ero piccola la sentivo dire: "Peccato che la bambina sia così". Mio padre, invece, mi ha sempre guardato volentieri, anche quando ero piccola e forse bruttina.»

Ma è vero che tua madre ti faceva tirare i barattoli per sfogare la tua rabbia?

«Sì, perché io avevo la professoressa di piano, una tedesca insopportabile. Non sono portata per la musica, me l'hanno fatta studiare a otto anni. Quando arrivava il momento dei saggi entravo in uno stato collerico. Allora mamma mi faceva rompere vecchi vasi sul balcone e mi diceva: "Vedrai che ora starai meglio".»

Non ricordi un momento di luce, in quell'infanzia?

«Momenti di luce no, non li ricordo. Forse quando andavo con mio padre a vedere certi animali nei giardini zoologici. Lui non parlava granché, al massimo mi grattava un'unghia. Però mi sentivo bene, era un momento piacevole.»

Una volta hai detto: «La guerra era il paradiso per i nevrotici».

«Sì, perché i nevrotici stanno malissimo dentro. Se fuori tutto va bene, loro stanno sempre peggio. Se invece cadono bombe, muoiono persone, incendi, i nevrotici stanno benissimo.»

La pandemia è un po' così?

«È stata una tragedia per tante persone, ci sono state tante vittime. Io mi sono ritirata in casa. Ho sempre sognato, fin da piccola, gli arresti domiciliari perché così non si deve andare a pranzo con della gente noiosa, non si deve fare niente e bisogna solo stare in casa. Ma non è stato poi così piacevole.»

Nel tuo libro hai narrato di quando, a Mongrando, raccontavi i film alla signora Dina.

«Era tipo le *Mille e una notte*. Quando eravamo sfollati ero costretta a dormire con questa signora che faceva la magliaia. Mio fratello dormiva in una stalla, io dalla signora Dina Lora che, però, era insonne. Pretendeva che le raccontassi i film che avevo visto. Per fortuna le trame non mi mancavano: quando ero piccola i miei mi mandavano al cinema con la cameriera e una banana e noi vedevamo quattro film al giorno.»

Come hai scoperto il teatro?

«Conoscevo quelli del Carrozzone che andavano in giro per l'Italia. Mi hanno detto: "Perché non vieni e fai l'attrice?". Ma io non riuscivo neanche a dire le poesie dietro la porta a Natale, non suonavo bene il piano, ero proprio una bambina molto disturbata. Non volevo farlo, ma loro viaggiavano, andavano in giro per città fantastiche: Cento, Mirandola... Allora ho detto: "Io vengo. Non so fare l'attrice, ma darò una mano". Da mio padre è venuto Romolo Valli. Papà ha pensato: "Tornerà dopo due giorni, non è capace da sola neanche di aprire una porta o una bottiglia, è del tutto incapace". Mi hanno lasciato andare e non sono più tornata.»

Tu avevi voglia di andare via?

«Io volevo solo andarmene di casa. Non per fare l'attrice, che non sapevo neanche cosa fosse, volevo solo potermi alzare da tavola e non tornare più.»

Quanti anni avevi?

«Sedici, diciassette e non volevo tornare più, non volevo stare lì. Ma non potevo dirlo e allora ho sostenuto che volevo fare l'attrice. In scena interpretavo piccoli ruoli, facevo qualsiasi cosa, mettevo a posto i costumi... Poi sono cresciuta e ho fatto la prima volta la protagonista in uno spettacolo scritto da Enzo Biagi. Poi mi ha preso il Piccolo.»

Col Piccolo andasti a Berlino.

«Facevamo *Arlecchino*. Paolo Grassi ci diceva: "Ragazzi, non guardatevi intorno, guardate solo diritto davanti a voi". Era tutto come in *Germania anno zero*, un cumulo di macerie. Tutto rotto.»

Che impressione ti ha fatto la prima volta che sei entrata a teatro?

«Nessuna, assolutamente nessuna. Niente, nessuna attrazione, nessun fascino, un fico secco, niente. Per me sublime non era recitare, ma stare in camerino, tra le quinte, entrare nel teatro vuoto. Lì mi sentivo al riparo da tutto il resto che non ti riguarda più. Quando si fa questo mestiere tutto il resto non conta. È un mondo a parte. Stare in palcoscenico è un riparo, un ombrello amico che protegge da tutto. In realtà si è in un posto che non esiste, dicendo cose che non hai pensato tu. Però stai al tuo posto, stai facendo il tuo dovere. Quindi sei al sicuro.»

Come è il gesto della Duse che veniva insegnato alle attrici?

«È questo: tirarsi su i capelli. Luchino Visconti – ero diventata ormai un'attrice importante – mi fece conoscere quel movimento. Ma io lo avevo già imparato da Memo Benassi, un attore fantastico, un omosessuale pittoresco e magnifico. Tutti gli attori erano sublimi. Con la Brignone facevo l'attrice giovane, lei mi aveva preso perché ero piccola e racchia. Mentre recitavo mi faceva così con la mano: stringi, accorcia.»

Hai detto: «Ho avuto tanti morosi e una morosina».

«Sì, la morosina era una compagna di quando ero piccola, era una compagna che si chiamava Vittoria. Con lei andavamo in un armadio a limonare.»

Come è stato il tuo rapporto con il sesso dopo aver avuto quelle molestie?

«Buono. Vario. Inutile, anche senza passioni. Ho scoperto più cose fisiche che cose mentali.»

Enzo Biagi venne a vederti?

«Sì. Lui aveva scritto questa commedia *Noi moriamo sot-*

to la pioggia, io ero la protagonista. La doveva fare Andreina Pagnani, ma avendo trecento anni, hanno dovuto sostituirla ed è toccato a me. Ha avuto successo, io ero bravissima, improvvisamente tutti i miei tormenti venivano fuori. Al Piccolo sono venuti Grassi e Strehler e mi hanno scritturato. All'inizio facevo delle piccole cose. In *Elisabetta d'Inghilterra* dovevo dire alla Brignone di un vestito: "Quello francese, Maestà?". E invece dissi: "Quello marcese, Francià?". Non ero granché, però dopo, adagio adagio, sono cresciuta. Biagi era molto contento perché io avevo molto cuore, molta infelicità che ho riversato nella sua commedia. Perché in palcoscenico si toglie dalla tasca ciò che uno ha dentro e non sa dove mettere.»

Strehler come era?

«Era bravissimo, veramente ipnotico, un mago. Ammiravo molto il suo lavoro, perché un regista così non l'avevo mai avuto. Con una candela, con niente, costruiva delle atmosfere.»

Visconti aveva una sua spietatezza?

«Sì, aveva una cattiveria che però gli era utile, la tirava fuori nei momenti in cui serviva. In primo luogo lui, diversamente da Strehler, era un grande attore, recitava in modo inimitabile. Aveva una sua cattiveria, un suo metro per giudicare le persone. Ricordo Battistella, un bravo attore che doveva fare una parte. Luchino gliela mostrò ma lui disse: "Signor conte, ho pensato che invece la farei così". Uscì, rientrò e fece la scena a suo modo. Visconti lo guardò e disse solo, gelido: "Vada, Battistella". Lui era molto duro, però se si riusciva a raggiungere la sua stima, allora si apriva. Era sempre irraggiungibile, inarrivabile, stupendo. Un uomo bellissimo, pieno di fascino. Tutta la sua opera ha una forte tensione estetica.»

A un certo punto a teatro cominciasti a stare male...

«Non so, invece di parlare, vomitavo. Allora mi hanno fatto fare la cura del sonno, ma non serviva a niente. Uno dormiva, si svegliava, mangiava come una bestia e ritornava come prima. Non si capiva niente. Mi hanno portato da tutti, poi finalmente, nonostante i miei odiassero la psicanalisi, sono andata dal professor Musatti. È stata la mia fortuna, perché era adorabile e molto utile. Voleva soprattutto che recitassi, forse per farmi star bene. È riuscito a farmi passare questo orribile rifiuto che avevo di tutto.»

Quanto è durato questo disturbo?

«Qualche anno.»

E non sai la ragione?

«Rifiuto di qualche cosa, non si sa cosa rifiutassi. Forse me stessa. Mi rifiutavo da sola.»

Old Times *cosa ti dice?*

«Mi dice Luchino. Eravamo in tre, Valentina Cortese, Umberto Orsini e io. Durante le prove Visconti continuava a dirmi: “Tu sarai nuda”. “Come nuda?”. È arrivata la prima, mi ha messo addosso un accappatoio bianco: “Tu sarai nuda”. Ero in effetti nuda, in camerino mi mettevano cerone, mi truccavano tutto il corpo. In scena dovevo levare l’accappatoio e restare nuda. A un certo punto ho capito che mi piaceva. Potevo dire quello che volevo, nessuno ascoltava. Non mi sentivo giudicata, quando ero nuda.»

Durante il tuo primo matrimonio allagasti casa tua...

«Il primo a farlo fu mio padre. Lui era un tipo tranquillo, sicuro, sereno, milanese, lavoratore. Ma un’estate ha aperto tutti i rubinetti di casa. Non so perché, abitavamo al settimo piano di una casa molto grande e ha allagato tutto. Bizzarria. E poi, sì, io ho allagato tutta la casa del mio primo marito.»

Non ce la facevi più anche lì?

«Prima che diventasse marito lo amavo, lettere d’amore a profusione. Appena è diventato mio marito non lo volevo più toccare, neanche con una pertica. E anche questo è un disturbo.»

Perché era il recinto?

«Perché io tornavo in una famiglia. E non volevo. Così il nostro matrimonio è finito. Sono andata via e non sono più tornata. Avevo come un risentimento, per i legami di famiglia.»

Parlami di Elsa Morante.

«Elsa. Divina, una donna rigorosa, cattivissima con gli stupidi. Non si potevano dire sciocchezze, non si poteva essere stupidi. Io non lo ero, quindi le andavo bene.»

Di Pasolini cosa ti colpiva?

«Mi colpiva la sua dolcezza. Era dolce e affettuoso, fulmineo nel capire. Pier Paolo era un po' come Elsa, unico.»

E poi Bernardo Bertolucci...

«Con Bernardo sono stata tanto tempo, poi sono andata via. Perché avevo questa cosa di andare via. L'ho sempre avuta.»

E com'è che l'unico che hai retto è Giorgio Ferrara, tuo marito da tanti anni?

«Intanto ha sedici anni meno di me. Già Bernardo ne aveva dieci meno di me, ma lui addirittura sedici. Gli uomini, quelli adulti, non è che mi piacessero così pazzamente.»

Ti piacevano i più giovani.

«Sì. È anche giusto sia così. E poi Giorgio è speciale.»

Se dovessi scegliere un solo giorno della tua vita da rivivere?

«La prima comunione perché mia madre mi aveva fatto fare un costume pazzesco, meraviglioso. Mi diede la cresima il cardinale Schuster. Io ero stupenda, mia madre mi aveva vestito come una bambola del cinema e quindi ero molto allegra.»

Invece un giorno che non vorresti rivivere?

«Quasi tutti gli altri. Tanti.»

Il culmine del dolore quale è stato?

«La morte di mio padre.»

Non si direbbe, vista la conflittualità del rapporto...

«Eppure non sopportavo che non ci fosse più. Era l'unico che mi apprezzava. Ero già grande, avevo più di venti anni. Ma lui era uno che, segretamente, mi considerava.»

Nel cinema qual è il film che sei più contenta di aver fatto?

«Non ero contenta di aver fatto *Prima della rivoluzione*. Invece è un film bellissimo. Non ero contenta perché c'erano tante cose mie, dentro.»

Ci sono uomini o donne che ti hanno detto di no?

«No, mi hanno sempre detto tutti di sì. Forse perché non sceglievo persone che avrebbero potuto dirmi di no.»

Tu a un certo punto hai avuto il cancro.

«Sì, al seno. Sono andata da Veronesi e mi ha subito

operata. Non è più tornato. Anche lui era molto simpatico, un gigante. Ho avuto sempre la fortuna di avere dei buoni medici, buoni incontri anche personali. Il cancro, sai, magari viene una volta e poi non torna, non si sa.»

Chi ti manca di più?

«Gli amici morti. Tutti i miei amici se ne sono andati, non li ho più. Per esempio Pier Paolo. Non si sostituiscono le persone. Quando non ci sono, è difficile trovarne altre che prendano il loro posto. Si ha sempre bisogno di avere dei legami con qualcuno di straordinario.»

Totò?

«Io ero e sono pazza di lui. Ho fatto un film dove lui faceva Iago, tutto tinto di verde. Era un uomo sublime, misterioso. Si faceva sempre chiamare principe, aveva un atteggiamento regale ma un senso dell'umorismo molto popolare. Era le due cose, insieme.»

La tua vita è stata popolata da straordinari uomini gay.

«Certo, mi piacciono molto. Ci assomigliamo, mi assomigliano di più. Intanto non sono minacciosi, non si vogliono accoppiare, meno male. Sì, perché con gli uomini, prima di tutto, c'è il fatto che potresti piacergli e quindi un incubo. Mentre con gli omosessuali si è liberi di essere simili, di essere insieme, amici, magari tutta la vita. Non c'è ambiguità.»

Il futuro come lo vedi?

«Il futuro lo vedo eterno, a questo punto della vita. I bambini pensano di essere immortali, non pensano mai di essere come quelli che se ne vanno, muoiono. Questo pensiero di essere immortale, siccome io sono ancora molto infantile, ce l'ho sempre.»

Il *Tuca Tuca* contro i tabù

Raffaella Carrà

Cosa mancava a Raffaella Carrà? Era una donna di grande intelligenza, di irresistibile simpatia, di solare bellezza. Le italiane e gli italiani l'hanno amata molto. Ha conquistato il pubblico popolare e anche i palati più sopraffini, financo gli schizzinosi, del rutilante mondo dello spettacolo e della cultura. Era impossibile non volerle bene e non capire che quella ragazza nata mentre il fascismo stava per morire, partorita da una madre che ebbe il coraggio di divorziare dal marito nell'Italia bigotta del dopoguerra, era una strana alchimia. Nulla di ideologico in lei, ma tutto ispirato a un senso di libertà, a un naturale contrasto con ogni catena. Come se la sua energia vitale fosse incontenibile dentro i recinti del senso comune del tempo dato, quale che fosse.

Non aveva nessun birignao, nessuna pretesa di insegnare agli altri come vivere, amare, pensare. Non era in cattedra, mai. Era sorella, non preside. Portava a spasso la sua energia contagiosa come un dono da dispensare con allegria. Era una cornucopia di spensieratezza, di buoni sentimenti, che non sono ancora una bestemmia, e, insieme, un'inarrestabile sirena della libertà di vivere la propria vita come la si vuole. Ciò che ogni società dovrebbe permettere, rispettando e non tollerando, ogni comportamento non lesivo delle libertà altrui.

Raffaella si è sempre chiesta perché mai fosse diventata un'icona gay, anzi ha detto di volere questa domanda iscritta come epigrafe sulla sua tomba. La risposta, che credo conoscesse benissimo, stava nella dimensione del tutto naturale del suo linguaggio del corpo, del suo modo di muoversi, del suo considerare stupefacente ogni pregiudizio del quale, senza bisogno che lo dicesse, era evidente non comprendesse e non accettasse la natura e la spiegazione.

Il *Tuca Tuca*, con corredo di legittimazione di esposizione dell'ombelico, fu avversato dalla Chiesa e poi sdoganato da un altro rivoluzionario inconsapevole che si chiamava Alberto Sordi. Se si poteva mandare in onda quel ballo in televisione il sabato sera, sulla prima rete, se potevano farlo due icone popolari come Sordi e Carrà, voleva dire che il mondo stava cambiando. Questo fu il messaggio che gli italiani capirono.

Significava che il Vaticano, la cui vibrante protesta aveva imprigionato l'ombelico, non era più in sintonia con un Paese, e con lo stesso mondo cattolico, che la televisione, anche quella prudente di quegli anni, stava contribuendo a secolarizzare, a liberare da pregiudizi e divieti.

«Se per caso cadesse il mondo io mi sposto un po' più in là» cantava in *Tanti auguri*.

«Comprendi l'importanza?» avrebbe detto Mario Pio. Questa canzone, con un testo che sembra scritto da Serge Gainsbourg, è stata cantata a squarciagola, con l'allegria che le parole contengono – un inno alla vita senza recinti – da milioni di italiani che, nel farlo, sancivano la caduta di tanti inutili muri bigotti.

Era il 1978. La televisione era da poco a colori e in Italia era ancora vietato abortire legalmente. Ma Raffaella trasmetteva con allegria il valore del piacere. Lo faceva senza una conferenza, con una canzone. Lo faceva parlando al popolo, non rafforzando convinzioni già maturate nei più consapevoli.

Era un messaggio *peace and love*: «Non c'è odio non c'è guerra / Quando a letto l'amore c'è». Ma era rivolto alla mitica casalinga di Voghera, non ai ragazzi con i fiori nei capelli che affollavano l'isola di Wight.

E il suo micidiale ombelico, un dardo contro l'oscurantismo applicato alla libertà del corpo, è del 1974, l'anno della vittoria del «No» al divorzio. A Maria Volpe, sul «Corriere», Raffaella ha detto, a proposito di quella performance in *Milleluci*: «Ma evidentemente, senza rendermene conto, stavo rompendo gli schemi. Forse perché ballavo in modo libero, forte, comunicavo energia, non una sensualità eccessiva. E dunque è stato più facile far passare un messaggio di libertà. Mentre ballavo non pensavo: guardate come sono brava. Pensavo: dai, venite a far casino con me».

E anche la sua televisione da conduttrice, a cominciare da *Carràmba! Che sorpresa*, era ispirata all'idea di ricongiungere amore, senza chiedere la natura del legame che lo definisce.

«Dai venite a far casino con me», detto da una donna che intanto era diventata un'istituzione e un'icona, era un messaggio fortissimo, un incitamento all'energia, al non accontentarsi mai, a non accettare catene. In fondo un invito alla libertà.

Poco importa come lo definiamo e la misura delle parole che usiamo per descriverlo. È un fatto certo che quella bambina e ragazza cresciuta in famiglia da donne forti della loro autonomia ha trasmesso nelle case degli italiani un messaggio di serena e consapevole indipendenza, di negazione delle brutture dei divieti moralistici e della tendenza pericolosa di ognuno a farsi giudice della vita altrui.

È un fatto che ci fosse una sintonia oggettiva, nel caso di Raffaella anche soggettiva, tra le sue idee e quelle delle donne che, nello stesso tempo, stavano demolendo, nella società, i vari strati del soffitto di cristallo che gravava e in verità ancora grava su di loro.

Le parole di quella canzone diventarono la colonna sonora gioiosa, spensierata, di un Paese che solo pochi anni prima aveva abolito il reato d'adulterio e che dovrà aspettarne altri tre per vedere decadere l'infamia delle disposizioni sul delitto d'onore.

«Comprendi l'importanza?»

Finisce un'era
Monica Vitti

Sordi, Mastroianni, Gassman, Tognazzi, Manfredi. Vogliono proprio smettere di farci ridere. Chi ce li ha tolti – con le scuse più stupide come l'età o una malattia – deve essere di quelli che non hanno senso dell'umorismo; di quelli, ci sono, che si infastidiscono se gli altri ridono.

La loro generazione, che arriva dopo Totò e prima di Benigni, Troisi, Verdone, ha raccontato un Paese che sbocciava. Erano quasi tutti ragazzi, durante la guerra. Non erano nati a cavallo del secolo come Totò e Vittorio De Sica. Erano figli degli anni Venti. Sono venuti al mondo tutti in un minuscolo fazzoletto di anni, tra il 1920 e il 1924. Solo Monica Vitti era del primo degli anni Trenta. I maschi erano giovani o ragazzi durante la guerra, lei era bambina. Hanno visto la fame, le bombe, il sangue tra gli italiani e poi, dopo, quando tutto è finito, gli scappava da ridere. Quella generazione lì è stata fantastica. Tutti gli autori della migliore commedia sono figli di quel tempo. Si sono incontrati e si sono divertiti da matti. Lavoravano insieme e si sfottevano, erano concorrenti e amici, erano pieni di passione civile e di umorismo cinico. Sapevano fare tutto, proprio tutto. Il varietà, quello con le ballerine e i guitti che si dannavano per far ridere, il teatro classico, il cinema impegnato e la commedia più futile.

Avevano fame. Talvolta fame vera. Comunque fame di vivere, tanta. E poi di energia. Se penso ciascuno di loro, mi sembra che vibrassero, che fossero sempre carichi di cose da fare, di progetti, di idee. E fossero veloci, o forse ci apparivano così, in un tempo lento. Erano tristi e allegri, impegnati e leggeri, maniacali e cialtroni. Senza ridere non sapevano stare, senza prendere in giro qualcuno soffrivano, nella vita come nelle storie che raccontavano. Molte delle quali oggi sarebbero impossibili, nei confini del politicamente corretto.

Monica Vitti ruppe un argine. Fino a lei le donne, per far ridere, dovevano essere o mostrarsi brutte – e diventare così caratteriste. Come Tina Pica o Ave Ninchi. Come diceva lei: «Un'attrice che fosse fisicamente normale e giovane e che sapesse recitare e far ridere non esisteva».

Poi è arrivata e tutto è cambiato. Credo che una donna e un'attrice fantastica come Paola Cortellesi sia sua debitrice e, come lei, molte altre che oggi ci fanno ridere non per i loro presunti difetti, ma per il loro modo di recitare e inventare storie.

Monica Vitti veniva dal teatro impegnato e dal cinema meno incline ai gusti del grande pubblico, quello di Michelangelo Antonioni negli anni Sessanta. Ne parlò così, di quei film che fanno parte della storia del cinema: «Dovevo capire e accettare la fragilità e la paura dei sentimenti, io, che avevo un'idea o una speranza dell'amore abbastanza romantica. Erano film che avevano, per me, un potere culturale e morale, come quei libri che si leggono in gioventù e che sono rivelatori».

In quelle opere trasmetteva un'immagine di struggimento, impegno, severità. I silenzi erano spesso più delle parole. Tutte cose difficili da depositare all'ufficio bagagli per interpretare poi ruoli comici.

A lei invece riuscì semplicissimo.

Monica Vitti non si vergognava di fare ridere, non lo considerava un tradimento dell'impegno del rigore culturale. Lo ha spiegato una volta: «In Italia l'educazione cattolica predica da sempre la mortificazione e ha avvilito il riso, contribuendo alla convinzione che le lacrime siano più nobili del riso. Chi ride è come se in qualche modo peccasse... Ho due nature, sono contemporaneamente una donna angosciata come le protagoniste di *L'avventura*, *La notte*, *Deserto Rosso* e una donna... comica. Il segreto della mia comicità? La ribellione di fronte all'angoscia, alla tristezza, alla malinconia della vita».

Negli ultimi venti anni ha sofferto e ha resistito grazie all'amore meraviglioso del suo uomo, Roberto Russo.

Non la sentivamo parlare dal Duemila.

Ma sapere che c'era, in fondo, ci rendeva più allegri.

Amo ancora Monica come un pazzo

Roberto Russo

In questa casa, per vent'anni, non è entrato mai nessuno. «A parte i medici, solo io, Cristina, la segretaria di Monica, e Mirella, che badava a lei. Nessun altro, mai.» Roberto Russo, l'uomo che ho di fronte, è stato per quarantanove anni il compagno della vita di Monica Vitti. Siamo nella stanza dove l'attrice più popolare del nostro Paese, amata ovunque nel mondo, ha trascorso gli anni del nuovo millennio, lontana dal frastuono di questo tempo, veloce e clamoroso. Seduta su quella poltrona in pelle nera, Monica ha visto lo scorrere dei giorni, delle stagioni, degli anni. In questa casa lei e Roberto sono venuti a vivere nel 1987. La sua precedente era andata a fuoco e lei comunque non ci stava bene «perché al piano di sopra abitava Michelangelo Antonioni, l'altro uomo importante della sua vita. Lei lo sentiva trascinare la gamba in casa, dopo che era stato colpito dall'ictus, e questo la faceva soffrire».

Come hai conosciuto Monica, chiedo a Roberto. «Eravamo sul set di *Teresa la ladra*. Avevo venticinque anni, lei sedici più di me. Lei era l'attrice protagonista, io battevo il ciak. Insomma ero un macchinista. Nel cinema ho fatto ogni cosa. Vivevo a Torpignattara e un giorno vennero a girare un film. Gli servivano due bambini. Non mi feci mancare l'occasione. Poi sono stato macchinista, elettricista, attrezzista, arredatore. Mi piaceva tantissimo lavorare sul set. Non avevo orari. Mi pagavano di più perché lavoravo il doppio. Poi ho fatto anche il fotografo di scena, il regista, il produttore. Insomma, durante quel film, tratto da un libro di Dacia Maraini, io persi completamente la testa. Da quando l'ho vista non ho capito più nulla. Ma io ero il ciakkista e lei la star. Lei era fidanzata. Non avevo mai visto una donna di quella intelligenza, di quella simpatia, di quella bellezza. Lei era come i film che ha fatto: sapeva far ridere, far piangere, far pensare. La nostra storia, durata quasi mezzo secolo, è stata l'avventura di una simbiosi. Tu l'hai conosciuta e lo sai: se stavi anche solo cinque minuti con Monica eri fregato, ti ammaliava, prendendoti da ogni parte, non volevi andar via. E io non sono mai andato via. Ti racconto questo: noi non ci siamo mai lasciati un secondo. Pensa che in cinquant'anni io ho dormito lontano da lei solo una notte, per un premio che dovevo ritirare. Monica e io non abbiamo mai chiuso occhio quella notte.»

Si può immaginare cosa i portici maliziosi del rutilante mondo dello spettacolo potessero dire di questa unione: la celebrità e il ciakkista, i sedici anni di differenza, Cannes e Torpignattara... «Io sono ancora innamorato come un pazzo» dice con la voce strozzata quest'uomo smagrito, con i bei lineamenti di sempre e un piccolo cerotto sul petto, residuo di una lieve operazione al cuore. «Da febbraio mi manca ogni istante un battito.» Mi mostra una fotografia di Monica sulla poltrona che ho di fronte, in questo salone silenzioso, spazio grande di una casa di cento metri quadri. È Monica nell'ultimo periodo della sua vita, così come nessuno, salvo quelle tre persone, l'ha vista mai. Io l'ho incontrata per l'ultima volta, come tutti, più di venti anni fa. Poi lei, come un Salinger cagionevole, ha smesso di mostrarsi. E ora, mentre Roberto cerca l'immagine sul suo cellulare, io mi sforzo di ricordarla come era. Nella mente si sovrappongono tante immagini: quelle di Claudia del film di Antonioni – «*L'Avventura* era il preferito di Monica. E anche il mio» dice Roberto – *La Tosca* di Luigi Magni, Adelaide Ciafrocchi di *Dramma della gelosia*, Dea Dani di *Polvere di stelle*, Assunta Patanè di *La ragazza con la pistola*. Rivedo lei con quel volto sensuale e colto, irriverente e ironico. Lei, con una bellezza popolare, raffinata, inusuale. Ora Roberto l'ha trovata, la fotografia. Me la mostra. È Monica, con il suo meraviglioso casco di capelli biondi e il suo volto pieno di lentiggini e sole. Ma una fotografia non ha parole.

Allora chiedo a Roberto quando si è accorto che in Monica qualcosa non andava più. «Monica era una grande attrice, non dimenticarlo. Lei mascherava i vuoti che si andavano moltiplicando nella sua mente. Era bravissima. Faceva leva sul fatto che, in fondo, un po' smemorata era sempre stata. Sapeva tutti i copioni a memoria, ma magari non ricordava dove aveva lasciato le chiavi di casa. È sempre stata così. Ma la nostra vita in simbiosi faceva sì che ogni piccolo slittamento dell'uno fosse avvertito dall'altra. Io mi ero accorto che qualcosa non andava come sempre. Che la memoria la stava abbandonando, lentamente ma, per me, visibilmente. La portai da un famoso medico. Lei sfoderò le sue doti di camuffamento e alla fine questo luminare mi investì dicendo che Monica stava benissimo e che ero io a dovermi far visitare. Un'altra volta la portai a fare analisi in clinica e lei si arrabbiò. Mi chiese come mi era venuto in mente, che lei stava benissimo e le analisi lo avevano confermato. Io mi scusai e le dissi che lo avevo fatto per togliermi la paura.»

Chiedo a Roberto se lui ha mai avuto la sensazione che Monica si fosse resa conto che le stava accadendo qualcosa di simile alla perdita di memoria del computer di *2001: Odissea nello spazio*. Roberto deglutisce e dice: «Sì, una volta mi disse: "Roberto non mi ricordo questa cosa, è una cosa facile. Come mai? Cosa mi sta succedendo?"». Monica non ha avuto l'Alzheimer, ma una malattia degenerativa che si chiama demenza a corpi di Lewy data da un accumulo di proteine nel cervello che provoca disturbi gravi dell'attenzione, della parola, delle facoltà motorie e induce apatia. Ma Monica fino alla fine si è sforzata di reagire. Non stava a letto, si alzava, sostenuta dai tre compagni di tutti quei giorni, si faceva lavare e vestire – Roberto dice che «a novant'anni aveva delle gambe bellissime» – e si metteva su quella poltrona nera. Quella di fronte ai miei occhi, quella della fotografia. Sia Cristina sia Roberto ci tengono a dire che lei, pur nelle facoltà ridotte di relazione che aveva, si faceva capire benissimo. Cristina Loss, segretaria dell'attrice dal 1988, ricorda che se per caso lei e Mirella avevano qualcosa da rimproverare a Roberto, Monica prorompeva in un sonoro «Noooo», come a difenderlo. E poi che se lui era in un'altra stanza lei lo cercava, lo chiamava. «Come faceva?» chiedo. Cristina risponde sorridendo che Monica lo faceva dicendo una sola parola: «Papà...».

Roberto racconta che Monica l'ha chiamato così dal primo momento, come reazione ironica a chi diceva che lui era più giovane di lei. «La sera prima che morisse ci siamo accorti che qualcosa non andava. Monica non era come sempre. La mattina dopo ho chiamato l'ambulanza, ma non c'è stato nulla da fare, ci siamo fermati all'ospedale più vicino... Da lì ti ho telefonato per dirti di dare la notizia. Monica mi ha fatto vivere una vita bellissima, ogni giorno pieno di felicità e di amore. Tutto è cominciato su quel set. Non ti ho detto che a un certo punto io, che non ce la facevo a vederla e non poterle dire che la amavo, ho abbandonato le riprese. Ma dopo qualche giorno mi hanno richiamato per dirmi che volevano tornassi sul set. Ho capito in quel momento, il più bello della mia vita, che era stata Monica a volermi vicino a lei.» Vicino... «E tu quanto sei stato con lei, da quando la malattia è diventata più dura?» Io lo so, ma è importante che lo dica questa persona bella. E lo dice come se non volesse farlo, ma in fondo è orgoglioso delle parole che sta per pronunciare: «Per vent'anni. Venti anni qui con lei. Per non farla mai stare sola, per non farle mai mancare nulla. Venti anni senza mai uscire di casa se non per la spesa o per fare due passi qui intorno. Ho difeso Monica, il suo desiderio di riservatezza fino alla fine, ho cercato di farla ridere quando poteva, e di tenerle sempre la mano. E lo rifarei, rifarei ogni giorno di questi venti anni che non separo dagli altri trenta. Sono stati tutti meravigliosi, perché sono stati tutti con lei».

Chiedo se Monica, prima del grande silenzio, avesse scritto qualcosa. Cristina – una donna che assomiglia un po' a Monica, ha vissuto con loro tutti questi trentacinque anni e si rivolge a Roberto ancora con il lei – dice, osservando lo schermo del computer: «Signor Roberto guardi qui...». Roberto legge, si commuove e poi mi fa vedere le parole scritte da Monica poco prima di ritirarsi nel suo mondo: «Amore mio grande, amore mio bello, amore amore amore, come è bello vivere con te, lavorare con te, litigare con te, fare pace con te, costruire con te, aver paura e piangere e ridere. Niente è bello senza te».

Se Dio ci fosse, sarebbe una bella notizia

Carmen Consoli

Carmen Consoli è una donna coraggiosa, intelligente, piena di curiosità. Il tempo, la musica, i numeri, il sogno, suo figlio che cresce da sola, come fanno tante donne. E anche qualche uomo. Scrive delle canzoni belle, con una voce che disegna. Questo è stato il nostro incontro.

Ti ricordi la prima voce musicale che hai sentito?

«Elvis Presley.»

Quando l'hai ascoltata?

«Avevo sei o sette anni. Ricevetti da mio padre in regalo questo album, si intitolava proprio *Flaming Star*, c'era un bel ragazzone in copertina. Ascoltai a ripetizione questo disco, neanche tra i più famosi di Elvis Presley. Lo ascoltavo e sognavo, sognavo la voce di questo ragazzo. Ovviamente a casa circolava tanta altra musica: eravamo onnivori. Bruno Martino, tutta scuola genovese, la scuola siciliana perché la famiglia Consoli era anche amante della musica popolare della mia terra, come quella di Rosa Balistreri. Però c'è una ragione speciale per la quale questo disco mi rimase impresso. Dopo averlo consumato, a forza di ascoltarlo, chiesi a mio padre, che era un vero appassionato e conoscitore di musica: "Papà, ma possiamo andare vedere un suo concerto?". Papà fu costretto a dare a quella bambina immersa nei sogni e invaghita di Elvis la brutta notizia: "Sai Carmen, purtroppo lui è volato in cielo". Quando seppi questa notizia piansi per due giorni, a dirotto. Credo che neanche i suoi parenti più stretti abbiamo vissuto in modo così drammatico questo lutto. Io ero piccolina e non ci credevo, non capivo. Sentivo questa musica così presente. E non riuscivo a comprendere il fatto che lui non ci fosse più, non riuscivo a separare voce e vita.»

Perché tuo padre era così appassionato di musica?

«Mio padre era un musicista e uno studioso di musica. Lui non suonava soltanto a orecchio, reputava che si dovesse approfondire la musica. La musica è talento e fatica, estro e studio. Di recente ho conseguito un professional certificate in teoria musicale alla Berkeley proprio perché lui mi aveva insegnato che è una materia che si studia. Puoi arrivare a orecchio alla musica, ma quando la studi ti si apre un mondo affascinante di matematica, di fisica acustica, di connessioni armoniche. Il papà di Marina Rei, purtroppo deceduto in questi giorni, sosteneva che quando smetti di studiare, smetti di suonare.»

Che rapporto c'è tra musica e numeri?

«Un rapporto molto stretto, tanto è vero che c'è una materia che si chiama musica applicata alla matematica. Per esempio un accordo si forma per sovrapposizione di triadi sulla scala maggiore ed è incredibile come alla fine corrisponda tutto, una specie di prova del nove. Ero abituata a sentire un'armonia che mi dava soddisfazione e gioia, poi alla fine, facendo i calcoli, scoprivo che avevo ragione: era un settimo grado semidiminuito messo in tonalità. Numeri, ai quali ero invece arrivata d'orecchio.»

Questa dimensione è più Dio o più i numeri?

«Io questo non lo so, perché non ho le prove e non escludo l'esistenza di Dio. Non ti nascondo che mi piacerebbe che ci fosse. Purtroppo non ho la fede per credere ciecamente a questo. Però mi piacerebbe molto, se Dio ci fosse, sarebbe una bella notizia.»

Nel tuo ultimo album ci sono due brani nei quali compare la stessa espressione: «Sta succedendo». Cosa sta succedendo?

«Io amo moltissimo il verbo succedere che, visto come sostantivo, diventa il successo ma visto come participio passato indica ciò che è già accaduto. Se mi si chiede: "Ti piace il successo?". Certo, ma è già una cosa che fa parte del passato. Mi sforzo di guardare avanti, a ciò che sta per succedere, spesso chiudo gli occhi e penso che, malgrado le avversità che ci stiamo ritrovando a vivere, sento nel mio cuore che qualcosa di veramente speciale stia per succedere. Ecco perché mi affascina il "sta succedendo". C'è un'imminenza dell'avvenire che dipende dalla consapevolezza del passato, cioè di ciò che è già accaduto. La storia, come fondamento d'identità, la uso per costruire il mio divenire. Vivo in questi tre piani temporali e infatti affido molto al sogno.»

Un'altra frase è «Prepariamoci all'impatto». Qual è questo impatto?

«La realtà. Quando i sogni si realizzano. Dopo tanto tempo che hai impiegato a inseguire il tuo sogno di una cosa, questa non può essere trascurata. Devi godertela. Noi passiamo molto tempo, prima, a sognare le cose ma poi, quando avviene davvero una cosa bella, le dedichiamo pochissimo tempo. Ecco cosa vuol dire prepararsi all'impatto: fare in modo che non sia mai un'aspettativa delusa. Io non credo alle aspettative, credo ai desideri. Questo impatto ci deve stupire. Dobbiamo vivere e prepararci a vivere ciò che abbiamo sempre sognato, ciò per cui abbiamo combattuto.»

Presente e futuro: tuo padre e tuo figlio. Cominciamo da tuo figlio. Raccontami di lui e di te con lui.

«Si chiama Carlo Giuseppe, è un bambino che oggi ha otto anni, ha una bella testa, è molto portato per la matematica. Adesso è arrivato anche a capire il meccanismo delle radici quadrate. Non perché sia un genio, solo perché è appassionato e curioso. Suona il pianoforte e la batteria, compone le sue prime canzoni, esprime i suoi sentimenti. È arrivato in me e ha cambiato totalmente la mia visione sul mondo. Uno parla di aspettative che vengono costantemente deluse, disattese. Invece mio figlio è stato più delle aspettative, più del desiderio che io nutrivo; ha proprio cambiato la lettura che io ho del mondo, di tutto quello che vedo, di tutto quello che vivo.»

Hai deciso che sappia in futuro chi è suo padre?

«Sì.»

Mi racconti questa scelta?

«Ho fatto questo intervento a Londra proprio perché c'è la possibilità di poter far conoscere a questi bambini il proprio padre. Quando lui avrà quindici anni per legge conoscerà, se vorrà, il suo papà. Al momento non è intenzionato. Io ho cercato di mandare una lettera per anticipare questo momento perché, chiunque sia questo padre a cui io sono molto grata, secondo me gioirebbe nel vedere un bambino così. Quindi non vorrei fargli perdere l'emozione di farglielo conoscere ora. Però Carlo non è intenzionato, perché ha paura che qualcuno occupi il letto grande che ora divide con me. Mi ha detto però una cosa molto importante: "Potresti traumatizzarmi". I bambini si abituano a dei riti, delle abitudini e il momento in cui si sconvolge il loro equilibrio può essere pericoloso.»

Hai potuto scegliere il padre di tuo figlio?

«Ho potuto.»

Sulla base di quali caratteristiche?

«Ho avuto una lista innanzitutto di donatori compatibili. Io sono zero negativo per cui è molto complicata la combinazione anche dal punto di vista biologico. C'erano delle caratteristiche nella sua scheda: gli piace la musica, ha un diploma in pianoforte, ama Bach, Mozart e Beethoven. Lui è medico, studia la filosofia, non è religioso ma ama la filosofia orientale. E anche l'arte contemporanea. Una cosa importantissima è che ama la buona cucina, ha il palato fine. Insomma c'erano tre componenti favorevoli: Bach, la buona cucina, l'intreccio di scienza e musica. D'altra parte è il tipo di persona che forse avrei voluto incontrare, nella vita.»

Non hai mai sentito il desiderio di conoscerlo?

«Tantissimo, ho una curiosità incredibile.»

Parlami di tuo papà. Ogni volta che lo fai ti si inumidiscono gli occhi.

«Ironico, non sarcastico. Rideva con, non rideva contro. Ricordo un papà che mi dedicava veramente tanto tempo a scrivere, a suonare insieme, a spiegare, mi ricordo un papà chiacchierone che mi spiegava qualsiasi cosa. Di mattina veniva col caffè. Io ero servita e riverita da Peppe Consoli, mio padre. Straviziata da lui. Non ho mai ricevuto uno schiaffo da mio padre, bastava uno sguardo per sentirmi mortificata, quando sbagliavo a fare qualcosa. E poi lui siccome voleva che io suonassi mi mandava nei pub a quindici anni, ma c'era lui, veniva tra il pubblico con la birra. Era molto fiero. E io felice della sua fierezza.»

Quale ti sembra sia la virtù che sta sparendo più pericolosamente? La gentilezza, l'altruismo?

«Empatia. Una notevole diminuzione di empatia, una grande rimonta del narcisismo. Crea sterilità. È tutto usa e getta. Le persone si trattano come se fossero un telefonino. Adesso c'è il nuovo modello quindi cambio. Invece di riparare, perché tanto vale cambiare. Tutto è destinato all'obsolescenza. Ed è brutto, perché ci sentiamo vecchi, ci sentiamo inutili solo perché dobbiamo fare la cosa più bella del mondo: cambiare noi stessi.»

Ti sembra che si stia smarrendo razionalità? La fiducia nella scienza, in fondo, è fiducia nel futuro.

«Il problema è che non si riesce più a scindere il grano dalla gramigna. C'è così tanto. Da una parte è positivo, dall'altra, se non hai una conoscenza e una bussola che ti portino a discernere e a separare bene, praticamente ingurgiti tutto e diventi bulimico di nozioni che non sempre sono vere. Io sono un'illuminista nel cuore: credo molto nella scienza e nel ruolo che la conoscenza ha nell'uomo. È l'origine anche della Rivoluzione francese: un popolo di gente erudita può scegliere, può scegliere in maniera cosciente. E poi in me c'è, in questo campo, un piccolo riferimento alla felicità. Per essere felici bisogna coltivare il tempo. Ci hanno abituati a non aspettare, come se fosse una virtù impiegare meno tempo a fare delle cose. Invece il tempo serve, è utile a sedimentare un dolore, a capire, ad approfondire, a viaggiare. A essere felici.»

Quale opinione hai dei talent?

«È un trampolino di lancio. Ovviamente io non sarei mai uscita se fossi stata oggi una ragazza di vent'anni. Non ci sarebbe stato spazio per me, perché non ho quelle caratteristiche, non avrei avuto modo neanche di superare le selezioni. Questi ragazzi sono veramente bravissimi, vocalmente parlando, hanno una capacità di esibirsi incredibile, che io non avevo assolutamente. Riescono anche a non far trasparire emotività, quell'emotività che ti fa perdere l'intonazione. Sono perfetti, dei killer. Gino Paoli diceva una cosa incredibile: "Loro sono veri professionisti. Noi siamo dilettanti". Ha ragione. Loro riescono ad avere un controllo, a vent'anni, che da una parte li aiuta, dall'altra... Non so se sia meglio non emozionarsi e non sbagliare mai.»

Hanno meno anima?

«Quello che mi auguro da mamma, guardando questi ragazzi, è che non si facciano travolgere dal sistema.

Che chiudano gli occhi e sognino, che pensino sempre a quello che vogliono fare, ad ascoltare il proprio cuore, non quello che c'è intorno a loro. Perché oggi è bianco, domani è nero, non possono essere delle bandiere, un aforisma molto bello di Seneca dice: "Non esiste vento favorevole per il marinaio che non sa dove andare". Perciò io auguro a questi ragazzi di prendere presto in mano il timone della propria vita.»

A Sanremo tornerai?

«Al momento no, non l'ho previsto e soprattutto non andrei in gara. Ma non perché io mi senta superiore, anzi. Sai perché ho smesso di giocare a tennis? Ero anche bravina, ma mi mortificavo quando segnavo il punto, chiedevo scusa all'avversario. Non riesco purtroppo, anche per educazione familiare, a fare pace con questa idea della competizione. Sono competitiva con me stessa, voglio migliorarmi, però non riesco a concepire la gara, mi mette ansia.»

Chiudiamo così: la prima sensazione avuta quando hai visto tuo figlio uscire da te.

«La prima sensazione, quando l'ho visto, è stata l'amore più grande che il mio cuore potesse provare e persino immaginare. Non credevo di essere in grado di provare un amore così totale.»

La prima donna «parlante» in televisione

Enza Sampò

Enza Sampò non parla mai di sé. È stata una protagonista di rilievo della storia della televisione italiana. Sapeva far tutto: essere colta e lieve, sofisticata e popolare. È stata tra le prime donne «parlanti», in una Rai tutta al maschile. Oggi è una bellissima signora di più di ottanta anni, con la stessa magnetica dolcezza e la stessa intensità di quando presentava programmi o raccontava storie a milioni di italiani.

Enza, partiamo dalla tua famiglia.

«Sono nata nel '39 a febbraio, abitavamo a Torino ma mio padre era già stato richiamato in Marina ed era a Taranto, sotto le armi. Lui era un funzionario della Nebbiolo, una azienda che costruiva macchine tipografiche. Mia mamma era impiegata, ma con una grande passione per la lirica. Aveva già cominciato a fare piccoli concerti, era proprio brava. Poi, scoppiata la guerra, ha dovuto occuparsi di me e tirare avanti. E per questo faceva la sarta. Si è inventata un metodo di taglio molto moderno, qualcosa di sconosciuto in quei tempi. Siamo sfollati nelle Langhe, il posto che amo di più al mondo. Erano le Langhe di Fenoglio de *La malora*, cioè poverissime, con un rapporto però molto intenso fra le persone. “Non sei mai solo quando hai un paese” diceva Cesare Pavese. Eravamo una comunità, in quel tempo terribile. Ho vissuto un'infanzia meravigliosa. Meravigliosa e privilegiata: i bambini lì ancora avevano gli zoccoli con la paglia dentro per andare a scuola, io invece già avevo gli scarponcini, perché mamma aveva inventato questa scuola di taglio con tantissime allieve.»

Un'infanzia «meravigliosa» nonostante la guerra.

«Ci potevamo permettere persino le scarpe. Mio padre è rimasto tagliato fuori da questo sodalizio femminile: è venuto pochissime volte in licenza, praticamente l'ho rivisto quando avevo otto anni e mi scocciò molto questo ritorno, perché io stavo tanto bene con mia mamma nel letto grande. Arrivò questo qui che prese il mio posto e poi nacque pure mia sorella: un dopoguerra tremendo. Però lui, poverino, siccome vivevamo ancora in questo paese prima di ritrovare casa a Torino, perché la nostra era stata bombardata, andava da Monforte d'Alba a Torino a lavorare tutta la settimana. Dormiva in una pensioncina e poi tornava a casa il sabato e la domenica.»

Non fu, per gli uomini, un buon esordio nella tua vita...

«Era una presenza inesistente, quella maschile. Vivevo con mia madre, andavo a scuola in una classe di sole bambine... Gli uomini sono stati per tanti anni degli sconosciuti, e avevo un po' di fastidio per il loro ruolo dominante, era l'epoca in cui gli uomini, nonostante mia madre fosse una donna molto indipendente e molto moderna, avevano la bistecca più grande in casa, era tutto in funzione loro, del loro dominio, quindi mi sembrava tutto negativo. Ricordo che avevo tanta voglia di uscire a fare pattinaggio, la prima volta che aprirono una pista a Torino, ma mia madre e mio padre non mi lasciarono andare perché lì c'erano gli uomini. I maschi erano un pericolo o, comunque, un impedimento alla mia libertà.»

La guerra come te la ricordi?

«Ricordo i partigiani, vivevamo vicino ad Alba, era la zona calda, quella raccontata proprio da Fenoglio. Uno mi pare si chiamasse Lulù, era un mito, nella zona. Noi bambine andavamo a scuola e non ci facevano mai mettere golfini o sciarpe rosse, perché avevano paura che ci potessero scambiare per garibaldini e ci sparassero. Quando andavamo a scuola ci abbassavamo istintivamente perché su due colline diverse c'erano i partigiani e i tedeschi che si sparavano. Ma noi ci recavamo a lezione tranquillamente, solo ci abbassavamo. Ho visto delle frazioni bruciare per le rappresaglie dei nazisti. Pensa che mamma, durante la guerra – che donne straordinarie sono state quelle di quell'epoca! – doveva fare cose inimmaginabili. Capitava che passassero i tedeschi. Ti entravano in casa e chiedevano da mangiare. Mamma apparecchiava, che doveva fare, cercava di dargli salame e formaggio, quello che avevamo. Se in quel momento fossero arrivati i partigiani, come capitava, sarebbe stata una carneficina. Vivevano pericolosamente nella normalità, queste donne. Io da piccola non mi accorgevo di nulla di questo.»

Ti ricordi i tuoi giochi da bambina?

«Giocavamo con le cose che si trovano in campagna. Avevo legato con una famiglia di dodici figli, gente poverissima. La madre diceva che lei faceva più facilmente un figlio che la sfoglia per la pasta. Questi dodici ragazzi erano divertentissimi, intelligenti, furbi. Abitavano nella stessa frazione nostra e mamma non voleva mai lasciarmi andare perché avevano i pidocchi e mi rubavano la cioccolata. Infatti mi ricordo che mi facevano sempre un dispetto, ci facevano salire su un carretto e il più grande davanti correva con questo carretto, poi lo alzava in alto e ci faceva scivolare tutti. Una volta mi disse: "Guarda, mi hai graffiato il carretto" e mi prese la cioccolata in cambio del danno. Però io, di quei giorni, ho un ricordo meraviglioso.»

Come andavi a scuola?

«Ti dico come sono passata alla prima elementare. Sono di febbraio e rischiavo di perdere un anno. Mi fecero fare qualche lezione da una insegnante e poi una maestra ufficiale mi fece l'esame di ammissione. Uscì dall'esame ridendo. E mia madre chiese: "Cosa è successo?". Pare che mi abbia fatto la domanda: "Hai cinque caramelle, devi dividerle con una tua amica, quante ne dai a lei e quante ne prendi tu?". E io, guardandomi le dita: "Se ne prendo tre, a lei ne rimangono solo due, se ne do tre a lei, ne rimangono due a me. Io non gliele faccio proprio vedere". Mi dichiarò abile, nonostante questo. O forse per questo.»

E ti ricordi come eri vestita?

«Mia mamma mi vestiva benissimo, lei con questa scuola di taglio era proprio raffinatissima. Ricordo un vestito scozzese, un po' marroncino e d'estate quelli che si usavano allora con il punto smock. Ai vestiti non facevo neanche tanto caso, perché mamma era così attenta a farmi essere sempre perfetta che era un problema suo, a me piaceva sempre tutto. Mi ha sempre vestito lei, anche per *Campanile sera*, quando facevo già televisione.»

Poi torni a Torino, bambina...

«Fu un periodo infelice per me, tornai a scuola in quarta elementare e feci la corsa del gambero. Infatti a Monforte ero proprio brava. A Torino invece ero molto indietro rispetto agli altri. Noi eravamo rimasti ai problemi con la mamma che comprava le uova, qui invece erano tutti dei geni. Ero mortificata, da lì ho detestato sempre la scuola, perché mi sentivo inadeguata. Avevo nostalgia di Monforte. Ti voglio raccontare una cosa, è uno dei ricordi belli che ho. Da casa mia alla scuola c'erano cinquecento metri, un chilometro, non so. Noi, per dire che tempo era, ci portavamo il ciocco di legno per scaldarci a scuola. Ricordo che un giorno passavo per strada e c'erano, in primavera, i bordi delle strade pieni di violette. Io non resistetti e feci un mazzo di fiori e lo portai a scuola. Arrivai dopo la campanella e la maestra mi disse: "Ma come mai sei così in ritardo? Perché hai raccolto le viole?". Io: "Sì". "Allora va bene, siediti."»

Tu nel '55 avevi sedici anni. Com'era l'Italia di quegli anni?

«Io la ricordo meravigliosa. C'era un allegro attivismo, una immensa voglia di fare, la sicurezza che il futuro sarebbe stato migliore di ciò che si era vissuto. È vero, vedevi ancora le case sventrate con i crocifissi appesi alle pareti, ma noi guardavamo avanti, eravamo molto ambiziosi. Ambiziosi nel senso di voler fare bene. Allora l'offesa più grande che potevi fare a qualcuno era di essere un fallito. E con questo spirito io ho cominciato a fare televisione. Era il totem di quegli anni, noi andavamo a vederla dai nostri vicini. La famiglia Mazzieri: lui era un rappresentante di commercio, ricordo che scoprii da lui per la prima volta i campioncini di maionese nel tubetto. Andavamo a vedere lì *Lascia o raddoppia* e noi ragazzi ne approfittavamo per spararci questi campioncini di maionese in bocca.»

Nel 1957 la televisione...

«Iniziai con Tortora e Bongiorno, poi Guglielmi. Tutti e tre mi hanno aiutato. La televisione mi piacque subito, era un linguaggio che mi affascinava. Sembrava un pianeta solo maschile, le poche donne avevano ruoli ancillari, salvo Elda Lanza o la Piccinino al telegiornale. La Rai era ancora molto torinese. Allora in Piemonte si confrontavano due modelli industriali: Valletta alla Fiat e la Olivetti a Ivrea, fabbrica a misura d'uomo. La Rai era il polo culturale. Lì ho conosciuto tutto il gruppo di Guala: cioè Furio Colombo, Umberto Eco, Gianni Vattimo. I vincitori del famoso concorso sono partiti tutti da Torino. Torino poi si è fatta scippare tutto: televisione, editoria, cinema, tutto. Quando andammo a Milano quello che più mi dava fastidio è che venivamo invitati nelle case borghesi, perché loro erano i giovani brillanti, e venivano usati come star della conversazione. Cosa che, in effetti, a Umberto riusciva benissimo.»

Come hai cominciato a fare la modella e perché?

«Ero graziosa, molto moderna, un po' androgina, rispetto alle bellezze poppute di allora. Ero alta, portavo dei tacchi robusti, facendo l'indossatrice, oppure le ballerine, proprio come le ragazze di oggi. La modella ho cominciato a farla in un salone che credo fosse il primo di *prêt-à-porter*. Mi divertiva, ma mi sembrava un po' vuoto, quel mondo.»

E in televisione come sei arrivata?

«Il provino televisivo l'ho fatto con la persona a cui sarò sempre grata, perché è stata sempre presente nella mia vita. Mentore e pigmalione, Maurizio Corgnati, poi marito di Milva, era un uomo raffinatissimo, coltissimo, abitava nel mio palazzo ed era lo zio di una mia compagna di scuola. Ci portava a teatro, ci faceva leggere libri, mi ha proprio aperto la mente. Era un intellettuale puro. Tanto era colto, tanto era incapace di ogni attività concreta. Allora i provini televisivi per una ragazza erano solo per il ruolo di annunciatrice. Dissero alla fine una cosa tipo: "Giovane tutto pepe, adatta solo in programmi per ragazzi". Così cominciai a fare programmi per ragazzi.»

In che anni siamo?

«Nel '57, in quell'anno ho cominciato.»

E come iniziasti?

«Facendo un programma che si chiamava *Anni verdi*. Partiva con l'inquadratura di un mazzo di rose, sfumava sulle nostre teste e poi finalmente parlavamo ed era un incontro di giovani che discutevano dei loro problemi. Ma se mi ricordo bene era tutto scritto, cioè non c'era veramente la libertà di esprimere le proprie opinioni. Poi feci *Il circolo dei castori*. Ancora adesso trovo dei vecchietti che lo vedevano. Lo presentava Febo Conti e io facevo la spalla. Però già come conduttrice, non come valletta.»

In televisione, a parte Lanza, sei la prima donna parlante...

«Sì, ma ero un po' insofferente. E allora ho fatto una follia, perché con Febo Conti stavo un po' stretta, mi dava poco spazio. Andai a Milano, dall'usciere, perché quella era l'entratura massima che avevo, e dissi: "Senta, io lavoro a Torino, posso conoscere qualcuno?". Mi portarono da Marta, la mitica segretaria di Puntoni, che si occupava del varietà. Questa non mi fece neanche parlare con Puntoni, disse solo: "No, non abbiamo bisogno di nessuno". Mi cacciò. Mi mandarono allora dalla segretaria di Budigna che si occupava dei culturali. La signora stavolta prese nota, ci salutammo e me ne tornai a Torino. Dopo qualche mese mi chiamò proprio lei per un programma con Fred Buscaglione, da un luogo estivo. Per questa serata arrivarono poi tante telefonate di curiosità, e così mi chiamarono a sostituire Marisa Borroni in *Lei e gli altri*. Era un programma per le donne e c'era molta più libertà. Da lì mi arrivò, inaspettata, una chiamata per il Festival di Sanremo. Visto che eravamo sotto la data della manifestazione, ho sempre pensato che qualcuna doveva aver rinunciato...»

C'era Paolo Ferrari...

«C'era Paolo Ferrari, adorabile. Fatto Sanremo, hai fatto la televisione. Lì ebbi la contestazione dei discografici. Del regolamento poteva parlare Ferrari, perché maschio. Io facevo il riassunto delle canzoni e l'annuncio delle canzoni, ma smorzavo gli applausi. Lì c'era la claque, io invece annunciavo, uscivo e via. I discografici impazzivano. Vinsero Dallara e Rascel con *Romantica.*»

E poi Campanile sera...

«Da lì in poi la popolarità è *Campanile sera.*»

Che esperienza fu?

«Io andavo al sud e Tortora al nord e devo dire che fu un incontro bellissimo con Mike e con Enzo. Io ero intimidita da questi due mostri sacri, avevo vent'anni. Loro mi spingevano molto a venir fuori. Allora mi inventai di dare le ricette, essendo una donna, dal luogo dove ero. Pensa che il direttore generale Sergio Pugliese mi chiamò personalmente solo per dirmi: "Se dà le ricette, le deve dare con calma, perché si devono capire bene". E sai cosa ricordo di quella tv? Che avevi sempre qualcuno che ti tirava la giacchetta. Con i funzionari, finito il programma, andavi e chiedevi: "Com'è andata?". E loro ti dicevano bene o male e si discuteva. Parole utili. Dopo tanti anni ho capito che ora invece spariscono tutti. Aspettano il giorno dopo, e ti danno la risposta solo dopo aver visto gli indici di ascolto. Secondo loro è l'Auditel che definisce la bellezza di un programma televisivo. Io non la penso così.»

Ti ricordi qualche episodio di Campanile sera*?*

«Mamma Rai, per protezione, mi aveva dato un funzionario fisso, tra l'altro bravissimo. Si chiamava Camurati ed era un esperto di opera lirica. Mi seguiva come un'ombra. Una volta in Sicilia, finita la trasmissione, Camurati mi accompagnò fino alla stanza d'albergo. Si accorse che c'era un signore attempato che ci aveva seguito tranquillamente fino alla camera da letto. Camurati disse: "Ma cosa fa lei qui?". Quello, vedendomi sulle piazze in televisione, dava per scontato che fossi una donna facile. Mi arrivavano tanti pizzicotti sul sedere, durante i collegamenti. Ero sempre scortata dai carabinieri. Devo dire, di *Campanile sera*, che era tutto bellissimo. Era il programma simbolo di quel tempo in cui l'Italia cresceva e si unificava. Viaggiare allora era difficile e quei collegamenti facevano scoprire il Paese. E parlavo degli italiani veri, quelli dei quali nessuno si occupava. L'ignoto bibliotecario diventava eroe, protagonista.»

Tu sei stata fidanzata con Eco?

«Sì, abbiamo avuto una storia importante. Durò tre anni fino a quando ho conosciuto mio marito, Ottavio Jemma, che ora non c'è più. Umberto aveva scritto la *Fenomenologia di Mike Bongiorno* molti anni prima, su «Il Verri», una rivista letteraria. Però sulla stampa popolare uscì molti anni dopo e quando ci siamo lasciati, lui non capiva bene ancora il perché e temeva avessi un altro, mi disse: "Guarda per favore non con

Mike, sennò diranno che ho scritto la fenomenologia per gelosia".»

Perché invece ti eri lasciata?

«Quei geni hanno bisogno di una donna devota, che abbia i loro stessi interessi. Io ero ancora alla ricerca dell'indipendenza, anche culturale. Non volevo essere costantemente giudicata, anche da chi ne aveva i titoli. Lui aveva bisogno di una donna dedicata e infatti è stata importante sua moglie. Condividevano gli stessi interessi, lavoravano nella stessa casa editrice.»

Tortora come era?

«Delizioso, veramente un signore, un grande signore. Mike mi corteggiava in maniera molto discreta, rispettosa e non invadente. Per quello Umberto fece quella battuta. Eco era sempre spiritosissimo, una persona divertente. Da lui ho imparato che ci poteva essere un altro modo di vedere il mondo, che non si doveva essere bacchettoni per essere colti e intelligenti.»

E dopo Campanile sera?

«Dopo *Campanile sera* io ho fatto una sosta di due anni perché ho avuto il mio primo figlio, Umberto. Poi andai in Rai dicendo: "Guardate, io potrei tornare a lavorare". E mi chiamarono per *Cordialmente*. Facevo in studio le interviste a persone semplici, a gente comune. Avevo già acquisito voce in capitolo, cioè mi davano retta. Mi ricordo che una volta avevano preparato un servizio sulla donna che non mi piaceva perché era una moglie che andava a guardare dentro le tasche del marito di nascosto, insomma le solite stupide banalità. Io dissi no, mi rifiuto di farla, e loro accettarono. Sai chi era il curatore? Andrea Barbato, un uomo geniale. Era un altro gusto. Era una tv forse meno democratica, nel senso che agli stupidi non si dava voce, come diceva Eco per i social adesso. Cioè alla presenza negativa non bisogna dare voce perché una volta che li porti in tv, li hai legittimati. Hai legittimato ignoranza e stupidità.»

Parliamo di due tuoi programmi per me bellissimi: Sta arrivando la bufera *e* La mia guerra *con Leo Benvenuti.*

«Li ho amati tanto. Pensa non hanno avuto nessun successo, neanche Guglielmi ci credeva poi tanto.»

Mi parli di quel modo di fare storia?

«Era un modo diverso, al quale si poteva avvicinare chiunque, indipendentemente dal titolo di studio. Non era retorico, non era troppo serioso. Ricordo che intervistai in quell'occasione Vittorio Mussolini, che si rivelò una persona deliziosa, civile. Dopo si arrabbiarono perché l'avevo trattato con troppo garbo. Ho risposto: "Io voglio sapere da lui le cose che mi interessano, perché devo maltrattarlo per il cognome?".»

Un altro programma importante è Io confesso. Lì intervistavi persone protagoniste di storie terribili. I tuoi interlocutori erano travisati...

«Di quella trasmissione, coraggiosamente prodotta da Carlo Degli Esposti e da Sandro Parenzo, e andata in onda su Rai 3 di Guglielmi, vado molto orgogliosa. Ho lasciato dopo un anno perché non ce la facevo più, mi metteva troppa ansia. A me rimaneva dentro, quel programma era un racconto, spesso devastante dal punto di vista umano. Troppo, per me.»

La persona più intelligente che hai conosciuto in Rai?

«Forse Angelo Guglielmi, grande intellettuale e uomo attento al prodotto. Quando eravamo ambedue in punizione, lui mi ha aiutato. Era direttore del Centro di produzione e mi fece lavorare come funzionario, dovevo controllare il buon esito di un programma con Romina Power... Ho passato anni duri in azienda. Nel '75, quando ci fu la riforma, circolava la voce che da quel momento avrebbero utilizzato solo gli interni. Quindi io feci richiesta di essere assunta. Non mi riconobbero il lavoro giornalistico, anche se facevo per la radio *Dalla vostra parte* con Costanzo, che era un programma di informazione. Sono stata in causa, ho vinto in prima istanza e allora per farmi rinunciare mi proposero di andare al tg di Campobasso. Io avevo due bambini piccoli, non potevo certo trasferirmi in Molise e ho rinunciato alla reintegrazione. Mi chiamò il direttore di Campobasso: "Guardi io sono molto felice, calcoli che se vi mandano qui come castigo, non vi liberate più. Dovreste avere dei santi in paradiso e deduco che lei non ce li abbia, sennò sarebbe già entrata a Roma".»

Com'è cambiato il ruolo delle donne in Rai, in televisione?

«Secondo me moltissimo. Per esempio La 7 ha una politica al femminile ricchissima, che offre tante sfumature dell'impegno delle conduttrici. Osservo che lì, come su Rai 3, prevale la dimensione politica, è come se le donne avessero voluto raggiungere la tv con argomenti considerati tradizionalmente maschili.»

Il tuo stile era lieve, mai aggressivo, quasi confidenziale.

«C'era un grande rispetto e un senso di responsabilità nei confronti del pubblico, ma anche della persona che intervistavi. Mi veniva naturale, perché io sono così. Lieve era quella televisione, che insegnava agli italiani a leggere, a conoscere i classici, a divertirsi con il varietà. Era informazione, educazione, divertimento. Assomigliava a quel Paese adolescente.»

Sei mai stata censurata?

«Una volta per la pubblicità. Avevo fatto gli spot della Bassetti, abbigliata come vestivo allora, con i pantaloni. Al marketing, severissimi, era risultato che ero fallocratica per cui mi misero i vestiti con la gonna...»

Se dovessi rivivere un istante della tua vita, quale sceglieresti?

«Professionalmente quando mi chiamarono per *Campanile sera*, una trasmissione che è rimasta nella storia della tv. Personalmente, non so. Ho avuto una vita bella, piena, ma anche sempre combattuta. Non ho mai avuto tutto facile. Mi verrebbe da dire la nascita dei figli, ma quello è persino ovvio. La verità è che dentro di me abita un fondo di malinconia...»

Ero chiuso in un barattolo

Renato Zero

Renato Zero ha compiuto settant'anni. E per celebrare questo momento non ha pubblicato il classico album di successi di una carriera che comincia all'inizio degli anni Settanta. Renato invece ha fatto uscire tre album di inediti.

Cosa vuoi dire con questa scelta?

«Sono una carta d'identità, questi tre cd, perché ci sono tutte le mie facce: l'ironia, la rabbia, la poesia, anche la canzone di protesta che mi è sempre stata congeniale e mi aiuta a sentirmi utile anche per le persone che soffrono. Per quelli, come vediamo anche in questi giorni, a cui manca tutto. Ho voluto fare questo excursus interiore anche per guardarmi dentro, per vedere effettivamente dove potevo spingermi. L'ho fatto con onestà e coerenza. Poi c'è, non ultima, la passione. Senza quella non credo si possa affrontare il discorso artistico. Quando ci si accosta alla musica e alla comunicazione artistica bisogna sempre tener conto che non è mai domenica. Ci vuole lavoro, fatica e disponibilità a tempo pieno. Mai la pigrizia o il desiderio di una pausa può essere più forte dell'ispirazione. Quando mi chiedono dove scrivo le mie canzoni la risposta è una sola: dappertutto, anche sugli autobus.»

Ascoltando i dischi, che hanno testi interessanti, mi sono annotato delle tue frasi: «Pandemia che ci hai spenti». Come l'hai sentita, come la senti, la pandemia?

«Di solito il fatto che il male possa essere condivisibile dovrebbe essere rinfrancante, dovrebbe in qualche modo metterci un po' al sicuro dalla paura totale. Io ho sentito enormemente questo distacco, ho bisogno del rapporto diretto con le persone, siano il tassista con cui verseggio in romanesco o i ragazzi che mi indicano e salutano, a Primavalle come ai Parioli. Però il fatto di poter raggiungere gli altri attraverso la musica e attraverso una testimonianza come quella di *Zero 70* mi mette nella condizione di interpretare questo tempo e di parlare con i miei amici sparsi ovunque. Grazie a questi tre album mi sono sentito in qualche modo vaccinato.»

Tu non hai paura adesso?

«La paura è soprattutto quella di non riuscire a dire le tante cose che ancora non ho detto. Ecco, questa è la paura maggiore. Forse dipende anche dal fatto che si restringe un pochino l'orizzonte, visto che sono settanta anni. Dobbiamo sfruttarli, tutti quelli restanti.»

Il traguardo è più vicino della partenza, per noi...

«Poi va via Gigi, per fare un nome, o Ennio. Sono state per me figure fondamentali. Quando è andato via Gigi la prima cosa che mi è venuta in mente è stato il Teatro Tenda, quello di Carlo Molfese... Eravamo vicini di casa, perché lui faceva *A me gli occhi, please* e io *Zerofobia*. Gigi mi guardava con sospetto perché pensava: "Ma che vuole questo, vicino a me?". Quando lui vide che io riempivo tanto, un po' je rodeva er chiccherone: "Questo manco è arrivato e già rompe li cojoni". Poi gli ho fatto capire che non ero l'ostruzionista, ero il complice. Anzi ero quello che voleva spiarlo, voleva carpire segreti e significato della sua arte. Significati che erano un miliardo, nel suo modo di stare in scena. Gigi non era una cosa, era un miliardo di cose messe dentro un corpo, fra l'altro così accattivante. Queste mancanze per me sono delle mutilazioni, avrei continuato questa passeggiata nella vita con più serenità se fossero stati qui tutti con me. Aroldo Tieri, Armando Trovajoli sono state persone che io non avrei mai sognato di poter mettere nella bacheca degli amici. Sono stato fortunato, ma ora mi mancano degli ingranaggi fondamentali.»

Un'altra frase è «un selfie non può guarire te».

«Sì, perché ci illudiamo che questa cattura continua di istanti, questo permanente safari dell'immagine possa in qualche modo colmare la distanza tra gli umani. Io sfuggo l'istantanea usa e getta. Preferisco, a chi vuole farmi un selfie, dare un abbraccio o offrire un caffè. Figuriamoci se questa civiltà del selfie possa godere della mia stima e della mia complicità. Io raccomando sempre di curare la fisicità, il contatto, gli sguardi. Quello dei selfie è il cimitero della memoria. Quando si mettono questi scatti lì dentro è come se si seppellisse l'esistenza. Una volta stampavamo le immagini e le avevamo davanti agli occhi tutti i giorni. Ora questa fame assatanata di istanti toglie valore al vissuto e diventa una scusa per mettere al sicuro la nostra coscienza e a riposo la nostra memoria.»

«Perché nascondere una sessualità?»

«Abbiamo sempre dato troppa responsabilità al sesso. Lo abbiamo incoronato padrone di noi stessi, del nostro futuro, passato, presente, di una logica di assegnazione anagrafica, che poi spesso viene tradita da una scelta che è spontanea. Anch'essa naturale. Molti dicono che l'omosessualità sia una malattia, o uscire dai binari. Non credo sia né l'una, né l'altra cosa: sono l'uomo o la donna che sentono diversamente certe chiamate e reagiscono diversamente a certi accostamenti. Il sesso è importante e ha una sua dinamica. Se non ha più la complicità della preparazione, dei preliminari, di una liturgia sentimentale accurata diventa talmente sterile da essere quasi fastidioso. Diventa pura ginnastica.»

«Siamo gli ultimi.»

«"Siamo gli ultimi" lo dice Masaniello e lo ha detto Pasolini, lo dicono tutti coloro che sanno perfettamente che sono destinati a una solitudine ingiusta e definitiva. Però devo dire che fare parte della schiatta degli ultimi può essere addirittura un premio, visto come i primi si comportano oggi.»

«Siamo figli di un tempo che cambia.»

«Sì, siamo figli di un tempo che cambia. Cambia con noi. Dovremmo educare il nostro tempo, renderlo un po' più consapevole di quello che siamo, stiamo diventando e vogliamo essere, metterlo al corrente dei nostri limiti e dei nostri desideri. Fare in modo che lui diventi un po' più tenero, un po' meno dittatore. Perché poi, in definitiva, il tempo lo facciamo noi, è soggetto alla nostra giurisdizione. Dovremmo renderlo più duttile, più aperto ai nostri bisogni e alla nostra voglia di crescere e addirittura di invecchiare. Si può invecchiare meglio di come succede quando si ha paura del tempo, quando la vita diventa una rincorsa disumana. Ricordo quel film sulla maratona infinita e violenta, di poveri cristi che dovevano solo correre.»

Non si uccidono così anche i cavalli, *si chiamava.*

«Credo che quel film sia proprio la fotografia, anticipata, del nostro tempo.»

«Basta con i cantanti.»

«"Basta con i cantanti" è una carezza, non è uno schiaffo. Io ho vissuto sulla mia pelle la durezza della scelta. Il voler essere quello che ero a dispetto di tutti quelli che mi avevano redarguito, mi avevano sconsigliato, anche con forza, di mettere in pratica la mia volontà soggettiva. Quindi capisco i nuovi linguaggi e la volontà genuina di essere se stessi. Ma non si deve pensare che si fa l'artista perché si tromba, si sta sui giornali, si guadagnano un sacco di soldi. Servono talento e lavoro, al servizio di una ispirazione sincera. Altrimenti non si va da nessuna parte e non si diventerà mai Eduardo De Filippo, Anna Magnani e neanche Gino Bechi.»

Il disco si apre con un brano che a me è piaciuto enormemente: Il linguaggio della Terra.

«Nel disco ho voluto rimpatriare anche Dario Baldan Bembo, Maurizio Fabrizio, Fabrizio Bosso e Demo Morselli. Ho riportato a casa i miei affetti e ho scoperto Lorenzo Vizzini, un ragazzo che ha ventisette anni ma ne dimostra sessantadue, scrive come Umberto Bindi, come Sergio Endrigo. Il brano che hai menzionato è suo. Io mi sono inserito in alcuni tratti della sua scrittura per indossare poi meglio il testo. Quel brano mi sembrava molto adatto per aprire questa trilogia, perché imprime a questo viaggio un'accelerazione interessante e una direzione chiara.»

Parliamo di te. Come sei uscito dal tuo barattolo, quella dimensione in cui ti sentivi imprigionato, da ragazzo?

«Di solito la presenza di Dio dovrebbe regalarti le ali, dovrebbe darti l'opportunità di sollevarti, di alleggerire il carico già impegnativo degli anni, dell'impatto con la vita, con la società, con le regole. Invece questo Dio me lo descrissero come un castigamatti, uno che mi avrebbe punito se solo avessi starnutito. Questo mi ha procurato una certa occlusione della vita. Finché non me ne sono liberato andando a cercarlo io, da solo, questo Dio e scoprendo che era un amico, che mi sarei potuto fidare. Aver avuto tre sacerdoti in famiglia, aggiungeva incombenza sulla mia testa. Per di più andavo a scuola a Trinità dei Monti dalle suore francesi del Sacro Cuore... Avevo addosso questa camicia di forza abbastanza costringente. Avevo pure un padre poliziotto. Insomma ero agli arresti domiciliari, da appena nato. Ho dovuto piano piano sfasciarmi. Io volevo camminare con le mie gambe. E come reagente a questa condizione frustrante, cominciai a prendere confidenza con il beauty case, con le paillettes, con i fondotinta, con la pittura. Non è che mi truccassi, mi dipingevo la faccia. Io cercavo i colori, cercavo lo sfolgorare, cercavo la maniera di riemergere da questo fango, dalle costrizioni di una opacità che non era sopportabile a tredici, quattordici anni. Era troppo serrato, il mio barattolo.»

La scuola è stata madre o matrigna?

«Anche la scuola con me non è stata tenerissima, non so per quale motivo. Tu avrai visto quel programma in televisione dove il mio maestro era Giancarlo Giannini. Io gli ho messo in bocca esattamente quello che il maestro mi diceva. Mi ripeteva solo che ridevo, che ero un discolo: "Che cavolo ridi?". E io gli rispondevo: "Maestro, lei evidentemente non è felice, non è contento della sua esistenza. Perché dire a me, a quest'età, che questo riso è superfluo e addirittura fastidioso, vuol dire che lei non sta bene". Ero sotto il mirino di questi insegnanti, tant'è che dopo la terza media io scelsi la scuola di cinema di via Achille Papa, volevo fare l'operatore. Ho imparato tanto, c'erano insegnanti di altissimo livello. Però poi mi sono detto che la mia macchina da presa potevano essere benissimo i miei occhi. Ho girato questo film fino a stamattina ed è un film che mi soddisfa molto. È un po' noir, è un po' ironico, un po' sarcastico, è una sceneggiatura molto forte e, comunque, sincera. Non mi sono preso per il culo né ho preso per il culo nessuno. E questo credo che sia un risultato eccezionale. Ho dovuto all'inizio infrangere qualsiasi barriera e regola, se volevo respirare, perché non mi lasciavano respirare, mi chiudevano in questo barattolo. Questo barattolo lo chiudevano in tanti, ho dovuto farlo in mille pezzi. Era la condizione per vivere la mia vita. È oggi il mio consiglio ai ragazzi che vogliono fare questo lavoro: non lo prendete con leggerezza perché non c'è niente da ridere, perché il sacrificio è una cosa seria, la gente non deve essere mai presa per i fondelli. Da noi, in cambio delle gioie che ci regala, si aspetta delle risposte sincere, si aspetta l'esempio.»

Se tu dovessi scegliere un giorno di quando eri bambino?

«Io di quando ero bambino non prenderei nessun giorno. Perché ero solo, perché quella Roma lì, di via Ripetta, era una città piena di vecchi. Lo dico con tenerezza, perché mi hanno cresciuto loro e se amo i vecchi così tanto è perché io li ho condivisi da quando ero piccolo. Intorno a casa tu incontravi gli Odescalchi, gli Sforza, la crema dell'aristocrazia romana, e poi molti sacerdoti perché il Vaticano era ovunque. Se volevi vedere i bambini dovevi andare in borgata, in periferia. Infatti quando l'ospedale San Giacomo comprò il nostro palazzo noi, sfrattati, siamo andati a finire alla Montagnola. Lì ho conosciuto i bambini, ho capito che si nasceva bambini e non vecchi. Non ero più un'eccezione. No, i bambini esistevano, lì c'erano, eccome. Ho condiviso le regole della borgata, ho imparato ad amare la povertà, l'esempio di chi non spreca nulla. Noi mangiavamo le patate sei volte a settimana: una volta era un gateau, un'altra volta era pasta e patate, un'altra volta erano patate fritte. Insomma tu magnavi sempre patate e non te ne accorgevi, perché nonna le mascherava tutte le volte in una forma diversa. Voglio dire con questo che dico grazie a quella Roma. Forse statica, con il respiro affannoso, greve. Ma ringrazio pure la spudoratezza della periferia. Questa spontaneità e questo dramma vissuti con allegria.»

Quella Roma te la ricordi in bianco e nero o a colori?

«Io me la ricordo... Sai quei colori pastello? Né carne né pesce? Colori anni Sessanta... Avevo cinque anni e mia nonna Renata prendeva Jay, che era un pastore tedesco femmina a pelo lungo, me lo legava al braccio e il cane mi portava a fare la passeggiata, mi faceva fare il giro di piazza Augusto Imperatore e poi mi riportava a casa. Ti racconto un'altra cosa che non ho mai detto. Mi regalarono una chitarra con le caramelle dentro. Io me magnai le caramelle, poi presi la chitarra e scesi giù nel portone di via Ripetta. Stavo lì e strimpellavo 'sta chitarra. Tornai a casa con dei dollari e mia nonna mi sgridò. Mi disse: "Dove li hai presi 'sti soldi?". Io, timido: "Nonna, io stavo giù, suonavo, mi hanno dato i soldi". Vedi che il mio era destino?»

Che musica sentivi in quegli anni?

«Quando ero piccolo io ascoltavo "Sono Orazio Pennacchioni e so' contento, so' tifoso della Roma e me ne vanto". Noi avevamo 'sta radio che urlava ovunque, dalla mattina alla sera. Quando mia nonna o mia madre sbattevano i panni in terrazza, oppure quando si cucinava pasta e fagioli, c'era sempre 'sta radio che urlava con allegria. Noi vivevamo in dodici nella casa. C'erano i tre fratelli di mia madre che erano scapoli. Investivano tutti i soldi su di noi e ci comprarono un Miral, una televisione tutta di legno con le manopolone e ce la sbatterono davanti. Mio zio Mario ci mise sopra una tendina semovibile. Quando c'erano gli sceneggiati tutto il condominio veniva da noi, perché eravamo gli unici ad avere la televisione. Però nel momento in cui gli attori si baciavano, zio Mario tirava la catenella, chiudeva il sipario e suonava il campanello.

I condomini si lamentavano, lui li mandava affanculo e li faceva uscire dalla casa. Ma poi li riaccoglieva, perché mio zio era buono. Noi abbiamo visto Ave Ninchi, Mario Riva, Giancarlo Cobelli con la calzamaglia nera che faceva il mimo. Abbiamo visto di quelle cose! Guarda a me dispiace per le generazioni successive che l'hanno conosciuta la televisione, ma l'hanno vista già precipitata nell'ovvietà, privata dell'incanto.»

La prima volta che sei andato al Piper?

«La prima volta non mi fecero entrare perché ero minorenne, così come la seconda. Poi però stabilirono la regola che era aperto il pomeriggio per quelli che avevano meno di diciotto anni e da quel momento io ebbi la possibilità di accedere. Ogni tanto faccio delle rimpatriate con questi amici del Piper. Ci contiamo le rughe, facciamo un po' il bilancio delle nostre vite. Lo trovo molto divertente, ci prendiamo molto per il culo. Niente di serio. Non lacrime e pianti, solo allegria.»

Com'era un tuo pomeriggio là dentro? Che facevi?

«Era un po' diverso da quello degli altri. Mi preparavo un fagottello con tutte le mie stravaganze, mi nascondevo in un portone di via Po dove mi cambiavo e poi andavo al Piper. Quando finiva tutto, mi rimettevo nello stesso portoncino, tornavo in borghese e andavo a casa. Un giorno mio padre che era un poliziotto – tutt'altro che severo, era un grande padre – mi disse: "Senti, che hai dentro quel sacco?". Io risposi agitato:

"Niente, papà". "Fammi vedere... Tu esci con queste cose, poi ti vesti e poi ti devi cambiare, non va bene. Da domani esci direttamente vestito così." Quello era mio padre. Considera che in quel palazzo c'erano centotrentasei poliziotti, perché era un alloggio della polizia di Stato. Quando uscivo da quel portone, con la benedizione di mio padre a indossare la mia seconda pelle, questi da dietro le tapparelle quello che non potevano dire! Quella è la scuola della vita. Io ho lasciato quella ufficiale per affrontare un'altra scuola dove la laurea è faticosa. Ma quando ne prendi una, le hai prese tutte.»

Cosa fu il suicidio di Tenco per te?

«Io avevo percepito la sua fragilità. La prima volta che andai nel mitico stabilimento della Rca ero molto piccolo. Avevo sedici anni e mi portò Gianni Boncompagni. Ballando nel suo programma radiofonico, *Bandiera gialla*, avevo fatto una spaccata e mi si era aperto tutto il pantalone all'interno. Insomma avevo una maxi gonna con tutte le miserie pendoloni. Gianni mi portò alla Rca in quelle condizioni. Dissi: "Possiamo andarci un'altra volta?". "No" mi rispose. "Devi fare il provino subito." Al bar arrivava Luigi Tenco con un'espressione sempre molto mesta. Stava lì, si metteva in un angolo del bancone del bar, consumava il suo caffè, la sua spremuta d'arancia, sempre in solitudine. Io avrei voluto andare da lui e salutarlo, ma non ho mai avuto il coraggio. Avevo soggezione, perché lui non offriva questa opportunità di dialogo. E questo denotava che c'era in lui evidentemente una certa fragilità e anche insofferenza. E le cose che scriveva comunque erano talmente profonde, talmente uniche che quando successe questa cosa, io rimasi molto colpito e addolorato. Io l'ho amato veramente tanto.»

A un certo punto tu finisci a lavorare persino con Fellini.

«E no?»

Racconta...

«Federico vedeva in me un ragazzino che aveva voglia di lavorare, di non stare a ricasco della famiglia ed era affascinato da questa macchina meravigliosa che è il cinema. Disse alla sua segretaria: "Tieni da conto 'sto ragazzo" e lei ovviamente ogni volta che se ne presentava l'occasione mi infilava in un film. Però a differenza delle altre comparse, a me faceva lavorare di notte perché così prendevo il doppio della paga. E questo non lo dimenticherò mai. Una volta credo di avergli ricambiato il favore. Passai davanti al bar Rosati a piazza del Popolo con il sidecar e lui mi disse: "Renatino, mi fai fare un giretto?". Io gli risposi: "Come no!". Mi tremavano le gambe. Lui entrò dentro al sidecar e facemmo il giro della piazza. L'ho riportato davanti a Rosati e lui mi ha detto: "Ma Renatino, già è finito, tutto qui? Perché non mi porti a Cinecittà?". Tu immagina la scena: io avevo in testa il casco dei vigili del fuoco con tutte le stelline sopra, il giubbotto di pelle con le catene, lui con la sciarpa che sventolava all'indietro. Insieme verso Cinecittà. La gente ci guardava pensando: "Questi non stanno bene con il cervello". Montare dentro un sidecar con un ragazzino e farsi portare a Cinecittà... Solo uno che si chiama Federico Fellini poteva fare una cosa del genere.»

Che film hai fatto con lui?

«Ho fatto *Satyricon*, *Casanova* e anche una piccola cosa in *Roma*, perché c'erano le motociclette.»

Tu da ragazzino sei stato poco bene, vero? Hai avuto una malattia seria.

«Anemia emolitica. Mi hanno cambiato tutto il sangue ed è stato un frate che me lo ha donato. Vedi la cicatrice che ho sul braccio? È quella lì, perché la trasfusione non è durata un giorno e neppure una settimana. La trasfusione durò all'incirca quasi un mese, avevo una tavola di legno fissa sotto il braccio, mi toglievano e mettevano il sangue, è stato un travaso. E la stessa cosa la ebbe mio fratello nel '60, però a lui misero l'ago nell'ombelico e in un secondo e mezzo fu trasfuso.»

Quanto avevi?

«Io avevo un mese, forse. Quella malattia si manifesta subito, l'anemia emolitica comporta che perdi completamente i globuli rossi e hai solo quelli bianchi, praticamente sei destinato a finire. Dopo che mi trasfusero il sangue, qualsiasi latte mi dessero non riuscivo ad assimilarlo, lo rigettavo. Mio padre, disperato, un giorno andò da Mercatelli, un bar su via Ripetta che faceva maritozzi con la panna da urlo, e chiese, come ultima chance: "Mi dà un litro di latte della centrale?". Funzionò. Mio padre mi salvò la vita per la seconda volta. Per questo sono Renato, non potevo chiamarmi diversamente. Perché sono rinato più di una volta, in questi settanta anni.»

Aho, anvedi chi ce sta

Gigi Proietti

Qualcuno forse è stato felice di quello che è successo a Gigi. Immagino le feste che gli avranno fatto quando è sbucato, chissà da dove. Sarà arrivato con uno smoking bianco e un Borsalino dello stesso colore. Avrà sfoderato il suo sorriso irresistibile, nel rivedere i suoi amici. Forse avrà detto qualcosa tipo: «Aho, anvedi chi ce sta». Si saranno fermati tutti e, per un attimo, avranno smesso di girare. Forse Monicelli o Scola, Dino Risi o Fellini, Antonioni o De Sica avrà detto, sorridendo: «Stop». E si saranno voltati tutti verso il nuovo arrivato e gli saranno corsi incontro. Tutto il cast del remake di *Il paradiso può attendere*: Alberto Sordi, Marcello Mastroianni, Massimo Troisi, Totò, Peppino De Filippo, Paolo Villaggio, Nino Manfredi, Anna Magnani, Franca Valeri, Ugo Tognazzi, Gian Maria Volonté, Eduardo, Alida Valli e tutti gli altri. Gigi avrà abbracciato per primo Vittorio Gassman, fratello e maestro, e si sarà seduto tranquillo su un cirro per vederli recitare tutti insieme, che spettacolo magnifico!

Ma Alberto si sarà fermato per dirgli: «Ma che stai a fa'? Vieni, t'aspettavamo, c'è la parte tua. Tocca a te, ora».

«Ma che, davero? E che parte devo fa'?»

«Fai la tua vita, tutta intera. Qui ciascuno interpreta se stesso, non ci sono problemi di tempo, nessuno ti dice "Stringi", non esiste il cartello finale "The End". Io sto girando da quando sono arrivato, non ho mai smesso e per fortuna nostra, e sfortuna di quelli che stanno giù, qui il cast si arricchisce sempre. Ora è arrivato anche Ennio che fa le musiche. Come dicevano gli africani, che sono saggi? "Voi avete l'orologio, noi abbiamo il tempo." Qui è così. Il tempo è infinito e lo passiamo a raccontarci le nostre vite, tutti. Quando interpretiamo noi stessi assumiamo l'età del momento che stiamo ricordando. Vedrai che bella la Valli da ragazzina e che faccia aveva Vittorio quando giocava a basket! La scenografia si fa da sola, assume la forma del ricordo e ognuno di noi si ritrova così in luoghi e momenti che stavano sepolti chissà dove nella memoria. Ecco, l'unica cosa problematica è che chi ha vissuto senza ricordare qui è penalizzato. Se non ricordi, ti annoi. Altrimenti è davvero una meraviglia. Pare de sta' in Paradiso...» avrà detto. E poi si sarà messo a correre come faceva negli anni Cinquanta.

Si sarà girato e Gigi lo avrà visto con la faccia da mascalzone di *Un giorno in pretura*. Un ragazzo con la maglietta bianca nei pantaloni jeans a vita alta con le cuciture in evidenza.

Gigi avrà pensato: «E mo' che faccio? Da dove comincio? Come voglio tornare?».

Poi si sarà reso conto che la domanda era giusta giù, non qui.

Qui c'è tempo per tutto, non bisogna avere fretta.

Ma la prima immagine che gli è venuta in mente è quella di un giorno di dicembre del 1970, la vigilia di Natale nei camerini del teatro Sistina a Roma. Non fa in tempo a pensarlo che è lì. Vede al muro una locandina di *Alleluja brava gente*. Poi si guarda allo specchio, ha i capelli neri e la barba che gli incornicia la bocca. Sente bussare alla porta, entrano Garinei e Giovannini che gli chiedono come si sente. Lui è sorpreso e sussurra: «Ma ce state pure voi qui?». Garinei ammicca e gli strizza l'occhio dicendo: «Dai, mo' sbrigati, che stiamo per cominciare».

Gigi si infila il costume di Ademar e fa per raggiungere il palco. La strada la conosce benissimo, sembra ieri che ha fatto le prove. Oltre il sipario si sentono le persone che si stanno accomodando sulle poltrone. Quando arriva, vede i suoi compagni di lavoro Renato Rascel e Mariangela Melato, bella e brava come è sempre stata.

Qui non bisogna stupirsi, questo Gigi ha capito. Si volta per salutarli e vede tutto buio. Solo una gran nuvola di fumo e tante voci che si accavallano. «Gigi, ma che dormi? Vai con *Strangers in the night*, attacca...» gli dice quello al pianoforte. Sul fondo della sala del night club delle coppie si abbracciano e lui prova un po' di invidia. Finora quella sensazione di calore, un abbraccio di Sagitta, è l'unica cosa che gli manca. Per il resto è tutto bellissimo.

Il buio si fa più fitto e quando la luce torna Gigi è su una spider. Che strano, questo momento pensava di averlo dimenticato... Quando era giù non poteva raccontarlo, perché non era «politicamente corretto». Aveva fatto i primi soldi, era ragazzo. Si era comprato una spider, aveva preso anche i guanti di pelle marrone tagliati sulle dita, come Gassman de *Il Sorpasso* e un berretto all'inglese. Ora è in quella macchina un giorno di agosto, nella Roma degli anni Sessanta, la città è deserta e lui sfreccia per via dei Fori Imperiali in totale solitudine. Orgoglioso della sua macchina e della sua mise. Però, arrivato al semaforo che incrocia con via Cavour, deve fermarsi, è rosso. Al suo fianco c'è un camion betoniera. Alto, enorme. Dal finestrino spunta solo un gigantesco braccio, peloso e sporco di calce. Non si vede il volto, all'inizio. Poi sbuca la faccia dell'autista. Gigi è in basso, con il tettuccio aperto, i guanti tagliati e il suo cappellino con la visiera. Quello dall'alto lo guarda e lo riguarda. Tutto si svolge in silenzio, silenzio assoluto. Non una parola. Solo la testa dell'irsuto camionista che esce e rientra dal suo finestrino. Quando il semaforo sta per diventare verde, il camionista si affaccia un'ultima volta e dice solo una parola, guardando quel pivello, acconciato in quel modo.

Gli dice solo: «Afrocio». Poi mette la prima e va via.

Anche Gigi, superato lo shock, ingrana la marcia e si ritrova al Teatro Tenda di piazza Mancini. Carlo Molfese, il gestore, lo aspetta nervoso. Gli dice che la sala è piena e deve sbrigarsi. Entra nel camerino e quando esce è vestito da Kean. Carlotta e Susanna, le sue figlie, gli dicono che il teatro, il Globe Theatre, è pieno e che bisogna cominciare.

Ora lo smoking è nero. Il trucco pesante e lo spettatore uno solo, nella sala. Gigi per la prima volta non ha fatto il pieno. Ma si deve recitare comunque, anche per una persona sola, così Gigi ha imparato, faticando sulle tavole di legno dei palcoscenici.

Comincia a cantare, e s'accompagna da sé: «Gastone, artista cinematografico, artista del *varieté, danseur, diseur...*». Quando Gigi finisce c'è un momento di silenzio. Poi un applauso, forte, ripetuto, infinito. Uno solo, dell'unico spettatore. Gigi non lo vede, finché non si accende, venendo chissà da dove, una luce, un occhio di bue sull'unico posto occupato della platea.

C'è un signore, vestito e truccato esattamente come lui.

«Non avrei saputo fare di meglio, Gigi» dice, sorridendo, Ettore Petrolini.

Intellettuale artigiano e acrobata fra i generi

Gigi Proietti bis

A Roma ora c'è un colle in meno.

Gigi era il volto migliore di questa città meravigliosa e bistrattata. Era popolare e colto, spiritoso e sensibile. Poteva essere Kean e Mandrake, insieme. Poteva interpretare Shakespeare o Petrolini, insieme.

Aveva fatto tanta gavetta, Gigi. E si vedeva tutta. Raccontava quando, agli inizi, cantava in certi locali dell'Aurelio. «Spostavo la tenda per guardare il pubblico e, in una nuvola di fumo, scorgevo dei bicipiti ben tatuati, allora appannaggio solo di chi aveva salito i tre scalini di Regina Coeli. Una sera uscii titubante per cantare una canzone. Ma per inesperienza feci una cosa che a Roma non devi mai fare, specie in situazioni simili: feci una pausa. Così alla fine di una frase che cantavo assorto: "... m'hanno carcerato", uno dal pubblico, senza fare una piega, disse solo una parola, solo una: "Poco...". Pensai di smetterla lì, di mollare la chitarra e di mettermi a fare altro.»

Non ha smesso, per fortuna. E ha inanellato giorni e mesi e anni e decenni di cose bellissime. Sapendo fare bene tutto. Cantava benissimo e recitava i classici del teatro con grande maestria, la commedia era la sua tazza di tè, della televisione conosceva i tempi e il linguaggio. Ditemi una sola cosa che Gigi non sapesse o non potesse fare. È la grande tradizione degli attori italiani che non sono mai maschere di un solo genere, ma acrobati di mille caratteri. Così Sordi, Gassman, Mastroianni, Manfredi, Tognazzi, Anna Magnani, Totò, Eduardo...

Gigi era colto e popolare. Non coltivava l'aristocratico disprezzo per il pubblico incolto al quale l'Autore, con la A maiuscola, doveva imporre la sua cerebrale creatività ma era, come gli intellettuali artigiani della commedia all'italiana, un meticoloso ricercatore del punto di armonia tra le esigenze di comunicazione di un artista e il gusto del pubblico.

Gigi ha sempre cercato e trovato il punto di rugiada tra la qualità e la quantità, e non ha mai rinunciato alle sue idee e ai suoi valori, al suo stare dalla parte dei più deboli. Amava la sua città, amava la lingua dei romani, sapeva dare rappresentazione a un'indole, a dei tempi espressivi, a un carattere che conosceva bene, perché lo portava consapevolmente dentro di sé, da sempre.

Insieme progettammo e realizzammo il Globe Theatre che era il suo sogno. Ne parlammo un giorno in Campidoglio e qualche mese dopo lo inaugurammo. Il Globe, come prima il Brancaccio, era la sua passione, lo sentiva come la sua casa. Ogni volta che ci parlavamo mi raccontava del pubblico, degli spettacoli, delle persone che ci lavoravano.

Lì l'ho visto recitare un Kean strepitoso. Ed era lo stesso essere umano che per la millesima volta, non so se prima o dopo, mi aveva fatto sbellicare interpretando Toto, surreale frequentatore di una «saùna». Era lui, sempre lui. Grande attore, regista, cantante, affabulatore, Gigi era soprattutto un magnifico raccontatore.

Sapeva cogliere l'aspetto grottesco nei fatti e nelle persone e operare nel racconto di essi i tagli necessari a renderli irresistibili. Si poteva stare ore ad ascoltare i suoi aneddoti, le sue storie di vita vissuta.

Ma Gigi per me era soprattutto un amico. Uno dei più cari. Mi fermo per non dovere rovistare dolorosamente nell'armadio dei ricordi di anni di meravigliosa amicizia con lui e sua moglie Sagitta.

L'ultima telefonata, in questo tempo difficile, è di dieci giorni prima che entrasse nella fase conclusiva della sua vita. Lo facevamo con cadenza regolare. Lui mi leggeva i suoi sonetti, mi raccontava l'ultima barzelletta che aveva saputo, l'ultimo episodio che gli era accaduto, commentavamo la politica o la vita culturale. Alto e basso, sempre. Come nella vita.

Gigi Proietti era un intellettuale popolare. Per questo le persone oggi sono così colpite da questa morte. In questo anno orribile della nostra vita ci mancava anche questa.

La gente voleva bene a Gigi, gli era grata. Come si può non esserlo a chi ti ha fatto ridere e pensare? E ti ha fatto sentire che tra le due cose non c'era incompatibilità? E i romani come possono non piangere chi ha amato questa città e le ha dato la sua voce migliore? «Nun je dà retta Roma, che t'hanno cojonato...»

Lassù, a Castel Sant'Angelo, da oggi Cavaradossi riprende a cantare la sua canzone.

Chiesi a mio padre di essere se stesso con me. E lui accettò

Pierfrancesco Favino

Pierfrancesco Favino ha coprodotto e interpretato *Padrenostro*, il film in cui il regista Claudio Noce racconta una storia vissuta. Suo padre, funzionario di polizia, fu colpito a Roma nel 1976 da un commando terrorista. Rimase ferito, ma un poliziotto e uno degli attentatori furono uccisi nel conflitto a fuoco. Il film è raccontato dal punto di vista di Valerio, figlio del funzionario. Abborda lateralmente il terrorismo per raccontarne le ferite più profonde, quelle nelle vite di chi è restato. *Padrenostro* racconta un viaggio immaginario e reale del bambino che cerca, per poter crescere, di ricomporre i frammenti di un mosaico andato all'aria con dei colpi d'arma da fuoco sparati una mattina sotto i suoi occhi. Favino è il padre e la sua interpretazione è asciutta, severa, completa. Forse questa stagione – con il successo dei film di Amelio, Muccino, Bellocchio e con questa interpretazione – è tra le più belle della sua avventura umana come attore. E non per caso è stata consacrata, a Venezia, dalla Coppa Volpi, assegnata al miglior attore. Un premio per il film e per la splendida carriera di Favino.

Quando cominci a pensare che la tua vita sarebbe stata quella dell'attore?

«Mah, che la mia vita sarebbe stata quella dell'attore, in verità mai. Che volessi recitare, da piccolissimo, a sette, otto anni.»

Quale fu la scintilla?

«Ho sempre avuto una grandissima passione per Totò, tutte le volte che c'era un suo film, in televisione, per me era più divertente dei cartoni animati. I miei mi portavano a teatro al Gianicolo a vedere le marionette. La mia vita si è subito popolata di storie altrui. Ero l'ultimo di quattro figli, godevo di briglia sciolta. E così, essendo il più piccolo, per farmi spazio mi ero ritagliato il ruolo dell'intrattenitore della famiglia.»

Cosa volevi fare da grande?

«L'attore comico, credo di avere addirittura un tema di terza elementare in cui dicevo che volevo fare l'attore comico. E l'ho sempre pensato, anche quando sono entrato in accademia. Ma anche quando ero lì avrei voluto far ridere gli altri.»

Cosa faceva tuo papà?

«Mio papà era un rappresentante di commercio, di legnami. Era un uomo curioso, leggeva il giornale, i libri, suonava il pianoforte, a casa mia nell'aria c'era sempre musica. Insomma sono cresciuto in un'atmosfera aperta, viva, piena di varie curiosità. Vengo da una famiglia classicamente anni Sessanta, con la scoperta e l'ambizione al consumo ma anche con il rigore dello studio, della disciplina, dell'educazione. Vivevamo, dimmi tu i paradossi della vita, proprio nella strada in cui, nel film, abita Valerio, il protagonista. E in cui vede l'attentato. Per me è stato uno shock, perché avevo gli anni di Valerio, quando hanno sparato a suo padre.»

Ti ricordi il primo libro che hai letto?

«Una riduzione de *Le mille e una notte*.»

Caspita, hai cominciato leggero...

«Mio padre la domenica mi portava ad acquistare libri: andavamo prima al Metropolitan a vedere i cartoni e poi lì vicino, a piazza San Silvestro, c'era una grandissima libreria, una specie di outlet. Lui prendeva i suoi volumi e io potevo sceglierne uno. Di solito erano riduzioni per bambini di classici. *Robin Hood*, *Ivanhoe* e *Le mille e una notte* che aveva anche un che di piccante... E mi ricordo, mi si è stampata in testa, una edizione della *Divina Commedia* con le illustrazioni di Doré. Ero avido di storie e personaggi, di immagini e notizie. I primi quotidiani li ho letti a sette anni.»

E invece il primo film che hai visto te lo ricordi?

«Forse Franchi e Ingrassia o *Trinità*. Con la zia di un amico, come tutti, *Ben-Hur*. Il primo film che però ho visto da solo, cioè non accompagnato dai miei genitori ma da mia sorella è stato *Ricomincio da tre* al Gregory, ora chiuso, come tante, troppe sale. Ma a mia madre piacevano i gialli che tutti i giovedì trasmettevano in tv. Ricordo che quelle immagini mi attraevano e spaventavano. *Sette storie per non dormire, Fantomas*... Quelle storie sono entrate in me e mi hanno fatto capire che, in una vita, il racconto ci stava bene.»

Altre storie. Cioè non vivere solo la propria vita...

«Ma anche un po' ripararsi, e questo ha un'attinenza molto stretta secondo me con il nostro film. Cioè, la prima cosa che mi ha colpito quando io ho letto questo soggetto è stato il fatto che io appartengo a quella generazione che, negli anni della violenza, si pensava non vedesse nulla, non sentisse e capisse nulla. Faccio parte di una generazione che ha respirato quella tensione e che quindi da qualche parte doveva nascondersi, doveva trovare sollievo. Io l'ho trovato nella finzione, nelle storie, nell'inventare altri mondi. Ma è in quei giorni che nella mia vita la paura si è trasferita dai gialli televisivi o dalle storie lette, nella realtà, persino quella del mio quartiere. Tutto era vicino, troppo vicino...»

Tu eri piccolo, nei giorni di via Fani.

«Il rapimento di Moro, per un bambino di otto anni, è stato un giorno strano, difficile da capire, per certi versi, paradossalmente, persino bello.»

Raccontami quel giorno.

«Mia madre mi viene a prendere alle 10.30, mi porta a casa. Mamma solo per me, strano. Tutti i bambini escono da scuola, strano. Nel percorso verso casa strade vuote, camionette, strano. Si arriva a casa, mamma cucina. Piano piano iniziano ad arrivare gli altri, parlano di cose che non capisco. C'è tensione nell'aria. Moro, l'hai sentito dire ma non hai capito bene, è stato rapito. Ma che vuol dire? Brigate rosse boh, in televisione non fanno i cartoni. C'è qualcosa che non va. Io me lo ricordo come un giorno in cui è successo qualcosa di speciale, ma non di silenzio. "I bambini dormono" è una frase, io ricordo perfettamente tutte le discussioni ascoltate dalla mia camera, quando mi mandavano a letto. Ricordo i discorsi dei miei genitori, i loro amici, le giocate a carte, ciò che dicevano di te. Quelle parole sbirciate di nascosto contribuiscono a costruire il tuo carattere, la tua visione del mondo e degli altri.»

Nel film c'è il crollo del mito di un padre.

«Quando tuo papà non è più un supereroe in un momento in cui tu hai bisogno che lo sia, subisci un tradimento enorme, un tradimento involontario... Ora se qualcosa dall'esterno interviene improvvisamente in una realtà codificata e serena come quella raccontata all'inizio del film e ti distrugge il mito di tuo padre, cosa accade? Il film in fondo racconta anche una storia d'amore tra un padre e un figlio, che è la stessa che io posso avere avuto per mio padre. Io ho sofferto moltissimo nel momento in cui ho scoperto le défaillance di papà. Fino a quando non ho avuto il coraggio di dirgli: "Io voglio che tu sia chi sei, non quello che tu vuoi essere per me". È stato motivo di scontro ma, fortunatamente, ho fatto in tempo a dirglielo e lui lo ha accettato.»

Nel film compare prepotentemente la figura del doppio. Reale e immaginario si confondono.

«Io ho avuto un amico immaginario. Marco. Ero circondato da donne e la sorella più vicina a me aveva cinque anni di più per cui giocava di rado con me. Così, a un certo punto, me lo sono costruito. Portavo questo Marco sempre con me e costringevo mamma a preparare doppie merende, doppi pranzi, doppie cene. Per fortuna quando mia madre è andata a parlare con uno dicendo: "Ma è tutto a posto?", le è stato risposto: "Sì, è una fase importante". E altra fortuna ha voluto che io andassi poi all'asilo e trovassi un poverino che si chiamava Marco per cui le due dimensioni si sono riunite in una sola.»

Come Harvey di James Stewart, il coniglio bianco...

«Però nel nostro film quel personaggio immaginario, forse immaginario, ha anche un significato politico.»

È un messaggio di comprensione, di curiosità interiore.

«Faccio parte di quella generazione che era bambina, allora. Ma c'eravamo. Quello che le generazioni precedenti non accettano sia vero. Mi dispiace, ma noi c'eravamo. Ci mettevamo le borse di Tolfa finte, ci vestivamo andando a rubare i cimeli dagli armadi delle sorelle o dei fratelli per poter appartenere a un sentimento, a un'atmosfera che non esistevano già più. Eravamo guardati come dei mascherati, degli imitatori. Io al massimo ho fatto "la pantera", che posso aver fatto? Quando il bambino del film dice: "Non mi importa chi sei", la verità è che purtroppo o per fortuna è così. Il valore politico della Storia è di oggi, non degli anni Settanta. Ma il film parla anche d'altro: della crescita di un bambino. Il suo diventare, da figlio, uomo.»

I padri si uccidono?

«Dobbiamo capire cosa hanno portato quelle ideologie, quella furia generazionale. Parlo anche del cinema: siamo così sicuri che aver ucciso i padri sia stato un bene? Io oggi vengo dall'esperienza del film su Craxi. Mi sono chiesto: esiste una laicità di pensiero in Italia? È possibile affrontare alcuni temi senza ricadere in una dinamica del passato? La verità è che la mia generazione non è che sia disinteressata alla storia italiana, anzi. Ma se anche oggi dove avesse preso posizione, l'ha presa postuma. Una posizione non cambia nulla. Se ai giorni nostri ti dico sono un brigatista, sono un democristiano, la mia posizione non cambia nulla, non incide su una Storia che è dietro le nostre spalle.»

Questo vale anche per il significato politico del film. Due ragazzi, diventati uomini, separati dalla violenza, si cercano...

«Sono figli di quella violenza, non ne sono stati attivi protagonisti. Ne hanno vissuto le piaghe, non le hanno prodotte. Per questo possono cercarsi, immaginarsi, parlarsi. Sono figli di un tempo diverso della storia.»

Nel film non esistono agenti collettivi. Tutti sono soli, nella grande storia...

«Alessandro Gassmann una volta ha detto che noi facciamo parte di una generazione silente. Non penso sia casuale che siamo la generazione che si è inventata il www. Non avendo avuto l'opportunità di aggregarci in grandi sistemi politici o culturali, fatalmente abbiamo trovato il modo di mettere in relazione le nostre individualità. Chi di noi è riuscito a fare aggregazione l'ha fatta rispetto a delle passioni, ma non più passioni politiche. Io ero presente a pochi metri dal Raphael il giorno delle monetine a Craxi. Avevo diciannove anni, a cosa vuoi credere dopo? A cosa ti è consentito di credere? Faccio parte di una generazione che è stata definita esclusivamente come consumista. A noi è stato destinato solo il ruolo di acquirenti. A noi non è stato consentito il coraggio di voler cambiare il mondo, perché non erano i nostri padri a impedircelo, erano i nostri fratelli. E con tuo fratello puoi fare due cose: essere azzittito o imitarlo. Ma l'imitazione era una caricatura. Le condizioni per essere ciò che lui era stato, non esistevano più...»

Nel film uno dei momenti più belli per me è quando il bambino prende la cinepresa Super 8, la usa e poi ci soffia sopra come se fosse un'arma. Questa generazione è là, nella Storia dell'umanità che vive nel tempo della riproducibilità assoluta e immediata dell'esistente. Non ci vorrebbe un porto d'armi per una potenza simile?

«Oppure che si impari a usare le tecnologie e si insegni a capire e utilizzare il cinema e le immagini. Non molto di più, servirebbe, e io mi metto a disposizione. Non vorrei mai essere adolescente oggi, in questo momento storico. Non volevo esserlo pre Covid, ancora di meno ora. Prima della pandemia c'era qualcuno che ti può far saltare in aria, poi non puoi più respirare, poi non puoi toccare le persone. E poi? Io vorrei che per effetto dell'emergenza non rinunciassimo a quell'ossigeno del nostro esistere che è dato dall'aggregazione. Le persone devono stare insieme, devono guardarsi negli occhi, devono condividere parole ed emozioni. Dobbiamo restituire all'umanità la fiducia nel prossimo, non diffondere l'idea che l'altro da noi sia un pericolo e non un'opportunità. Considero sbagliato e pericoloso il negazionismo. Ma mi auguro che, per negare il negazionismo, non si mantenga *ad libitum* questo stato di permanente tensione e isolamento sociale.»

Interpreti il padre del bambino con una recitazione «a levare». Tanto difficile quanto efficace...

«L'immagine di quell'uomo rimanda a quella di altri come lui. È inutile che ti dica che non ho pensato a Volonté di *Indagine su un cittadino al di sopra di ogni sospetto*. Un'intera generazione di uomini delle forze dell'ordine di quell'epoca trasmetteva in piccoli dettagli del proprio modo di vestire, camminare, muoversi, pettinarsi, portare il corpo, qualcosa di minaccioso. Buona parte di quei funzionari erano persone del Sud, venute su da famiglie molto povere. Attraverso il loro lavoro si erano costruiti una posizione, si erano garantiti lo stipendio mensile. Nati negli anni Venti, come mio padre, erano educati con un'idea di rigore e di ordine che aveva a che fare con la loro vita, prima ancora che con il loro servizio alla nazione. In più erano uomini inarrivabili dai figli. Io mi ricordo i silenzi di mio padre, l'imbarazzo nel volergli parlare, il silenzio che regnava in casa in loro presenza. Vederlo ridere era una stranezza. La loro fragilità era nella difficoltà di uomini nati dando del lei ai propri genitori. Uomini per i quali qualsiasi gesto di affetto equivaleva a una debolezza, uomini che non si potevano permettere di piangere davanti ai figli, non si potevano permettere di mostrare le proprie fragilità. Recitare questo personaggio "levando" era necessario, innanzitutto per non essere ingombrante nei confronti dei due protagonisti e poi per me era giusto che anche il pubblico sentisse un pochino di soggezione nei confronti di quest'uomo.»

Dimmi la diversità che c'è tra imitazione e immedesimazione...

«Noi siamo schiavi del fatto che abbiamo bollato di serie A l'Actors Studio americano e di serie B tutta la tradizione italiana. La tradizione italiana è una tradizione di trasformazione. Io ho avuto come maestri Costa, Ronconi, che mi hanno sempre spinto a imitare le persone, ad ascoltare, a guardare, a rifare. Metodo che si può attuare strizzando l'occhietto allo spettatore, oppure portando l'attore a pensare e a sentire come le persone che interpreta. Gli attori di cosa si occupano? Dei comportamenti altrui. Partire da quello che può essere un vezzo e andare a cercare il motore di quel vezzo significa scavare sull'origine della motivazione di comportamenti e atteggiamenti. Io, guardando le foto di Craxi degli anni Sessanta, vedevo che Craxi allora non aveva la tendenza a muovere il collo piegandolo. Allora, indagando, ho capito che lui portava le lenti progressive e le lenti progressive come sai mettono a fuoco solo al centro. Craxi ha poi usato questa condizione: quella posizione obliqua metteva l'interlocutore in una determinata condizione, a disagio. Capire l'origine dei caratteri e dei gesti. A me questo piace fare. A quel punto non è più l'imitazione di ciò che fa il personaggio. Inizi a capire dove sta il suo pensiero. E se inizi a capire dove sta il suo pensiero, per me stai facendo il tuo mestiere di attore.»

C'è un regista del passato con cui ti sarebbe piaciuto lavorare?

«So a memoria tutti i film di Scola. Poi Pietrangeli, Elio Petri... Mi sarebbe tanto piaciuto incontrare Pasolini di cui ho una nostalgia insensata. Scola ho fatto in tempo a conoscerlo. Lavorare con lui mi sarebbe piaciuto.»

Vi sareste trovati bene...

«Io sono un uomo popolare, cioè la mia è una cultura popolare, non sono un uomo particolarmente raffinato, non sono un intellettuale. Ma penso da sempre che si possano raccontare belle storie per un pubblico grande. Che qualità e quantità non siano nemiche. Ho sempre trovato che i film di Scola raccontassero l'Italia che io riconosco e che credo, ora, di saper raccontare.»

Scola e quella generazione avevano proprio questa caratteristica, che li rendeva un pochino invisi alla critica, anche di sinistra: sostenevano che si poteva fare un prodotto di qualità culturale arrivando al massimo del pubblico possibile...

«È la ragione per cui ho fatto il Festival di Sanremo. Io voglio bene alle persone, non penso che siano più stupide di me. Mastroianni, Gassman, Totò andavano da Mina. E poi lavoravano con Fellini, Scola, Pasolini. Le persone, se io vado in una trasmissione televisiva, non vengono a vedere il film perché gli ho parlato del film, vengono al cinema se vogliono incontrarmi ancora, se hanno stabilito un rapporto con me. Bisogna sempre rispettare il pubblico, non ingannarlo, lavorare sodo. Per me è importante, l'abbiamo visto durante questo lockdown. Raccontare le storie è una cosa importante, fare compagnia alle persone non è una cosa da quattro soldi e tradire quella compagnia è una brutta cosa. Se mi chiedi che film vorrei fare ti rispondo: *C'eravamo tanto amati* o *Dramma della gelosia (tutti i particolari in cronaca)*. Ma sono orgoglioso anche di tanti soggetti che ho interpretato recentemente. C'è talento nel cinema italiano. Vedo crescere una generazione di attori giovani che mi sembra vadano sul set col frutto di un lavoro fatto prima. Questa spontaneità che oggi viene celebrata con leggerezza è finalmente sostituita dall'idea che il nostro sia un mestiere fatto di studio e di attenzione. Mi ha fatto impressione vedere in alcune serie televisive dei ragazzi che hanno fatto, lo si capisce, un percorso di studio per fingere di aderire a quel linguaggio della quotidianità. Il che dimostra che ci sono lavoro e fatica dietro. E questo mi fa ben sperare.»

Ultima cosa: «Qua ci sto bene, qua è casa mia, mi sdraio e ti saluto». È una frase del bellissimo monologo sull'immigrazione che recitasti al Festival di Sanremo. Qual è il luogo in cui stai bene, che consideri casa tua, in cui ti sdrai e saluti gli altri?

«Fortunatamente è casa mia, è la mia famiglia, è il mare, è quello che sto costruendo insieme ad Anna. Io finalmente ho smesso di cercare di apparire altro da me. Inizio ad assomigliarmi. E questa cosa mi fa stare sereno.»

Noi in tv da trentacinque anni e nessuno ci riconosce

Gialappa's Band

Gialappa's, cominciamo dagli inizi, come è giusto fare.

«Nel 1985, c'era un programma a Radio Popolare che esisteva ben prima che noi cominciassimo a condurlo. Si chiamava *Bar Sport* ed era una trasmissione che cercava di dissacrare il calcio. Erano anni lontanissimi. Si fa fatica a ricordare quanto fosse serio e ingessato l'approccio al calcio. Biscardi era nel massimo fulgore, Gilberto Evangelisti era il capo del pool sportivo, Rai Sport di allora. Proponemmo il nostro modo di raccontare le partite. La sua risposta fu ferma e sdegnata: "Il calcio è una religione, non si bestemmia sul sagrato". Adesso è una frase che fa ridere o forse anche arrabbiare, ma allora ci parve tutto sommato comprensibile. Quelle erano le regole linguistiche del tempo. Alcuni avevano provato a dissacrare: sulla carta stampata Gianni Mura, in televisione l'indimenticabile Beppe Viola. Il *Bar Sport* era il contrario del *Processo del lunedì* di Biscardi: i giornalisti lì erano teoricamente seri, ma in realtà erano tifosi. Noi, invece, eravamo tifosi dichiarati.»

Quando decideste di mettervi insieme?

«All'inizio eravamo in quattro. C'era anche Sergio Ferrentino. Quella stagione finiva con i Mondiali di calcio dell'86. Dalla regia avevano stabilito che ci dovessimo dividere le squadre per cui tifare. Veniva una schifezza. Raccontammo Francia-Canada dicendo qualsiasi cagata e ovviamente ebbe un successo travolgente. In effetti faceva ridere. Da Mediaset ci chiamarono senza assolutamente sapere chi fossimo. Ci trovammo tutti e quattro a fare gli autori e dei piccoli filmati all'interno di uno dei programmi più brutti che la storia della televisione possa ricordare. Si chiamava *Quel fantastico tragico venerdì* con Paolo Villaggio e Carmen Russo e chiunque altro. Un autentico minestrone. Autori Terzoli e Vaime.»

Esito?

«Di prassi eravamo in redazione, in montaggio per preparare i testi a uno che doveva imitare Biscardi. La prima cosa nostra, la prima in voce, era *Tutte le telenovela minuto per minuto*. Ci collegavamo da tre telenovela che avevano in magazzino a Mediaset, fingendo che fossero campi di calcio. Nella nostra giovanile ingenuità eravamo convinti che il programma fosse decente. Avvertimmo orgogliosi le famiglie: "Guardate che venerdì inizia il nostro programma". Dopo mezz'ora, eravamo a casa con i nostri genitori, ci vergognavamo da matti.»

Qual è il primo programma che voi considerate veramente vostro?

«*Mai dire Banzai.* Lì è nato il "Mai dire". Cercavamo idee per un titolo. Quell'anno c'era il film di James Bond con Sean Connery *Mai dire mai.* Il programma che volevamo fare era sul Giappone e ci venne in mente "Mai dire Banzai". E da lì abbiamo sempre mantenuto il "Mai dire". Era più semplice non dover cambiare il titolo ogni volta. Ai giornalisti dicevamo: "Tutti quanti cambiano i titoli e rifanno lo stesso programma. Noi invece facciamo programmi sempre diversi e allora teniamo il titolo uguale".»

Voi siete stati tra i principali protagonisti della storia della televisione degli ultimi trent'anni.

«Trentacinque.»

Però se girate per strada nessuno vi riconosce. È il paradosso estremo, perché la gente fa la televisione anche per essere riconosciuta. Voi invece fate televisione da trentacinque anni, fate divertire milioni di italiani, però nessuno vi dà la carne migliore, quando andate dal macellaio.

«È vero, però nessuno ci rompe le balle con i selfie, gli autografi. Ci va benissimo così. Non lo sapevamo allora, ma forse siamo stati longevi per questo motivo.

Pensa trentacinque anni in video come avremmo rotto le palle. È vero che c'è chiunque in video per lustri e lustri. Però nella comicità la vita è più breve, se metti sempre in mostra il faccione. La nostra comicità funziona proprio perché è "esterna" al contesto. Come un punto di vista altro, un controcanto. Eravamo bravi a fare la radio e a portarla in televisione. Noi fondamentalmente siamo tre "spalle", abbiamo bisogno del capocomico da dileggiare. È come il pubblico nel varietà di un tempo.»

La «spalla», il Carlo Campanini o il Gianni Agus di turno, è stato di volta in volta diverso, da Lippi fino a Savino...

«Il nostro meccanismo di base è il presentatore che fa o dice una minchiata e noi che gli diciamo: "Ma cosa stai dicendo, pirla!". Avemmo un problema quando prendemmo come conduttore di *Mai dire Gol* Gioele Dix, perché Gioele ha una comicità intelligente, raramente dice cazzate e quindi non c'era il batti e ribatti. Veniva da dire sì hai ragione e quindi non funzionava. Lo cambiammo e mettemmo Bisio. Se c'è uno che sa fare il coglione meravigliosamente è Claudio.»

Chi è stato in questi anni il vostro conduttore ideale? Il Mario Castellani della Gialappa's?

«Il mago Forest, non abbiamo dubbi. Lo ha fatto per quasi venti anni. Con quell'aria da scappato di casa, con quella meravigliosa e geniale cialtroneria, con dei tempi comici perfetti è sempre stato il nostro capocomico ideale.»

Quanto è scritto e quanto è improvvisato nel vostro lavoro?

«Quando noi leggiamo una cosa lo si capisce lontano un miglio, perché non sappiamo recitare, abbiamo ovviamente delle tracce, talvolta delle battute o dei dialoghi preparati, ma molto è improvvisazione, e ovviamente scelta del personaggi.»

Come li sceglievate?

«Li cercavamo in giro nei teatri. A Zelig, che non era ancora programma televisivo, avevano dei comici da farci vedere, ogni tanto ce li segnalavano. Aldo, Giovanni e Giacomo, per esempio. Ci dissero che avevano dei pezzi e li mandarono, ci piacquero molto. Abbiamo visto lì Fabio De Luigi, la Littizzetto, Albanese e altri. Paola Cortellesi mandò un Vhs in redazione. Marco lo vide in una pausa pranzo e rimase con il boccone in mano: era uno straordinario talento. Faceva tre, quattro personaggi. Tutti riusciti. Le telefonammo e lei, che come sogno aveva fare *Mai dire Gol*, era convinta che la stessimo prendendo in giro, che fosse uno scherzo. Allora le demmo il numero del centralino dicendo: "Chiama Mediaset e chiedi di *Mai dire Gol*. Vedrai che ti rispondiamo noi".»

In una puntata Teo tirò giù la chiusura lampo del vestito di Simona Ventura. Oggi sarebbe impensabile, come il Tuca Tuca. *Come è possibile fare il vostro lavoro nel tempo del politicamente corretto?*

«Molti dei personaggi di *Mai dire Gol* probabilmente oggi non potrebbero andare in onda. Ne citiamo cinque: il personaggio di Bebo Storti. Faceva un bianco leghista dipinto di nero. Era un pezzo chiaramente contro la Lega, però oggi sarebbe un problema. Il conte Uguccione, anche lui obiettivamente sarebbe discusso. Il problema è che questi moralisti della tastiera oggi hanno voce. Una volta, come diceva Umberto Eco, stavano al bar del paese e si lamentavano. Oggi bastano duecento incazzati che protestano sui social e giornalisti che scrivono "il web esplode". Parliamoci chiaro: il vero problema è che tre scriteriati scrivono baggianate sul web e poi tutti i giornali titolano che la rete si indigna. Ma non è vero. È una minoranza. Farla passare per pensiero generale è sbagliato e pericoloso.»

I social spesso riescono a essere divertenti. In fondo, nel commentare, sono come una gigantesca Gialappa's band.

«Sì, in fondo sì. Noi commentiamo da uno studio televisivo, il pubblico dal salone di casa propria. Azione e reazione o, come dicono i moderni la "reaction" come linguaggio comico, come sede della dissacrazione. Noi siamo sempre stati tre amici sul divano che commentavano quello che vedevano.»

Arbore, ma anche Dandini o Boris *non raccoglievano decine di milioni di spettatori, eppure il loro mondo è entrato nell'immaginario del Paese più di tanti primatisti assoluti dell'audience.*

«Perché sono cult, le cose cult raramente hanno grande successo. Se pensi ad *Animal House, Blues Brothers*, non furono dei grandi successi, quando uscirono. Neanche i fratelli Coen. Anche Totò fu bistrattato dai critici e trattato sdegnosamente dalle élite.»

Il calcio, il Grande Fratello *dall'interno di Mediaset e Sanremo dall'interno della Rai. Mi sembra che in voi ci sia l'idea che esista sempre un muro contro il quale è giusto lanciarsi.*

«È molto più bello prendersela con cose importanti e super popolari. Più bello e più rischioso. Noi vogliamo rompere le palle a chi è sulla cresta dell'onda, non a chi cerca di sopravvivere in seconda o terza fila.»

Chi ha avuto più influenza su di voi dal punto di vista comico?

«Woody Allen, Beppe Viola, sicuramente una certa comicità milanese del Derby. Abbiamo iniziato con Teo Teocoli, Gaspare e Zuzzurro, Paolo Rossi, che a Milano era un mito. E poi sicuramente Renzo Arbore perché come stile un po' a lui ci siamo ispirati. Renzo ci ha sempre definiti i suoi nipotini e noi ne siamo orgogliosi. Arbore non ha mai fatto le repliche dei suoi programmi perché sa che sono legati ciascuno al proprio tempo.»

Il film che vi ha fatto più ridere in vita vostra?

«Forse Benigni-Troisi, *Non ci resta che piangere*, la scena del passaggio a livello e del fiorino. John Belushi, *Animal House* o *Blues Brothers*. E poi dei film ci hanno fatto scuola: *Prendi i soldi e scappa* di Woody Allen e *Clerks* di Kevin Smith perché da lì è nata tutta la comicità americana politicamente scorretta. Se vogliamo poi risalire alle fonti troviamo *Hellzapoppin* e i fratelli Marx.»

Di tutti i personaggi che avete fatto quale è quello a cui siete più affezionati?

«Caccamo, popolare e surreale insieme. Aspettavamo il suo momento noi che facevamo la trasmissione, figurarsi il pubblico, ma anche quelli che non hanno avuto quella fortuna. Come Bisio quando faceva l'agente del calciatori. Ma l'emblema del successo e della follia di quegli anni è Tafazzi. Tafazzi è un personaggio che sarà stato in onda in tutto un minuto e mezzo, ed è passato alla storia. Allora «l'Unità» lo citò giustamente come emblema di una certa sinistra e da quel momento il suo nome è entrato nel linguaggio comune.»

Di chi fu l'idea di Tafazzi?

«Una sera Giacomo aveva questa bottiglia in mano, si annoiava e aveva cominciato a darsela sui coglioni, così, perché non sapeva cosa fare. Come certa sinistra.»

Carcarlo Pravettoni come fu accolto in Mediaset?

«Carcarlo di Hendel è stato un personaggio che abbiamo amato tantissimo anche perché era l'emblema di mille persone viventi. Secondo noi a Mediaset non capirono, abbiamo sempre avuto questo dubbio. Almeno nessuno ci ha mai detto nulla. È veramente la parodia del berlusconismo. In viaggio all'estero beccammo l'amministratore delegato di una società di viaggi che era un Pravettoni integrale. Ovviamente era entusiasta di Pravettoni. Ma lui era consapevole di essere un minchione e contento che ci fosse un minchione che lo rappresentava. Lo considerava un omaggio e non una critica.»

Far ridere in pandemia com'è?

«Noi siamo stati fermi un anno, quindi non l'abbiamo fatto. C'era un grande bisogno di leggerezza, in quel clima tetro. Ma la tv in quel periodo era paralizzata perché sono crollati gli investimenti pubblicitari e quindi nessuno produceva più programmi. Infatti l'unica valvola di scarico sono stati i social. Noi abbiamo fatto gli Europei su Twitch. La tv tradizionale era completamente paralizzata, non si è investito più dalla pandemia in poi in televisione e lo stiamo ancora pagando. Il programma preferito adesso è: *I numeri della pandemia*. Si è fermata la creatività. Ormai in televisione si fanno solo talk show, perché costano poco. E poi c'è l'ossessione presentista degli ascolti. Se dopo tre puntate non crescono, ti chiudono.»

Avete mai litigato voi tre?

«Sì.»

E avete mai pensato di lasciarvi?

«Carlo è uno che lo pensa da vent'anni. Ultimamente ha diradato molto le sue partecipazioni, lui dice che la ragione è che porta dentro come retaggio atavico la vergogna di questo mestiere. Lasciamo parlare lui: "Io l'ho vissuto sulla mia pelle, perché mi chiamo Taranto e sono lontano parente di Nino Taranto. Anche di Carlo Taranto, che faceva la parodia di Herrera in *Il presidente del Borgorosso football club*. Quando veniva Nino Taranto a Milano – le compagnie allora stavano un mese – la mia famiglia si industriava a trovare trenta scuse per non andarlo a vedere. Lui veniva a visitare la famiglia e in casa c'era la fuga. E mi è rimasta questa convinzione: il mestiere dell'attore è per persone che non vengono poi sepolte in terra consacrata. È stato così per secoli".»

Se i vostri figli vi chiedono che mestiere fate, cosa rispondete?

«Il cretino. Papà fa il cretino in tv. Il figlio di Marco due anni fa aveva quattro anni e all'asilo, alla domanda: "Cosa fanno i vostri papà?" rispose in un tema: "Mio papà non fa niente". Aveva ragione, nel senso che in quel periodo lavoravamo molto poco, i nostri figli adolescenti non ci hanno mai considerato per il lavoro che facciamo. Però quando abbiamo usato Twitch hanno incominciato a guardarci con occhi diversi, perché eravamo star di quel social. Per i ragazzini, Twitch è ovviamente il top. Sulla carta d'identità non sappiamo mai cosa scrivere, come tutti i colleghi. Il figlio di Giorgio aveva otto anni, faceva le elementari, e una volta arrivò un altro ragazzino della sua scuola che disse: "Ma il tuo papà è uno della Gialappa's?". E lui rispose: "Sì, perché, anche il tuo?". Voleva condividere la vergogna.»

Per concludere: quale è il programma che ora vi piacerebbe fare?

«L'unico programma che assomiglia a quelli che abbiamo fatto in passato è quello di Maurizio Crozza. Non c'è nient'altro, purtroppo, che possa assomigliare come atmosfera, come approccio, come desiderio di non far solo ridere, a quello che abbiamo tentato noi. Verrebbe da dire che sarebbe bello rifare *Mai dire Gol*. Ma oggi è difficile reperire gente nuova che faccia davvero ridere. Una cosa che rifaremmo volentieri, a parte un film, è un dopofestival o qualcosa che riguardi Sanremo. Hai miliardi di cose da prendere per il culo, lì. E dissacrare il mostro sacro che fa ascolti allucinanti, con tutta l'Italia ferma, è davvero bello. Ci piacerebbe anche partecipare fuori campo a un talk show politico, tipo *Di martedì* o *Carta bianca*. Disturbare veramente i politici, perché non lo si fa quanto si dovrebbe. E poi commentare i Mondiali e gli Europei. Quello lo faremmo fino a novant'anni.»

Il cavaliere del divertimento

Renzo Arbore

Renzo Arbore cavaliere di Gran Croce. Che impressione ti fa?

«Ho sorriso, quando il Quirinale mi ha chiamato, non me lo aspettavo. Poi ho chiesto: "Ma ho fatto qualcosa?". Mi hanno risposto: "No, perché sei Arbore". Il presidente mi ha spiegato che è per il mio lavoro e per l'impegno nella solidarietà. Cavaliere di Gran Croce è una benemerenza che emoziona, è la più alta onorificenza per meriti civili. Io non so quali meriti abbia, ma mi fido del presidente. Ho razzolato molto nello spettacolo italiano, non solo nella televisione. Ho fatto tutto: musica, radio, cinema, teatro e ora persino i social. Non devo aver fatto danni.»

Che opinione hai di Mattarella, al di là del fatto che ti ha nominato cavaliere?

«È stato un grande presidente, silenzioso quanto equilibrato. All'inizio fu accolto senza grandi emozioni ma in sette anni si è conquistato consenso e simpatia. Un presidente riservatissimo, con una naturale timidezza, oggi amato da tutti. Penso di lui tutto il bene possibile, ha conquistato anche gli scettici.»

Facciamo un passo indietro, raccontami Renzo bambino e la guerra.

«Della guerra io l'odore l'ho sentito, ricordo la fame di quei giorni. Ero sfollato a Chieti, ci fu un bombardamento nel Circolo degli Amici e nel ristorante Venturini, dove eravamo rifugiati in trentacinque. Avevo cinque anni, però ho capito cosa significava la parola guerra. Significava paura, fame, sangue, distruzione, abbandono della propria casa. L'arrivo degli americani è stato scioccante ma meraviglioso. È lì che mi sono innamorato di quel mondo. Un amore che non mi ha mai lasciato. Quando vedi andarsene via i nazisti armati di tutto punto, tutti mimetizzati, con i pugnali nei pantaloni, scuri, cupi, tetri e poi vedi arrivare le jeep degli americani con la musica, i piedi sui parafanghi, la cioccolata, le sigarette e i V-Disc ti rendi conto della differenza fra dittatura e libertà.»

Qual è la prima volta in cui hai suonato uno strumento musicale?

«La prima volta è stata una chitarra. Poi sono passato alla tromba. Ma quella che avevo comprato io era di seconda mano, per di più storta e non riusciva a emettere suoni. Allora l'ho data a un mio amico che aveva la passione per la tromba, ma suonava il clarinetto, che mi ha prestato in cambio. È stato grazie a Franco, un trombettista di Foggia, che ho cominciato a strapazzare il clarinetto.»

Quanto di quello spirito c'è nella meravigliosa avventura dell'Orchestra Italiana?

«Per me una delle ragioni della benemerenza è questa: io per trent'anni, dal 1991 al 2021, ho fatto vivere l'Orchestra Italiana, la più longeva orchestra stabile mai esistita al mondo. Neanche Duke Ellington, nessuna orchestra è durata tanto. Abbiamo calcolato che facendo sessanta, settanta concerti all'anno, in tre decenni noi abbiamo fatto più di millecinquecento concerti. Dall'Australia all'U nione Sovietica, fino alla Russia di oggi. E poi il Nord America, Sud America, Cina, Giappone, Francia, Spagna, New York, non ne parliamo. Però questa cosa è stata divorata dalla fama televisiva. Si ricorda spesso il primo grandissimo concerto a Radio City Music Hall nel '93 quando abbiamo fatto sold out per giorni. Poi siamo andati in giro per il mondo, portando l'Italia, ma non faceva più tanto notizia. Ciò di cui siamo orgogliosi è aver fatto rivivere la grande canzone napoletana rispolverandola, riadattandola. Mai mortificandola nell'inseguimento di mode effimere e spesso volgari.»

Renzo, qual è la più bella canzone italiana?

«La sigla dell'orchestra: *Era di maggio*. L'abbiamo proposta quando nessuno la conosceva, adesso tutti la cantano. Da bambino, a casa mia, dalle stanze che affacciavano sul retro ascoltavo i muratori cantare napoletano. Ma dall'altro lato dell'appartamento si sentivano gli americani nel palazzo di fronte, al Circolo ufficiali, che facevano le prove delle loro canzoni. Io ero in mezzo e assorbivo, come una spugna, queste due meravigliose suggestioni. La passione per le canzoni napoletane mi è tornata forte anche perché erano le musiche che cantavano quelli che noi chiamavamo i faticatori, cioè gli operai che stavano ricostruendo Foggia che fu bombardata severamente e che era tutta distrutta. I muratori ritiravano su la città cantando canzoni napoletane. Allora la canzone italiana quasi non c'era, si identificava con quella di Napoli.»

Di Alto gradimento *qual è il personaggio al quale sei più affezionato?*

«Il più scombiccherato era Anemo Carlone. Lo ricordo con particolare affetto perché quando Gianni Boncompagni stava poco bene io lo andavo a trovare, gli mettevo sempre Anemo Carlone e lui rideva, facendomi felice. Anemo Carlone era un barone della medicina. Solo l'elenco dei titoli faceva ridere: docente di brufomania, tutte cose così. Era le geniale follia di Mario Marenco, maestro del surreale. Ho un grande rimpianto per tutti gli amici di quella trasmissione che non ci sono più.»

Quanto ti divertivi?

«Moltissimo, con Giorgio Bracardi coautore, con Marenco, era una festa andare a lavorare: ci divertivamo proprio. Non abbiamo fatto satira, che non ho mai amato particolarmente. Noi facevamo autentico cazzeggio, quello che adesso langue ovunque. Cazzeggio che io poi ho portato in televisione con *Quelli della notte*.»

Per voi giovani *è stato il '68 alla radio? E tu come hai vissuto quel periodo?*

«Per la verità il '68 io lo raccontavo, soprattutto sul versante dei nuovi linguaggi e dell'emergere di una generazione. Ma lo guardavo con sospetto. Io ero liberale, ero liberale perché filoamericano, allora si diceva a-comunista con l'alfa privativo. Non volevo dire anticomunista perché tutti i miei amici erano comunisti, compresi Gianni e Raffaella.»

Di Speciale per voi *quale è stata la puntata più difficile?*

«Una nella quale avevo bevuto un po' troppo per vincere la timidezza e sono stato sostituito da Villaggio che era lì. Il programma lo facevano i protagonisti e il pubblico che rivolgeva le domande. Interpretava lo spirito del tempo: la voglia di dibattere tutto. Pubblico e personaggi dialogavano o litigavano. Si ricordano gli scontri tra i ragazzi e Claudio Villa, Caterina Caselli, Don Backy. Era tutto vero, tutto sincero. Ma due anni dopo mi chiusero la trasmissione. Forse proprio per questo.»

L'altra domenica *cosa è stata dal punto di vista del linguaggio televisivo? Per me un'autentica rottura degli schemi...*

«Una vera rivoluzione, devo dire la verità. Il mio obiettivo era sempre quello di fare il contrario della televisione ammiraglia, di quella tradizionale. Quindi laddove c'era la grande orchestra io pigliavo Otto e Barnelli. Laddove c'erano le vallette mute, io sceglievo delle ragazze cosiddette parlanti. Ed erano Isabella Rossellini, Stella Pende, Milly Carlucci, Mimma Nocelli, tante. Le ragazze parlanti allora in televisione erano solo due: Bianca Maria Piccinino che faceva la moda sul Tg 1 ed Enza Sampò. Le altre erano vallette. Io pensavo: "Ma insomma tutte queste femministe non se la pigliano con la televisione che usa le donne solo come abbellimento?". Laddove tutto era controllato e rigido, io mettevo il telefono a disposizione del pubblico. Era la prima volta. Diciamo che le primogeniture dell'*Altra domenica* sono state tante: le sorelle Bandiera, Benigni critico cinematografico, i "Gasad", gruppi a sinistra dell'*Altra domenica*, con il papa che giocava a tennis con Adriano Panatta e vinceva grazie all'aiuto dello Spirito Santo, che realizzavamo con Manuli e Nichetti. Poi il valletto Andy Luotto. Erano tutte primogeniture, erano tutte assolute novità.»

Però era anche un programma pieno di informazioni, di stimoli.

«Infatti. Checché se ne pensi, non era cazzeggio puro. Sotto sotto facevo vedere spettacoli di italiani e stranieri attraverso Isabella Rossellini, Françoise Rivière, Michael Pergolani, per sprovincializzare un po'. Soprattutto me stesso, perché io venivo dalla provincia e avevo trascorso intere nottate in conversazioni sui turbamenti della moglie dell'avvocato. Avevo la presunzione di far vedere cose inconsuete. Avevamo uno slogan: "Razzolare nell'inconsueto". Per la prima volta si vedevano in Rai delle feste gay, oppure le sagre paesane di cui non si parlava mai. Tutto ciò che era inconsueto veniva scelto, in *L'altra domenica*.»

E a proposito di primogeniture, come ti è venuta invece l'idea di Quelli della notte?

«Nel 1984 Rai 1 mi affidò il compito di festeggiare i sessant'anni della radio e feci *Cari amici vicini e lontani*. Un programma preziosissimo. Bello da conservare perché è un programma di storia. C'è tutto il gotha dello spettacolo italiano, perché tutti erano passati da via Asiago. Vennero Ruggero Orlando, Alberto Sordi, Nunzio Filogamo, Silvio Gigli, Nilla Pizzi, il duo Fasano, Titta Arista, Pippo Barzizza. E poi Raimondo e Sandra, Corrado, Baudo, Boncompagni, tutti protagonisti della radio della domenica mattina di *Gran varietà*. C'era Monica Vitti che cantava *La paloma blanca*, c'era Antonioni, c'erano Rame e

Fo. Nel 2024 saranno i cento anni di Radio Rai e sarebbe bello rivedere *Cari amici vicini e lontani*. Con questo programma arrivammo a diciotto milioni di ascoltatori. Però era un programma retrò, non per giovani. Si basava sulla nostalgia, sulle vecchie canzoni.»

E questo successo ti spaventava?

«Naturalmente! Mi dissi: "E mo', che faccio?". Mi risposi: "Devo fare una cosa per ragazzi, totalmente diversa". Sono stato sempre alla ricerca dell'uovo di Colombo, del nuovo, del ribaltamento. L'uovo di Colombo era allora fare un programma totalmente diverso con quaranta facce mai viste prima. Andai da Giovanni Minoli che sposò il progetto. Allora, attingendo alla mia agendina, chiamai a raccolta Gianni Mazza, Riccardo Pazzaglia, Simona Marchini e Maurizio Ferrini, poi il giovanissimo Frassica e tutti gli altri. *Quelli della notte*, che costruii con Ugo Porcelli, è stato un successo incredibile, entrò nel modo di parlare, cambiò anche la comicità in televisione. Ancora oggi, con l'Orchestra, quando canto "Ogni giorno la vita è una grande corrida" c'è un coro che prosegue "Ma la notte no". È un cult, anche per chi non l'ha vissuta. Furono mesi di successo folle. Tutti volevano qualcosa da me e da noi. Avremmo potuto fare chissà che cosa: soldi, imprese, cotillon... Invece me ne andai in America per due mesi.»

Scegliamo due di quella squadra fantastica: Pazzaglia e D'Agostino.

«Pazzaglia era l'umorista più forte che io ho conosciuto, insieme a Mario Marenco. Per me Pazzaglia è un grande maestro, non per niente ha scritto bellissime canzoni. Non soltanto *Meraviglioso* ma anche *Io mammeta e tu* o *Ah che bello o' café, solo a Napoli lo sanno fa'*. È un po' dimenticato e mi dispiace. Ma Pazzaglia aveva un umorismo sottilissimo, forse fin troppo in anticipo sui tempi. Era tanto modesto quanto bravo.»

E D'Agostino?

«Dago era già uno studioso del costume, faceva dei raid notturni per sapere quello che succedeva in città, nei locali. Ha avuto sempre grandissima curiosità per tutto quello che succedeva, per tutto quello che stava cambiando. "L'edonismo reaganiano" fotografava con nitidezza un passaggio del modo di vivere il proprio tempo.»

Per fortuna ora molto del tuo lavoro è reperibile in rete.

«Io bazzico molto la rete. Ho un canale che si chiama RenzoArboreChannel.tv. Ora c'è pure l'applicazione. Lì si trovano anche tutte le puntate di *Meno siamo meglio stiamo*, che sono bellissime. Guardati le ospitate di Benigni, Proietti, Banfi, di Jannacci che il giorno del mio compleanno mi fece piangere.»

=*Quanto ti dà fastidio il politicamente corretto?*

«Obama, in una bellissima intervista da Fazio, ha detto: "Tutti fanno quello che a loro conviene e non quello che è giusto". Questo è ciò che mi dà più fastidio. Anche il politicamente corretto viene usato spesso solo perché conviene, non per convinzione. Ma diciamoci la verità: tanto più in questi tempi caotici, anche essere politicamente scorretti è conveniente, garantisce visibilità, scambiata per successo. Quello che non si dice è che dietro tutto questo c'è solo l'ascolto, l'Auditel. La mia frase, non ripresa da nessuno, è: "Auditel, Auditel, quanti delitti si compiono in tuo nome". È una frase irriverente, presa dalla mia cultura cattolica, apostolica, foggiana. Il successo commerciale una volta era addirittura una colpa, se un cantante vendeva troppi dischi veniva guardato con sospetto. Ora è il contrario. È la quantità che viene assunta come parametro della qualità. Se un programma fa ascolto vuol dire che è bello. Se magari cerca strade nuove, più difficili e queste non incontrano subito il gusto del pubblico, allora è un fallimento. Non si trova mai un equilibrio. La cultura la si fa cercando di dare al pubblico più ampio le cose più belle.»

Quanto ti è pesata o ti pesa la pandemia?

«Moltissimo. Durante la prima pandemia ho riordinato molto della mia vita e di tutte le cose che ho in casa, raccolte in tanti anni. La Regione Puglia ha deciso di ospitare il mio modernariato e il materiale della mia attività in uno dei palazzi più importanti della mia città. Sarà Casa Arbore a Foggia, nel Palazzo della Dogana.»

Cosa speri per te e per l'Italia di qui in avanti?

«Che questa furiosa combattività, questo clima di odio, questo linguaggio violento comincino a dissolversi. Spero ci sia il ritorno al volersi bene, all'apprezzare l'arte, la vita e gli altri. Spero in un'Italia meno tesa.»

Mariangela Melato, il tuo grande amore...

«Mariangela è il mio codice. Tuttora quando faccio delle cose o vedo in televisione cose che mi piacciono mi domando: "Che ne avrebbe pensato Mariangela?". È un codice, perché Mariangela oltre a essere la grande attrice che sappiamo, era una donna divertente, colta, intelligente. Dava, delle cose e delle persone, dei giudizi silenziosi, perché non invidiava né parlava male di nessuno. Però noi due ci capivamo, sapevamo, ci guardavamo e io sapevo se una cosa lei l'approvava o no. In questo senso Mariangela era il mio codice.»

Immaginiamo un momento di tristezza, in questi tempi cupi. Scegli un film che ti faccia ridere.

«Un film che mi fa sempre ridere è *I ragazzi irresistibili* con Walter Matthau e George Burns. Uno dei capisaldi del cinema comico, perché dentro c'è tutto il mondo del varietà di una volta. I due vecchi attori si amano, ma allo stesso tempo sono rivali. Però l'analisi del comico oggi va rivista. Ne parlavamo con Roberto Benigni. Ciò che un tempo non consideravamo abbastanza, come Franco e Ciccio, oggi ci sembra bellissimo. Una coppia così ci vorranno cento anni perché rinasca, comici davvero popolari. Ma non solo loro, anche Ric e Gian. È da rivedere il giudizio su alcuni dei protagonisti dello spettacolo degli anni passati. Oggi ce ne sono tanti altri. Lillo e Greg mi piacciono molto, fanno ridere senza fare facile satira. E poi Frassica, che continua la nostra tradizione. Cazzeggio puro, surreale e popolare.»

Settant'anni, e chi ci crede?

Vasco Rossi

Prova a sceglierne una. Una sola. Non mi dire un album. Troppo facile. Scegli una canzone. Una. Quella che ti porteresti su un'isola deserta, con la certezza di non annoiarti mai, nel riascoltarla. È difficile, lo so. Altrimenti non te lo avrei chiesto. Sto parlando di Vasco Rossi, che, assurdamente, compie settanta anni. Quando Fanfani ha perso la campagna contro il divorzio aveva sessantadue anni, quando Cossiga è diventato presidente della Repubblica ne aveva cinquantasette, quando Andreotti presiedeva il Consiglio dei Ministri, ai tempi del rapimento Moro, aveva da poco festeggiato il cinquantanovesimo compleanno.

Vasco, oggi, è più anziano di loro. Assurdo, sembra il figlio o il nipote. Vasco è un settantenne di questi tempi senza tempo. In cui le persone sono incomparabilmente più giovani dei loro «coetanei» di quando si era ragazzi. Io avevo una professoressa di italiano, alle medie, che veniva in classe con un vestito nero, la veletta, dei guanti per togliere i quali impiegava metà della lezione. Mi sembrava vecchissima. Poi ho fatto due conti e mi sono reso conto che, per l'età che aveva, oggi potrebbe essere scartata a *The Voice senior* perché troppo giovane.

Vasco ha settant'anni. Chi ci può credere. Certe volte la matematica è un'opinione. Come i settantasette di quella meraviglia umana che è Gianni Morandi. Burle dell'anagrafe.

Vasco ha iniziato tardi a fare musica, rispetto ai suoi coetanei. Quando ha iniziato a scrivere canzoni aveva certamente ascoltato Paoli e De André, ma alle sue orecchie erano già arrivate *Come è profondo il mare* di Lucio Dalla, *Santa Lucia* di Francesco De Gregori, *L'avvelenata* di Francesco Guccini, *Le cose della vita* di Antonello Venditti, insomma la migliore musica della prima parte degli anni Settanta, quella che precede l'anno in cui Vasco ha iniziato a incidere dischi, il fatidico 1977.

Quegli anni sono stati particolari. Per la politica, i giovani e anche per la musica. Nei primi anni Settanta erano maturate tante speranze di un cambiamento vicino e possibile. E non parlo solo dal punto di vista politico. Il grande cambiamento dei costumi degli anni del boom reclamava una discontinuità che non si determinò. Anzi, tornò Andreotti e tutto sembrò irriformabile, eterno.

A me Vasco Rossi è sempre sembrato, forse senza volerlo, uno dei più capaci a rappresentare questo tempo lacerato, nel quale personale e politico riscrivevano le loro rispettive grandezze, e un confuso, ma diffuso, desiderio di nuovo sbatteva contro porte serrate, facendosi male, molto male.

È il dolore che si trova in *Siamo solo noi*. Vasco parla dei ragazzi di quel tempo come di una «generazione di sconvolti che non han più santi né eroi».

Ho sempre trovato nelle sue canzoni una grande malinconia, una specie di solitudine. Più disperazione, non rassegnata, che rabbia.

Ma Vasco Rossi è anche un grande musicista, capace di far vivere, con un rock che usa tutta intera la propria dimensione epica, emozioni profonde alle centinaia di migliaia di persone che hanno ascoltato i suoi mitici concerti.

Dinne una, se ci riesci. Ti aiuto. Ce ne sono decine che resteranno, e questa è la prova del nove, nella storia della musica italiana. Ma ti ho detto una sola.

Non voglio sfuggire. Scelgo *Sally*. La ragione? Mi afferra il cuore ogni volta che dice: «Perché la vita è un brivido che vola via / è tutto un equilibrio sopra la follia».

Auguri, Vasco.

Hai settant'anni. Ma converrai che è assurdo.

Il mondo reale non mi piace
Woody Allen

Userò, per questa intervista a Woody Allen, frasi del film *Rifkin's Festival.* Frasi pronunciate, per lo più, dall'alter ego che il regista ha scelto per rappresentarlo. È un attore formidabile, Wallace Shawn. Nella storia è un professore di cinema avanti con gli anni e, in verità, di non notevole prestanza fisica che va, quasi costretto, al Festival di San Sebastián per accompagnare sua moglie, interpretata dalla brava e bella Gina Gershon. La signora è la press agent di un giovane e ambizioso regista, osannato da tutti come un magnifico talento del nuovo cinema. Il professor Mort Rifkin, questo il nome scelto per Shawn-Allen, ovviamente lo odia. Pesa, nel forse meschino sentimento, che il celebrato nuovo autore sia bello, giovane, sfrontato e chiaramente ingaggiato in una liaison con la moglie del docente. I dialoghi tra i rappresentanti di queste due generazioni, di questi due mondi, sono molto divertenti. Il film è intriso di nostalgia, forse il vero mondo di Allen, di fastidio per un certo «spirito del tempo». E per una certa tendenza alla banalità che, da sempre, Allen combatte con lo strumento dell'umorismo.

Nel suo film il professore, cioè lei, si lamenta perché vengono costantemente ignorate le grandi domande della vita, quelle che neanche la politica sa intercettare. Quali sono?

«Sono le stesse grandi domande che si pongono tutti, domande ontologiche: Cosa significa il fatto che io sia qui? Che cos'è la vita? Quale ne è lo scopo? Tutte le domande che riguardano l'essere, il significato della vita. E il suo vuoto, la sua mancanza di significato, la sua banalità. In fondo a cosa si riduce tutto questo? Sono tutte domande ontologiche, quelle più profonde. Quelle che hanno a che fare con la ricerca di senso, più importante dell'autostima.»

Cosa pensa di questa crisi mondiale, dell'arrivo di questa pandemia che sta mutando la vita e le relazioni dei moderni?

«È un incubo, una cosa veramente terribile, inimmaginabile. Non la stanno gestendo bene. Non si può però solo parlare dei difetti della cattiva gestione, sarebbe stato un incubo per chiunque. Non ha provocato altro che morte e sofferenza in milioni di esseri umani, e il martirio delle morti in totale solitudine. Mi auguro solo che si possa trovare una via d'uscita e che l'epidemia non continui a moltiplicare i suoi effetti e a precipitare l'umanità nel gorgo di dolore che in questi mesi ha ingoiato centinaia di migliaia di vite. La mia speranza, ma anche la mia convinzione, è che la situazione migliorerà a mano a mano che la scienza farà progressi. Ma fino a quando questo non succederà, sarà un incubo per l'umanità intera.»

Ricordo una serie di sue battute su Dio. È uno dei suoi soggetti preferiti. Per esempio: «Non solo Dio non esiste, ma provate a trovare un idraulico la domenica», «Sono agnostico, ma credo un po' anche nell'ateismo», «Mio padre ha preso da sua zia Mary... rifiutava la Bibbia perché diceva che il personaggio centrale non era assolutamente credibile», «Dio è morto, Marx è morto... e anch'io oggi non mi sento molto bene!», «Grazie a Dio, sono ateo», «Io non so se Dio esiste. Ma se esiste, spero che abbia una buona scusa», «Se viene fuori che c'è un Dio, io non credo che sia cattivo, credo che il peggio che si possa dire di lui è che è un disadattato». In Rifkin's Festival *lei torna sul tema con la risposta del protagonista a un rabbino che lo rimprovera di non essere all'altezza delle attese di Dio. Il professor Rifkin risponde: «Dio? Con quello che ha combinato, può solo parlare col mio avvocato». Cosa ha combinato Dio?*

«Vorrei ricordare che state parlando a un ateo. Se davvero ci fosse stata la creazione del mondo, dell'universo, così come esistono e li conosciamo, sarebbe un delitto. Non è certo il mondo migliore possibile. Scherziamo? È un mondo orribile, brutto, terrificante, triste, insignificante per cui, se qualcuno o una qualsiasi forza ne è responsabile, quella forza particolare, quell'entità responsabile dovrebbe risponderne a un giudice, anche superiore a essa.»

Quale è lo stato di salute del cinema, oggi?

«Credo che nel cinema americano ci siano tanti artisti. Fantastici registi, sceneggiatori, attori, attrici. Ma la struttura nella quale lavorano è diversa dal passato, più fragile. Anni fa il cinema era l'intrattenimento principale negli Stati Uniti, forse in tutto il mondo. Per questo il modo di lavorare degli artisti nel cinema funzionava, la gente andava al cinema numerosa e il cinema aveva un grande impatto sulla cultura e sulla vita quotidiana, politica, sentimentale delle persone ovunque sulla Terra. Un effetto importantissimo. Poi la televisione ha cominciato a prendere il sopravvento e il cinema è diventato meno attraente, meno seducente, meno importante. La gente non voleva più andare al cinema perché costava troppo, perché era troppo complicato, perché le persone in fondo potevano divertirsi senza la fatica di uscire di casa. Gli schermi sono diventati sempre più grandi, il suono a casa è diventato ottimo, chi operava in televisione ha cominciato a investire più fondi nelle produzioni. Il cinema, come fenomeno culturale, ha cominciato a morire e le sale hanno cominciato a chiudere, una dopo l'altra. I film dei grandi cineasti europei non venivano importati più con la stessa frequenza negli Stati Uniti, perché le sale non esistevano più, le persone non uscivano più per andarli a vedere, preferivano restare a casa a guardare la televisione. Per questo credo che la condizione del cinema oggi non sia affatto buona. Non è che manchino le persone: i cineasti sono ugualmente validi, solo che non hanno la possibilità di lavorare e di crescere come erano soliti fare. Pensi ad autori emersi anni fa che sono diventati ottimi registi, come Martin Scorsese. Se Martin Scorsese cominciasse oggi non avrebbe le stesse opportunità dei suoi inizi. Sarebbe comunque dotato dello stesso talento, ma non avrebbe le stesse possibilità di lavorare nel cinema, di sperimentare, di sbagliare. Sono condizioni produttive che non esistono più e quelle che ci sono stanno gradualmente svanendo, anche mentre lei e io parliamo. Per cui penso che la condizione del cinema oggi non sia in nessun posto del mondo come è stata, dal dopoguerra, per quei cineasti europei che hanno influenzato i registi americani. Guardi che la loro influenza sul cinema americano è stata enorme. Il cinema americano è diventato migliore grazie a quello europeo. Un tempo, nei luoghi di incontro, si discuteva dell'ultimo film uscito. Ora si parla più facilmente dell'ultima serie trasmessa da una piattaforma. Bernardo Bertolucci diceva: "Le serie che vedo sono più belle di quasi tutti i film hollywoodiani. Anzi, le aspetto con ansia, e non aspetto più i film, nemmeno quelli con cast stellari. Trovo nella fiction quello che non vedo più al cinema. I bei film di questo momento per me sono dentro le serie, hanno riconquistato i tempi che il cinema ha fatto a pezzettini, ingoiato e fatto sparire; i tempi della serialità sono quelli del cinema che amavamo".»

Lei vede le serie? Le piacciono?

«Non le guardo. Non per qualche ragione particolare, semplicemente perché non mi interessano. Quando esco a cena e poi torno a casa sono stanco, per cui guardo i notiziari per una mezz'ora e poi vado a dormire. Ma capisco quello che dice: è possibile, tra qualche anno, che la maggior parte delle famiglie, forse tutte, avrà il cinema, o qualcosa che gli assomiglia, in casa. Schermi enormi ad alta definizione, suono eccezionale. E i migliori registi lavoreranno non tanto e non solo per far uscire i film al cinema. Nelle sale magari il film verrà proiettato per un paio di settimane come favore agli esercenti o come lancio. Ma i finanziatori non vogliono il film al cinema, lo vogliono trasmettere in televisione, e questo è ciò che alla fine succederà: faranno i film che andranno direttamente in televisione. Bertolucci era nel giusto: il cinema che oggi c'è, in futuro esisterà come serie televisive. O magari come film fatti per la televisione. Mi sembra inevitabile perché, per quanto si argomenti pedagogicamente che alla gente piace uscire, cenare, andare al cinema e stare seduta con tanta altra gente, non è solo così. Non è più così, purtroppo. Quando si fanno i sondaggi si scopre che le persone non amano tanto uscire di casa. Preferiscono piuttosto stare nel proprio salotto. Magari invitano degli amici o stanno con la propria famiglia. Non vogliono fare la fila o spendere una fortuna per acquistare i biglietti per i figli e per se stessi, ma preferiscono spingere solo un pulsante, accendere un maxischermo e avere tutta la famiglia seduta quando si vuole e non negli orari stabiliti dalla sala cinematografica. E poi è il trionfo delle possibilità: quando ne hanno voglia, spingono un pulsante, in base al loro umore, e compare il film che vogliono, quello più in sintonia con il loro stato d'animo. Può essere una inedita serie televisiva, un nuovo film girato da un regista di prim'ordine come Steven Spielberg per la televisione, o si può guardare *Hamilton*, il musical, direttamente, o anche un film di Michelangelo Antonioni. Penso che questo, inevitabilmente, sarà il cinema del futuro, di un futuro molto prossimo. Se non è già il cinema del presente. Per cui, ripeto, Bertolucci aveva ragione.»

Nel film lei fa dire al protagonista, a mo' di condanna: «Gli happy end di Hollywood sembravano reali». Sembra la denuncia di un inganno...

«Sono cresciuto negli anni Quaranta e Cinquanta e, come dicevo, si andava tantissimo al cinema. Lo schermo, il fumo, i popcorn e tantissime persone che guardavano con te il film e provavano le tue stesse emozioni. Si vedevano film che, per la maggior parte, erano prodotti commerciali che presentavano soluzioni molto positive ai problemi della vita: quasi tutti avevano un lieto fine. Generalmente quelli che si innamoravano rimanevano per sempre insieme, i colpevoli incontravano il giusto destino, gli eroi facevano le cose corrette, in guerra o altrove. E poi le persone vivevano in una certa maniera, si vestivano in un certo modo, l'arredamento delle case era rassicurante. Questo era l'immaginario con cui venivamo alimentati da ragazzi, quello con cui siamo cresciuti. Tutte le donne erano bellissime, tutti gli uomini eroici, tutti erano divertenti e intelligenti, tutti coraggiosi. Tutto finiva benissimo e questo è quello che pensavamo ci sarebbe successo nella vita. Ma non è andata così. Le donne rimanevano molto deluse degli uomini con i quali finivano con l'uscire, perché quegli uomini non erano Clark Gable o Spencer Tracy, non erano James Cagney o Humphrey Bogart. E gli uomini, anche loro, erano molto delusi perché le donne non erano Katharine Hepburn o Rita Hayworth. Il risveglio dagli happy end è stato molto duro, per la mia generazione.»

Rifkin's Festival *è intriso di amore per il cinema europeo. Ci sono sequenze ispirate a Fellini, Bergman, Buñuel. E una frase detta da Mort Rifkin: «Con l'Europa il cinema è diventato adulto». È una dichiarazione di sfiducia verso il cinema americano?*

«Durante la Seconda guerra mondiale vedevamo molti film che aiutavano a tenere alto il morale, ma alla fine della guerra abbiamo cominciato a scegliere i film del neorealismo italiano e della *nouvelle vague* francese. Persone della mia età, eravamo non più bambini ma già adolescenti, hanno cominciato a vedere questi film. Dicevamo: "Mio Dio, questi sono innovativi, ricchi di immaginazione! Qui esiste il confronto con la realtà e non sono storie finte, ma molto più vicine alla vita vera, almeno come la conoscevamo noi". Erano molto più interessanti da guardare, i personaggi più adulti e non sciocchi o affettati. Film molto profondi. Noi eravamo molto attratti da Ingmar Bergman o da Vittorio De Sica. Si è trattato di una vera rivoluzione, per la mia generazione di adolescenti. Mi creda, ogni volta che veniva proiettato un film europeo nel quartiere, noi correvamo a vederlo subito. Fellini, per esempio, è stato importantissimo, uno dei grandi maestri che ha ispirato molti registi americani. Come hanno fatto Bergman e Truffaut e Godard e De Sica e Antonioni. Vedevamo i loro film, e quelli di Fellini in particolare, perché così ci formavamo a un cinema che poteva essere arte e non solo un prodotto commerciale o di evasione. Quegli autori sono stati maestri, nel senso proprio del termine.»

Un'altra battuta del film, sempre rivolta dal suo alter ego al giovane regista che pontifica sulla fame nel mondo, è una domanda, una semplice domanda: «Immagino che lei sia contrario alla fame nel mondo...».

«Molto spesso vedo che nei festival del cinema ci sono molti registi che si prendono molto sul serio e rilasciano dichiarazioni altisonanti. Si guarda a loro come autorità in grado di fare importanti commenti di natura sociale quando in realtà non è così. Spesso sono solo pretenziosi, i loro film non sono granché, cercano di far sembrare il plot importante affrontando un argomento importante, ma il prodotto non è molto buono. Magari parlano della guerra in Congo, di quella in Afghanistan o del conflitto arabo-israeliano, ma i film non sono validi anche se gli argomenti che trattano sono seri. Gli spettatori tendono a prendere molto seriamente il film quando l'argomento è impegnato. Ci sono ormai pochissimi artisti, quelli veri. E non sono quelli che rilasciano interviste presuntuose. Sono quelli che in silenzio svolgono il loro lavoro, fanno dei bei film e non cercano di sfruttare la politica del momento o gli argomenti più eclatanti del giorno per far sembrare importanti le loro opere.»

Lei ha parlato delle vicende di cronaca che l'hanno riguardata, le accuse di molestie, nel suo libro autobiografico A proposito di niente. *Vuole dire qualcosa al pubblico italiano?*

«All'inizio della mia carriera nel cinema, quando ho girato *Prendi i soldi e scappa* e *Il dittatore dello Stato libero di Bananas* e mi hanno detto che Vittorio De Sica aveva amato tantissimo questi film e il pubblico italiano mi ha sostenuto e ha cominciato ad appoggiarmi, ho avvertito un forte senso di gratitudine. In più di cinquant'anni di lavoro nel cinema, il pubblico italiano mi è rimasto fedele, ha amato i miei film e a me piace farli per gli spettatori del suo Paese, mi piace girare in Italia. Cosa può dire un artista quando l'Italia, uno dei grandi fari della cultura del mondo, lo incoraggia per tutta la sua carriera? Farò del mio meglio per rendere il pubblico italiano orgoglioso di me per il resto della mia vita.»

Tra le tante citazioni esplicite del cinema del passato ce n'è una che riguarda un capolavoro di Luis Buñuel,

L'angelo sterminatore, *che aveva già richiamato in* Midnight in Paris. *In quel film gli invitati a una festa non riescono a uscire da una stanza. C'è un muro invisibile che glielo impedisce. Qual è, per lei, il nostro muro eterno e invisibile?*

«Ci sono molte persone che non riescono a uscire da se stesse, Tennessee Williams lo ha detto nel modo migliore quando ha affermato che siamo tutti prigionieri della nostra pelle, e questa è la stanza dalla quale non riusciamo mai a uscire. Possiamo cambiare la stanza esterna, possiamo cambiare Paese, casa, ma non possiamo uscire dalla nostra pelle. Siamo bloccati da chi siamo e dobbiamo sopportare il dolore delle esperienze della nostra vita; nessuno può morire per noi; moriamo sempre da soli e sempre per noi stessi e questo è per me dove siamo intrappolati. Nella nostra stessa pelle.»

Un suo film e uno della storia del cinema da portare su un'isola deserta?

«Probabilmente sceglierei due film di un altro regista perché io non guardo mai i miei film. Per esempio, *Prendi i soldi e scappa* o *Il dittatore dello Stato libero di Bananas*, che ho girato nel 1968, non li ho mai più rivisti. Sarei molto felice di portarmi *Ladri di biciclette* e *La grande illusione* o anche *Ladri di biciclette* e *Il settimo sigillo*, oppure *Ladri di biciclette* e *Rashomon*. Potrei indicare varianti per il secondo titolo, ma *Ladri di biciclette* lo sceglierei sempre, di sicuro. E se ne potessi portare uno solo, sarebbe il film di De Sica. Senza dubbio.»

Forse ricorderà che quando venne in Campidoglio mio ospite io, a pranzo, le feci conoscere Oreste Lionello, che è stato tanta parte del suo successo italiano...

«L'ho scoperto solo tardi. Quando è cominciato tutto non sapevo come fosse la voce, non sapevo chi fosse il doppiatore italiano, non sapevo nulla. Ma dopo anni in cui vedevo quale positiva accoglienza ricevevano i miei film in Italia e quanto le persone sembravano divertirsi, ho cominciato a rendermi conto che la persona che mi prestava la voce qui mi aveva trasformato in un eroe. Non lo avevo mai incontrato, quella fu la prima volta. Non me ne ero reso conto prima: l'attore che mi doppiava stava facendo un lavoro migliore di quello che avrei potuto fare io. Quando l'ho incontrato gli sono stato molto grato. E sono contento di averglielo detto.»

Mort Rifkin dice: «Probabilmente ho solo un mese di vita e sicuramente sarà febbraio». Diciamo che lei il bicchiere lo vede mezzo vuoto, sempre.

«Come ho scritto nella mia autobiografia, fin da ragazzino sono sempre stato pessimista, senza alcuna buona ragione per esserlo. Ho avuto dei bravi genitori, la mia famiglia è stata buona con me, ho avuto una bella infanzia ma, per qualche ragione, sono sempre stato pessimista. E non sono mai riuscito a sapere perché. Fino a oggi.»

Quanto è importante il jazz, che lei venera e suona, nel suo lavoro?

«Ho sempre voluto mettere la musica jazz nei miei film, questo è il motivo per cui in genere non ingaggio i compositori. Vado semplicemente a cercare nella mia collezione di dischi e scelgo la musica jazz giusta. Mi guida una sensazione, un feeling istintivo. Amo moltissimo la musica americana, il jazz, il pop, Gershwin, Sidney Bechet, George Lewis e altri. Sono persone che ho sempre amato. I miei film esprimono la mia gratitudine per loro e uso le loro musiche perché sento che sono l'accompagnamento perfetto per quello che voglio dire con le mie storie.»

Le cito due date decisive della storia americana. La morte di John Kennedy e l'11 settembre del 2001.

«Quando è stato ucciso Kennedy ero a Los Angeles, recitavo nel cabaret. Ero un comico e mi trovavo nella mia camera d'albergo per scrivere una sceneggiatura. Accesi la televisione, sentii la notizia che era morto, guardai la televisione per cinque minuti e poi la spensi e tornai a scrivere la mia sceneggiatura. Allora ero molto ambizioso e molto impegnato nel mio lavoro... L'11 settembre, invece, ero in cucina con mia moglie e qualcuno mi ha detto quello che era successo. Ho cominciato a sentire anche io le notizie e ricordo di essere andato in ospedale per donare il sangue. Ma non lo hanno voluto prendere. Mi hanno guardato e non hanno voluto sentire ragioni. Mi hanno detto: "No, non lo accettiamo" e mi hanno dato da mangiare un sandwich.»

Lei è tra i pochi registi che hanno costruito un loro mondo fantastico. Fellini lo faceva. Un suo film è riconoscibile tra mille. Com'è il mondo di Woody Allen?

«Non è un mondo reale. Da ragazzo andavo al cinema per evadere, trascorrevo tutto il mio tempo a guardare film per fuggire dal mondo reale. Poi, da adulto, ho fatto film e trascorrevo un anno intero a lavorare con i costumi, i set, gli attori. Sono sempre stato ossessionato da cose finte, storie finte. Ho trascorso la mia vita a evitare la realtà e voglio continuare a evitarla. Non mi piace, non mi è mai piaciuta e il mio mondo è un mondo che non è reale. È un mondo migliore di quello vero. Non è così brutale e terribile.»

Un attore grande e dimenticato
Renzo Montagnani

Per molto tempo Renzo Montagnani, attore italiano di vaglia, è stato irriso dalla critica, dal mainstream di un periodo in cui il cinema o era impegnato o non era, o era di sinistra o non era. Il suo cinema degli anni Settanta – fatto di commedie sexy che oggi sembrano l'edizione dinamica del catalogo Postalmarket o delle castissime, ingenue parodie delle convenzioni pruriginose dell'Italia bigotta – è stato a lungo additato come il peggio del peggio, come un insulto alla cultura cattolica e a quella della critica del capitalismo. Quei film erano invece la prosecuzione del varietà, quello che precedeva o seguiva le proiezioni in tanti cinema italiani, quello di *Polvere di stelle*, quello che ha fatto grande e popolare il teatro italiano per molto tempo. Il varietà di Totò, Sordi, Chiari, Dapporto, Macario. Il varietà fatto di meravigliosi giochi di parole, di scambi di persona, di gag e parodie. Su quei palcoscenici un grande attore come Lino Banfi, o i suoi amici Franchi e Ingrassia, hanno fatto scuola, sperimentato la rudezza del pubblico, maturato la velocità delle battute. Indimenticabile descrizione del varietà è quella di Fellini in *Roma*, con il dialogo ininterrotto tra i guitti e un pubblico geniale, non meno spiritoso di chi doveva, per contratto, far ridere.

Ha detto una volta Montagnani: «Il talento non è solo quando fai Shakespeare, sai! Shakespeare è facile, la cosa più facile al mondo. Dici: "Onesta come le mosche che gremiscono i macelli, folleggiando anche col vento...". Lo dici come lo sto dicendo a te e la gente applaude, sbava rispetto, si commuove. È farsi apprezzare dicendo "Che bel sedere" che è difficile». È stato il cruccio della sua vita. Quello che ha rivelato in un intervento addolorato in un convegno di attori nel 1977: «Io mi ritengo l'ultimo in graduatoria, anche se venisse fuori qualcun altro nuovo, io resterei sempre l'ultimo. Un critico, un giorno, ha scritto di me "attore da bordello". Io ho sofferto tanto perché non mi sento affatto un attore da bordello, mi sento un attore che ha alle spalle ventiquattro anni di professione seria».

C'è una verità nascosta, nella vita e nelle scelte lavorative di Renzo Montagnani. Lui faceva quei film, che rispettava ma non amava, soprattutto per ragioni economiche. Doveva pagare le spese di cura per suo figlio malato, quell'unico figlio che amava e che lo faceva soffrire. Mai il teatro gli avrebbe dato i soldi che uno solo di quei film sapeva garantire. Tutto per suo figlio. Tutto per Daniele. «Per come ho vissuto, certe cose gliele avrei trasmesse, a mio figlio. Gli avrei insegnato la dolcezza, per esempio. E a piangere, a commuoversi, a comprare un mazzo di fiori...»

«Lui ha sofferto per non aver fatto una carriera diversa, pensava di meritare di più. Diciamoci la verità: gli davano soddisfazione i ruoli più colti» mi dice Edwige Fenech, compagna di tante pellicole e donna di grande sensibilità e intelligenza. «Gli volevo molto bene, era un uomo di estrema sensibilità. Era capace di piangere o di commuoversi per i gesti di affetto nei suoi confronti. Voleva molto bene a mio figlio, che allora era piccolo. Lo trattava da grande, come fosse un suo amico. Renzo aveva un fondo di tristezza. Amava enormemente Daniele. Mi parlò della situazione di suo figlio, ma lo faceva poco, con grande sofferenza e facendo forza alla sua discrezione. Sentivo che per lui era una cosa terribile. Era un padre pieno di amore e di dolore. Renzo era un orso buono. E nonostante il suo fardello di dolore, con lui non si smetteva di ridere mai.»

Maurizio Costanzo, che con Renzo ha lavorato per un programma radiofonico e per una rubrica televisiva, dice che era un personaggio da *Amici miei*. «Aveva, insieme, quella allegria iconoclasta, quasi goliardica, e quel senso tragico che ci sono nel film.» E ha ragione, perché il primo film di quella serie fu, per Renzo, ragione di dolore. Lui voleva la parte di Philippe Noiret, un francese che lui poi dovette doppiare. Ci restò male. Ma poi fu felice quando toccò a lui, nel secondo episodio, la parte del Necchi. Luigi Diberti, che ha recitato con lui in *Metello* di Bolognini, ricorda: «Un grande attore, con una forte preparazione classica e un marcato impegno civile». Montagnani sarà infatti protagonista di tante manifestazioni contro la guerra nel Vietnam e a sostegno di tutte le cause di libertà dei popoli.

Paola Pitagora ricorda quando recitò con lui in *Dialogo* scritto da Natalia Ginzburg. «Non ci sopportavamo, all'inizio. Forse per colpa mia, forse per miei pregiudizi generati dai film che faceva. Il regista era costretto a girare la scena, due coniugi che a letto si rivelano la fine del loro rapporto, con i piani separati. Non potevamo incontrarci. Finché una volta fummo costretti a girare insieme e successe un miracolo. Lui era un attore fantastico e quel giorno sembravamo sposati da vent'anni. Da quel momento tutto cambiò. Mi raccontò di suo figlio e mi fece capire perché e come, in un essere umano, potessero convivere l'abisso e il sole, la tragedia e il sorriso. Ho rivisto recentemente un suo film, *Fiorina la vacca*, e ho trovato Renzo bravissimo. Era un attore fantastico, sempre.»

Lino Banfi ha lavorato in diversi film con Renzo: «Giravamo *La moglie in vacanza... l'amante in città*, eravamo a Courmayeur. La sera restavamo da soli, noi due. Ci divertivamo da matti, insieme. A lui piaceva quando io dicevo il mio "Porca puttena" e a me quando lui si avventurava nella parola "Focaccia", che alla fine era solo una ventata di vocali. Una sera mi confidò del figlio. E io capii perché ogni tanto affondasse nella vodka la sua tristezza e la sua ansia. Gli pesava che il suo talento non fosse riconosciuto, meritava certo di più dalla critica. Anche per quei film, che vengono rivalutati ciclicamente. Che lui faceva per i soldi, per suo figlio che era un ragazzo tanto forte quanto infelice. Quei film che rispettava, che vanno rispettati, non derisi». Ha ragione Banfi. Capitò così con Totò, con Sordi, con gli spaghetti western, con Oronzo Canà di *L'allenatore nel pallone* e Mandrake di *Febbre da cavallo*. Quando il sopracciglio dei detentori della verità estetica si abbassa, anche il loro occhio riesce a vedere il bello che il pubblico, spesso puro popolo, ha già metabolizzato.

Renzo Montagnani è stato un grande attore e una grande persona. L'ho conosciuto che ero ragazzo e mi fece una grande impressione. Era una delle prime combinazioni di tristezza e allegria che mi fosse capitato di incontrare. Non sapevo perché, ma capivo che in quell'uomo c'era qualcosa di misterioso, di nascosto. Rideva e faceva ridere, ma lo faceva come per tirarsi fuori da un gorgo. A quei tempi Renzo presentava un programma televisivo di grande successo, si chiamava *Milledischi*. Sua partner era la più sensuale delle annunciatrici della tv, Mariolina Cannuli. Che oggi mi dice: «Non ho mai riso tanto in vita mia. Era spiritoso, intelligente, un compagno di lavoro ideale. Era riservato, molto sensibile, per me è stato padre, fratello. Tutto. Rideva e piangeva, aveva una vena devastante di tristezza che ogni tanto lo assaliva». Mi sembra di vederlo, quest'uomo grande e solo. È stato il popolarissimo Fumino, il prete incazzoso con la sciarpa rossa, la voce indimenticabile di Romeo, «er mejo der Colosseo». Ed era capace, nella stessa giornata, di interpretare il protagonista di *L'insegnante balla con tutta la classe* e la sera di andare in scena con *La coscienza di Zeno*.

Montagnani veniva da una famiglia umile: il padre Guido ferroviere, di Prato, e la madre ventiduenne Elvezia, di Stradella, che lo partorisce in casa, ad Alessandria, in una data fatidica, l'undici settembre. Ma del 1930. Renzo cresce con la passione del teatro e quando le cose della vita lo riportano nella Toscana che lui sentirà sempre come la sua terra, comincia a recitare nel teatro dell'Affratellamento, nome meraviglioso, che è ospitato nella sede di una Società di Mutuo soccorso di Firenze. Nel frattempo, lasciata la scuola in terza media, fa il commesso in una merceria, poi operaio nella produzione di bulloni, poi commesso in una farmacia. Quell'Italia che rinasce dalle macerie non è un pranzo di gala. Tutto è fatica, sacrificio, lotta del talento per affermarsi. Roba di carattere e di testardaggine. Montagnani esordisce in teatro in un ruolo nel *Barbariccia* di Sergio Tofano. Il suo personaggio non deve mai parlare. Ma nel 1953, Renzo ha ventitré anni, tanto basta. Un bel libro di Damiano Colantonio traccia il percorso di Montagnani, tra teatro classico e operetta, venti anni a spezzarsi la schiena sulle tavole del palcoscenico, tra Pirandello e Shakespeare, Goethe e la Ginzburg. Anche un po' di cinema, quello impegnato. *I sogni muoiono all'alba* di Indro Montanelli sulla tragedia ungherese del 1956 e *I sette fratelli Cervi* di Gianni Puccini. E poi in televisione con *Il mulino del Po* e i *Caro-*

selli Chlorodont, in cui interpreta Lindo Sorridenti. Nel 1963, mentre tutto sembra sbocciare nella sua vita, mentre sta interpretando Brecht in teatro, la moglie, una ballerina delle Blue Bells, gli regala il figlio che volevano, Daniele. Ma il bambino non riesce a uscire dal ventre della madre e i medici usano il forcipe. Non sa parlare e per tutta la vita questa sua impossibilità di esprimersi determinerà in questo ragazzo bellissimo, alto e biondo, la furia di una violenza incontrollabile. Fragile e disperato, Daniele cresce bisognoso di cure e ricoveri. Morirà nel 2004, a quarantun anni, di tumore, come il padre. Che se ne è andato nel 1997, sette anni prima di Daniele. Sui muri della sua casa Renzo aveva scritto: «Non bisogna mai smettere di ricominciare». Non ha avuto paura di vivere, ha riso e pianto. Renzo Montagnani è stato un uomo vero. E, credo sia giusto finalmente dirlo, un grande attore italiano.

Senza aver sofferto non si può far ridere
Totò

«Non si può far ridere se non si conoscono bene il dolore, la fame, il freddo, l'amore senza speranza, la disperazione della solitudine di certe squallide camerette ammobiliate, alla fine di una recita in un teatrucolo di provincia; e la vergogna dei pantaloni sfondati, il desiderio di un caffellatte, la prepotenza del pubblico senza educazione. Insomma, non si può essere un vero attore comico senza aver fatto la guerra con la vita.» Queste parole del principe Antonio de Curtis, in arte Totò, pubblicate in un'intervista del 1958 su «Oggi» potrebbero essere l'epigrafe più sincera del singolare e affascinante volume che uno dei più emeriti storici dell'Italia del Novecento, il professor Emilio Gentile, ha dedicato al rapporto tra il grande attore napoletano e la storia. *Caporali tanti, uomini pochissimi* si intitola il libro, pubblicato da Laterza.

«Nata durante la mia prima giovinezza, mi è sempre

servita come sistema metrico decimale per misurare la statura morale degli uomini, e mi è servita, nuovo entomologo, per classificare l'umanità in due grandi categorie.» Così il principe de Curtis racconta la sua chiave interpretativa degli umani, la loro divisione in uomini o caporali, il cui racconto attraverso la storia egli affida alla sua maschera, il comico Totò. Gentile racconta da dove trae origine la teoria dei comportamenti del principe: dalla vita militare, in cui il giovane Totò ebbe la ventura di incontrare una di quelle persone che hanno, chissà perché, un'autorità e la esercitano con spietatezza e inutile ferocia. «Caporali, vede, sono quelli che vogliono essere capi. C'è un partito e sono capi. C'è la guerra e sono capi. C'è la pace e sono capi. Sempre gli stessi. Io odio i capi come le dittature, le botte, la malacreanza, la sciatteria nel vestire, la villania nel parlare e mangiare, la mancanza di puntualità, la mancanza di disciplina, l'adulazione, i ringraziamenti...»

Per Totò i caporali, in fondo, sono il potere, qualunque potere. C'è un fondo poeticamente anarchico nel principe detentore, secondo una sentenza del tribunale di Napoli del luglio 1945, dei titoli di altezza imperiale, cavaliere del Sacro Romano Impero, esarca di Ravenna, conte e duca di Drivasto e di Durazzo.

L'anarchia del clown o del cartone animato. E proprio essere un cartone animato era il *maximum* delle aspirazioni di Totò.

Lui era lieve, in effetti. La sua comicità, figlia della fatica di esibire un corpo spigoloso e degli spettacoli recitati con in prima fila i feriti di guerra, era sempre ispirata a una profonda, inusuale, leggerezza.

Totò ha sofferto, «ha fatto la guerra con la vita». Dalla nascita, figlio del grembo di una ragazza di sedici anni abbandonata dall'uomo, un marchese spiantato, che l'aveva messa incinta, ai primi anni in uno dei bassifondi del rione Sanità. E poi le difficoltà scolastiche, il tentativo di fuga nel sacerdozio o nella marina. Fino alla scelta di farsi attore, con la sua faccia a punta e il suo corpo segaligno.

In Totò la sofferenza, la fatica, la malinconia si vedevano tutte, sempre. E questo rendeva la sua comicità, veloce ed esplosiva, ancora più particolare, ancora più inimitabile. La storia gli è caduta addosso, con il suo rumore fragoroso e i suoi ingombranti calcinacci. La guerra, la prima, quando era un adolescente, il fascismo, la dittatura, poi il secondo conflitto, quando era un uomo adulto. In mezzo la costruzione di una maschera tanto forte da diventare eterna, moderno Pulcinella, moderno Arlecchino.

Totò ha attraversato la storia raccontandola, ma senza schierarsi. Se non dalla pare degli uomini, sempre. Contro i caporali, sempre. Che fossero i gerarchi fascisti, tronfi e corrotti, che sbeffeggiava nei suoi spettacoli teatrali. Gentile riporta nel suo volume l'esilarante trascrizione dell'intercettazione telefonica di una conversazione su Totò, reo di aver preso per i fondelli l'introduzione del «voi» come obbligatorio. «Se tornasse Galileo Galivoi» aveva celiato l'attore, definito dal Duce: «Quel pagliaccio di Totò».

Ma Totò fu deluso anche dalla nuova democrazia che gli sembrava, nei comportamenti e nelle persone, non molto diversa dal tempo precedente. Forse anche perché erano gli stessi «caporali» di prima, nell'Italia democristiana del dopoguerra, a censurare con dei vistosi segni rossi e blu i suoi testi teatrali.

L'onorevole Cosimo Trombetta, vittima dei lazzi di Totò nella mitica scena del wagon lit, è l'incarnazione del nuovo potere che a Totò non piaceva. Anche loro gli sembravano dei caporali.

Totò disse una volta, in *Totò e i re di Roma*, di fronte a un arrogante usciere che vantava di essere stato nominato cavaliere: «Un usciere l'hanno fatto cavaliere! Io sono quindici anni che ho fatto la domanda! Poi dice che uno si butta a sinistra!». Forse Totò avrebbe potuto. In fondo in tutta la sua carriera, come ricorda Emilio Gentile, non ha mai sfottuto un operaio, un bracciante. Ha sempre preferito, come bersaglio, i potenti, interpretati o dileggiati.

Ma il principe de Curtis a sinistra non poteva certo andare. Era conservatore, senza essere di destra. Era un moderato, uno che amava il buon ordine della società. Quello stesso che poi l'iconoclasta Totò metteva a soqquadro.

Pochi attori, come Totò, hanno raccontato la storia nazionale. La Storia quando si mette scarpe e camicia, quando diventa vita pulsante, cuore e passioni di persone in carne e ossa spesso strapazzate, umiliate, piegate o redente dalla storia con la esse maiuscola.

Il libro di Emilio Gentile è un omaggio affettuoso a

un eroe dello stesso autore. Totò è stato spesso, in vita, vilipeso. Gli spettatori dei suoi film, tra il 1947 e il 1967, erano stati duecentocinquanta milioni, con un incasso di novantatré milioni dell'odierno euro. Il che, specie per certa critica col sopracciglio alzato, era un capo di accusa. Diceva una grande verità, Totò: «Questo è un bellissimo Paese in cui uno però ha da morire per essere compreso». Infatti, pochi anni dopo la sua scomparsa, nel 1967, aiutati dal bel lavoro saggistico di Goffredo Fofi, uomini e caporali riscoprirono il talento immenso di un uomo malinconico che sapeva far ridere.

Nell'Italia incerta del dopoguerra tra tanti critici che lo maltrattavano, compreso un genio come Ennio Flaiano, si stagliò la voce del poeta Aldo Palazzeschi: «Abbiamo attraversato ore di angoscia e di dolore, di umiliazione, privazioni e sofferenze fisiche d'ogni genere... Totò è il richiamo all'ordine della civiltà... Totò è apparso all'orizzonte del cinema come un arcobaleno dopo il temporale».

Ho resistito al bullismo. Oggi sposo Riccardo

Alberto Matano

«Sono quindici anni che stiamo insieme. Durante una cena, un paio di mesi fa, Mara, la nostra amica del cuore che oggi celebrerà, ha detto che sarebbe stato bello che noi ci sposassimo. Riccardo ha subito detto di sì. Era euforico. Io anche ero contento. Poi, nel fine settimana, sono entrato in crisi. Ho pensato a tutto quello che ci circondava, alla dimensione esterna di qualcosa che ci riguardava così privatamente. La sera, a casa, abbiamo parlato, abbiamo discusso, ci siamo accapigliati, ci siamo abbracciati e abbiamo deciso che sì, era la cosa giusta da fare. Oggi celebreremo un amore che merita un vestito formale.»

Chiedo ad Alberto Matano di parlare della sua infanzia, a Catanzaro.

«Ero molto felice, nei primi anni. La mia famiglia era molto armonica. I ruoli si intercambiavano, tra mio padre e mia madre. Mamma era un'insegnante, sempre molto attiva sul piano associativo, sindacale. È stata anche l'unica assessore donna nella giunta comunale di Catanzaro, rappresentava la Dc. Stava poco a casa, fisicamente. Ma era sempre presente. Ricordo l'infanzia come giorni sereni, lieti. Ma poi il cielo si annuvolò. Attorno ai quattordici anni mi sono accorto con dolore che non crescevo. I miei amici erano almeno venti centimetri più di me. E allora la mia stanza si chiuse a chiave, come un riparo dal mondo. Perché fuori mi sembrava che le cose andassero a rovescio. Ho sofferto il bullismo. Mi isolavano dai giochi, mi prendevano in giro, mi sentivo ai margini della vita. Ma ho combattuto, non mi sono piegato. Mi sono detto che ce la dovevo fare. Ho trovato la forza e tutto quello che di buono mi sta accadendo è figlio di quella volontà di non subire. In terza liceo, dopo un'estate, sono cresciuto e sono diventato come sono ora.»

Credo che Matano non ami le definizioni conclusive, i recinti, anche a proposito delle sue scelte sessuali.

«All'inizio ho avuto una vita eterosessuale, avevo successo con le ragazze. A ventiquattro anni ho interrotto una storia d'amore. Capivo che dentro di me c'era altro, che dovevo esplorarmi, capirmi. Per dieci anni sono stato irrequieto. Cercavo un'appartenenza, anche esasperata. Pensavo che questo mi desse sicurezza. Qualcuno ci riesce. A me invece un'identità chiusa stava stretta. Una mia amica psicoterapeuta un giorno mi ha parlato del continuum psicosessuale come di un punto dove ciascuno di noi si può trovare, che non è mai uguale a quello di un altro. Poi è arrivato Riccardo e tutto, nella mia vita, si è stabilizzato. La mia stabilità è stata una persona, non un'identità.»

Proviamo a ricordare la sua stanza chiusa.

«Per me, in ogni campo, i recinti sono l'antitesi della libertà. Ho capito negli anni che le persone hanno bisogno, per rassicurare se stesse, di dare a te o anche di assegnare a se stessi una categoria, una casella, un'appartenenza, sessuale, politica, anche sul lavoro. Tutto questo rassicura, ma è fragile. Nell'adolescenza dovevo uscire da un ambiente chiuso, opprimente. Detestavo gli stereotipi, ero uno spirito libero. Nella mia stanza c'era il mondo intero. Mi mettevo lì e ascoltavo Sting, Tracy Chapman, Sade, David Bowie. E leggevo. Orwell, Dickens e poi i poeti romantici come Keats, Shelley, Byron. La mia preferita era una poesia di Spencer, che mi è tornata in mente in questi giorni. Comincia così: "Un giorno scrissi il suo nome sulla spiaggia, / ma arrivò un'onda e lo lavò via: / ancora una volta ho scritto con una seconda mano, / ma arrivò la marea, e fece del mio dolore la sua preda". Ma poi finisce con: "I miei versi renderanno eterne le tue rare virtù, / e scrivo nei cieli il tuo nome glorioso; / e quando la morte sottometterà tutto il mondo, / il nostro amore vivrà e si rinnoverà alla vita".»

Gli chiedo come è stato dire di questa ricerca libera ai suoi genitori.

«All'inizio erano disorientati. Io sentivo il bisogno di condividere con loro questo mio travaglio. Una sera ho deciso. Sono tornato a casa, ho spento la televisione che stavano guardando e gli ho detto che volevo parlargli. I miei fratelli sapevano ed erano solidali. Quella sera è stata la chiave di risoluzione della mia vita. La svolta della mia vita emotiva interiore è stata proprio quando ho raccontato a loro come stavano le cose. Per loro non è stato semplice, nelle prime ore, accettare tutto questo, lo capisco. Poi da quel momento sono stati sempre al mio fianco, sempre accoglienti, solidali. Ora Riccardo viene vissuto come il quarto figlio. Oggi due cose mi fanno davvero felice: lo sguardo di Riccardo e la partecipazione serena dei miei genitori a questo momento.»

Matano è colpito dall'affetto che la gente che incontra per strada o che scrive sui social gli manifesta. Io penso che sia il prodotto di anni di battaglie, in primo luogo delle donne e della comunità Lgbt. Lotte contro muri duri a cadere. Lotta eterna. Ma ora credo che la maggioranza degli italiani, un Paese in cui sono oggi anziani quelli che erano coevi del Sessantotto, sia molto più maturo e aperto di prima.

«Forse il messaggio di rifiuto della ghettizzazione e il tentativo di affermare la normalità di ogni scelta sessuale sta passando. Non percepisco attorno alla scelta mia e di Riccardo nessuno stupore, nessuna morbosità. Siamo travolti dall'affetto di persone che capiscono che siamo due anime che si sono cercate e trovate. Due persone che si amano. Tutto qui. Ed è bello. Ti racconto questo. L'altro ieri sera mia madre ha ricevuto una telefonata da una sua vecchia amica, militante sindacale come lei, che le ha detto: "Sono molto colpita perché tuo figlio, con questo gesto, sta continuando le nostre battaglie". La sua commozione e la mia mi hanno detto che tutto quello che ho fatto nella mia vita, anche questa scelta, è frutto del clima respirato dentro quella famiglia, del rifugio sicuro che ho avuto, dell'esempio avuto da loro che sono due persone perbene, semplici, sane, aperte e anche coraggiose.»

Gli chiedo di ricordare il momento in cui ha deciso, dopo che il blocco della proposta di legge Zan era stato salutato in Parlamento da assurde manifestazioni di entusiasmo, di reagire.

«Il giorno dopo ero in auto, stavo andando al lavoro. Chiamo Mirko, che è il mio braccio destro, e gli dico: "Noi oggi non possiamo non parlare del ddl Zan, prepariamo un servizio su tutti i casi di omofobia di cui ci siamo occupati". Poi ho sentito dentro di me il bisogno di fare qualcosa, avevo un terremoto dentro. Mi sembrava che l'Italia stesse diventando chiusa come la mia stanza a Catanzaro. Ho deciso di dire delle parole. Ho informato i miei collaboratori che hanno applaudito e questo mi ha commosso. Poi, al termine del servizio, ho chiesto alla regia di inquadrarmi e ho pronunciato, stavolta con rabbia, queste parole: "Vi devo dire che tutto questo mi procura grande sofferenza perché è successo anche a me, l'ho provato sulla mia pelle e so cosa vuol dire. Quindi mi auguro che su un tema così importante ci possa essere un supplemento di riflessione da parte di tutti". Niente di eroico, sia chiaro. Ma sentivo il dovere civile di farlo. Ed è stato utile.»

Gli chiedo di immaginare di voltarsi, durante la cerimonia, e vedere Alberto, ragazzino di un metro e sessanta, tra gli invitati. Cosa gli direbbe?

«Lo abbraccerei e lo ringrazierei. La sua sofferenza e la sua forza sono state la condizione essenziale della mia gioia di oggi.»

La rabbia mi serve per farcela

Elodie

«Dove le parole falliscono, parla la musica.» È una frase di Hans Christian Andersen. All'autore di mille fiabe meravigliose, così come ai fratelli Grimm o a George Sand, sono intitolate molte strade del quartiere di Roma dove Elodie Di Patrizi è nata e vissuta. Si chiama Quartaccio e nacque negli anni Ottanta con l'ambizione di costituire un modello urbanistico di quartiere vivibile nella periferia della città. Ma quel lembo di Roma diventò rapidamente complicato, perché la città era scucita.

Dice Elodie ora: «L'emarginazione è totale, quando sei emarginato è una condizione fisica, sociale, psicologica. E più cresci e più diventa difficile interagire con il resto della società perché ti sentirai sempre un po' fuori posto. È come entrare in un negozio di lusso e avere la sensazione che non è il tuo luogo, che non ti senti a tuo agio».

Elodie appartiene a una generazione musicale che non è la mia. Io ho conosciuto e amato i cantautori. E più erano complicate le loro parole, più magici i mondi che descrivevano e più noi eravamo rapiti. Ora, come si dice, la musica è cambiata.

In meglio, in peggio, chi può dirlo. Per questo cerco di capire il personaggio di Elodie, che ha un suo mistero, con lo stesso spirito e la stessa curiosità, *si parva licet*, con cui ricordo Enzo Biagi e Sergio Zavoli intervistare Gianni Morandi o Rita Pavone.

Ora è uscito un nuovo singolo di Elodie, *Bagno a mezzanotte*, e ha appena girato il suo primo film, per la regia di Pippo Mezzapesa.

Dice: «Devolverò tutti i guadagni del brano a Save the Children. Voglio aiutare le donne e i bambini coinvolti in questa guerra assurda. Almeno cerco di essere, nel mio piccolo, utile in questa tragedia».

Elodie ha fama di essere reattiva, di perdere le staffe facilmente, di reagire duramente se attaccata. Io ho visto, forse mi sbaglio – le prime impressioni sono sempre solo una sensazione – una persona orgogliosa e fragile. Orgogliosa di avercela fatta. Orgoglio legittimo per chi non è nato e cresciuto nella bambagia, per chi la fatica di vivere l'ha incontrata presto. Lei li chiama «contesti un po' complicati». Ma poi aggiunge che anche lì «tutto è possibile se c'è impegno, se c'è amore, se c'è rispetto e se sei in grado di sognare. Sembra una cosa per i bambini, ma i bambini sono molto più adulti degli adulti. Loro sanno cosa significa diventare adulti, avere un obiettivo, edificare un futuro e non rimpiangere un passato. Devono fare, non hanno fatto. Ho imparato che si può realizzare quello che si vuole nella vita. Nessuno ci può imporre dove dobbiamo stare, in quale contenitore essere. Nessuno ci può inchiodare al posto dove siamo nati, dove siamo cresciuti. Nessuno può decidere che noi dobbiamo essere emarginati per tutta la vita. È una condizione che ho sofferto. Ma poi ho lottato, mi sono difesa. Non mi sono fatta attribuire un destino da altri».

Questa ragazza sa che il successo non è per sempre, in questo tempo frettoloso: «Ho sempre paura che quello che ho costruito nel tempo mi venga tolto da un giorno all'altro. Con quest'ansia convivrò per sempre. Ognuno convive con i propri mostri. Questo è il mio».

Le chiedo da dove nasca la fama di essere suscettibile. «È vero, mi arrabbio spesso. Mi arrabbio perché mi difendo. Mi rendo conto che ci sono dei meccanismi difensivi che però ormai sono troppo grande per utilizzare. In realtà uso la rabbia perché mi sento fragile. Sono grande, ho trent'anni e quando mi sento ferita, anche da cose che apparentemente sono niente, reagisco comunque con rabbia. Mi difendo subito, ho paura di non essere presa sul serio, ho paura di non sembrare intelligente, cerco di difendere la mia posizione, sempre. Talvolta esagero e mi scuso.»

I suoi genitori si sono separati quando lei e sua sorella erano bambine. Ne parla con tenerezza, dice: «Ho sempre visto i miei genitori come esseri umani... ho sempre cercato di capire chi avevo di fronte, di confrontarmi con i limiti che abbiamo tutti, io per prima. Ho cercato di prendere le cose per come erano, anche se non era facile».

Però poi aggiunge: «Non mi sono mai sentita figlia. Anche oggi faccio sempre un po' fatica a capire cosa veramente mi renda così reattiva, quasi animalesca. È la paura della solitudine, banalmente. Credo che ce l'abbiano un po' tutti, io mi sono sentita tanto sola nella mia vita».

Le chiedo che rapporto abbia con le case, come luogo di rifugio o come prigione: «Io vivo da sola da dodici anni, forse qualcosa di più. Negli ultimi anni mi sono trasferita a Milano e mi sono resa conto di aver cambiato una casa ogni anno. Dalla prima volta in cui sono andata a vivere da sola, a diciannove anni, ho fatto tantissimi traslochi fino a trovare l'appartamento dove vivo ora. Per me le case sono sempre state dei luoghi da lasciare. La mia vita era fuori dalla casa, non l'ho mai sentita mia, non ho mai sentito una vita tra le mura. Conta sempre l'imprinting, nella vita. Adesso, dalla pandemia in poi, ho capito invece quanto sia importante un luogo sicuro, dove tutto sia familiare, dove sentire calore».

Le chiedo se sia single, so che ha avuto una lunga storia con Marracash, uno dei protagonisti di quella che ora viene chiamata, chissà perché, «la scena musicale»: «Credo sia bello condividere la vita. Senza progettare troppo, perché per me la progettazione mette tensioni. Rende definitivo ciò che invece deve essere vissuto e costruito. Progettare troppo non è il mio forte, però credo che sia bello condividere».

Le chiedo quando ha cominciato a cantare. La immagino bambina tosta, al Quartaccio. O forse solo bambina, tra quelle strade con i nomi da fiaba: «Avrò avuto undici anni. Il primo "concerto" in assoluto è stato il battesimo di mia cugina, in cui ho cantato un pezzo di Mina e uno di Battisti. Erano i primi brani che ho imparato a memoria, *Grande, grande, grande* e *Amarsi un po'*. Ho ascoltato tanta musica dei cantautori e tanto pop. La prima ti cura, si preoccupa di farti più bello, migliore, ti fa crescere. Come leggere un libro. L'altro l'ho sempre visto come un modo per rimanere piccoli, bambini. Il pop è un modo per giocare, ti fa venire voglia di essere altro da te, di immaginare, ti fa sognare. La prima canzone che ho ascoltato e mi ha colpito è stata *Sally* di Vasco Rossi. Ero sul pullman scolastico per andare in gita, e mi ricordo l'effetto dirompente. Non so, c'era un prima e un dopo aver ascoltato quel pezzo musicale. Non accade tante volte, nella vita. E non sai, non saprai mai, perché».

Com'era Elodie negli anni delle gite scolastiche? «Al liceo volevo solo diventare grande, ero stanca di essere adolescente. L'adolescenza non l'ho vissuta con rispetto, l'ho detestata moltissimo. A scuola ero rispettata perché ero molto attenta agli altri, molto protettiva anche nei confronti della classe, dei professori che amavo. Però un po' spaventavo perché ero molto aggressiva, ho sempre esposto i miei pensieri con molta veemenza. Diciamo che non lasciavo correre e le cose le dicevo in modo abbastanza diretto.»

Le chiedo quando si è resa conto di essere bella. Perché Elodie è bella: «La bellezza è molto legata al modo in cui mi sento come donna, a come cammino per strada, a quanto sono orgogliosa di me, quanto mi piaccio. Ci sono stati momenti in cui sono piaciuta molto: al liceo mi sentivo bellissima perché mi piacevo io, mi piaceva il mio carattere, mi sembrava di avere personalità e questo mi faceva sentire bella. Poi ho avuto momenti in cui sono stata più triste, a vent'anni, mi sono rasata, ho pensato che fossi troppo legata all'estetica, al voler sembrare bella e quindi ho cercato di spostare lo sguardo degli altri all'interno di me. Per alcuni anni mi sono disinteressata del mio aspetto. Ora invece lo curo molto, perché sono anche più equilibrata. Mi piaccio esteticamente, perché mi piaccio anche io. Penso di essere una brava persona. E in più sono vanitosa, mi piace, in questo momento della mia vita. Mi diverte anche essere leggera».

Le racconto di aver visto un tweet di una ragazza che ha scritto: «Oggi mi sono svegliata carina, poi ho visto Elodie...».

«Scherzano... È evidente che io sono una delle artiste italiane che gioca più sulla fisicità, anche sulla sensualità. Spingo molto su quel linguaggio che non è il mio linguaggio quotidiano. Quello è il mio alter ego.»

Trattengo, quando il collegamento si spegne, l'immagine di una persona fragile e intensa. Mi viene in mente una frase scritta proprio da Hans Christian Andersen, quello del Quartaccio: «Limitarsi a vivere non è abbastanza. C'è bisogno anche del sole, della libertà e di un piccolo fiore».

Era mio padre

Alessandro Gassman

«Di mio padre mi manca il senso di onestà e la sua libertà. Ti racconto questa: aveva letto su un giornale la notizia di un padre che si era gettato sotto un treno con il figlio in braccio. Lui era morto ma il figlio, gravemente ferito, era sopravvissuto. Da quel momento papà ha sostenuto economicamente quel ragazzo che, però, è stato talmente segnato da quella tragedia da essere poi precipitato nella tossicodipendenza, fino a morirne. Mio padre non si dava pace, lo sentiva come un suo fallimento. Il senso di colpa per quella morte alimentò anche la depressione che lo ha accompagnato nell'ultima fase della sua vita.»

Ne so qualcosa, Alessandro, di quel momento di tuo padre, Vittorio Gassman. Venne a parlarmene un giorno. Allora ero ministro della Cultura. Ci conoscevamo da anni, attraverso Ettore Scola, grande amico di tutti e due. Di tuo padre mi piaceva tutto. La sua energia e la sua complessità. Quel giorno, strizzando gli occhi come ormai faceva di continuo, mi parlò della sua depressione. Mi ricordo esattamente il momento in cui avvenne, mentre osservavamo un vecchio mappamondo che c'era nella stanza. Buttò lì il tema della sua depressione, come se volesse liberarsi da un peso.

«Io sono andato via di casa a diciotto anni. Con Diletta e papà è rimasto a vivere Jacopo, che ha accompagnato quei dieci anni difficili. La sua depressione era segnata da discese e risalite. Era disarmante e triste vedere così fragile una persona che, come lui, aveva sempre combattuto e vinto, in qualsiasi cimento si fosse provato. Non bisogna mai dire "dai, stai su!" a chi soffre di depressione. Bisogna capire, ascoltare, suscitare desideri e rinverdire passioni. In famiglia lo spingemmo molto ad accettare la proposta di girare in America *Sleepers* con De Niro e Dustin Hoffman. Loro amavano papà e furono meravigliosi con lui. Che visse con entusiasmo quell'esperienza, tutte le sere usciva per New York. Il lavoro lo faceva ritrovare con se stesso. Poi facemmo una tournée teatrale con uno spettacolo che si chiamava *Camper*. Grande successo, come sempre con lui. Ma io, che recitavo al suo fianco, lo vidi perdere energie, recita dopo recita. E, per una volta, io, suo figlio, mi feci padre e gli dissi che doveva fermarsi, prendere fiato, riposarsi un po'. Era esausto. E lui, sorprendendomi, accettò. Quel giorno sono passato da ragazzo ad adulto, in pochi minuti.»

Chiedo ad Alessandro – il cui volto è la sintesi perfetta della bellezza di sua madre, Juliette Mayniel, e il cui fisico richiama quello di suo padre, gran giocatore di basket – se ricorda l'ultima volta che ha visto Vittorio.

«Era il giorno prima della sua morte. Andai a trovarlo. Quella sera Diletta aveva un impegno e lui non ce la faceva a uscire. Non aveva più voglia. Gli preparai la cena. Lui fece finta che tutto andasse bene. Quando ci separammo mi disse solo questa frase, l'ultima tra noi: "Mi raccomando, spegni la luce". Non lo faceva per tirchieria, semmai era troppo generoso. In lui, l'ho capito nel tempo, era rimasto l'ammonimento dei suoi genitori quando l'Italia era devastata dai bombardamenti. Bisognava spegnere la luce, come ora a Mariupol. Le guerre cercano la luce della vita degli altri per spegnerla. A papà era rimasta quest'ansia. Io ora la spengo sempre, pensando a lui.»

Alessandro si ferma e sorride: «Il giorno in cui è morto eravamo tutti distrutti. Ma successe una cosa come nei suoi film, nelle sue commedie, quando dramma e sorriso si confondono, si mischiano. I sentimenti di *Il sorpasso* o de *La grande guerra*. Al piano di sopra, nella nostra casa, c'era il televisore. Qualcuno l'accese, c'erano gli Europei di calcio. Era la partita in cui Francesco Totti fece il "cucchiaio" e segnò un rigore decisivo. Per cinque minuti il nostro dolore si fece da parte e ci abbracciammo per quella cosa stupida e importante che è una gioia sportiva».

Nel suo libro *Io e i Green Heroes* (Piemme, uscito nel febbraio scorso), qualcosa a metà tra un'autobiografia e un testo di puro impegno civile, Alessandro racconta di aver vissuto, adolescente, un momento difficile. È capitato a tutti, l'argilla prende tempo a darsi la forma giusta.

«Avevo 14 anni ed ero alto due metri. Ero il figlio di Vittorio Gassman e i professori mi trattavano con i guanti. Volevo scappare da tutto questo, che per ragioni fisiche o di discendenza mi rendeva speciale, diverso. Poi papà, diversamente da mia madre, era molto severo. Diciamo che frequentavo la scuola a piacimento, molti giorni no e qualcuno sì. Ma ricordo il terrore quando tornavo a casa ed era finito il trimestre. Sentivo la voce di mio padre, il tono che tutti ricordano, levarsi come un ammonimento divino nella stanza buia piena di libri: "Hai portato la pagella?". Terrore puro.

«Sono tornato in carreggiata, almeno nella mia, andando alla scuola per attori, dopo il militare. Ho imparato molto, non solo da lui. Per esempio ho capito che io, a dispetto del mio fisico, ero capace di far ridere. Non che volessi fare l'attore, volevo diventare ingegnere agrario. D'altra parte anche mio padre voleva fare l'avvocato e ha finito col girare centinaia di film. Destino e desiderio, insieme. Lui mi ha insegnato tanto. Mi ha fatto capire il valore della fatica. Diceva sempre che a teatro, ogni sera, "bisogna stare con le chiappe strette", espressione stilnovista per dire che non ci si poteva mai rilassare. Tanto l'ho preso alla lettera che, diventato protagonista, arrivato alla trecentesima replica del *Riccardo III*, a forza di stare al massimo, ebbi un clamoroso mancamento sul palco. Fu anche comico. Perché io con l'ultimo fiato sussurravo disperato all'attore che avevo vicino "Di' sipario!" e quello pensava che stessi improvvisando, che fosse un espediente per far entrare il teatro nel teatro. Invece stavo per tirare le cuoia e ricordo che mi portarono in ospedale vestito da Riccardo III. Tragedia e commedia, sempre insieme. Come nella vita della mia famiglia. Forse di tutte le famiglie.»

Ecco, tuo padre sapeva fare tutto, era sempre credibile. Che fosse Peppe Er Pantera in *I soliti ignoti* o il tragico Kean, che facesse piangere o ridere, lui era sempre perfetto. E anche tu sei così.

«Il drammatico lo sanno fare tutti. Il difficile è la commedia, che mischia i sentimenti e le atmosfere, i toni e i livelli narrativi. Ma la commedia è il genere che più si avvicina alla vita. E in un film, se il regista è capace di farmi soffrire passando dal sorriso, o viceversa, io mi sento appagato, come spettatore.»

Gassman e Tognazzi: anche in questo, per il tuo rapporto con Gian Marco, la storia continua...

«Ugo e papà si amavano moltissimo. Proprio perché erano opposti. Ugo sapeva godersi la vita, aveva una lentezza studiata ed epicurea. Mio padre era invece energia e fretta. Erano amici veri e si facevano scherzi. A metà degli anni Cinquanta papà comprò una casa a Velletri. Ugo la vide, si complimentò e ne fece costruire una poco lontano, ma più grande e con più terreno, a visitare la quale chiamò subito mio padre. Allora Vittorio decise un allargamento con una dépendance e la fece tre volte quella di Ugo, mise perfino una torre. Tognazzi rispose subito costruendo un altro immobile gigantesco, inarrivabile. Papà allora mise la piscina e il campo da tennis. Ugo replicò con uno da calcio e la piscina coperta. Papà aggiunse la sauna, per sfregio. Sono andati avanti così tutta la vita.»

Anche Tognazzi ebbe poi la depressione. Uniti, di nuovo.

«Sì, ricordo che durante l'ultimo torneo di tennis a Torvaianica, quello che aveva come premio uno scolapasta d'oro, Ugo e papà si chiusero per tre ore in una stanza. Quando finalmente uscirono, erano tutti sorridenti e dissero agli astanti: "Siamo stati benissimo, abbiamo pianto per tre ore".»

Tutto questo è continuato con Gian Marco. Voi due sembrate avere le stesse diversità dei vostri padri, come una continuazione di ruoli.

«Sì, io e Gimbo, così lo chiamiamo tutti, siamo molto diversi. Ma siamo anche, ciascuno, diverso dal proprio padre. Io sono meno rigoroso di papà. Gimbo è uno spaventoso rompicoglioni. E io gliene passo pochissime. Diventando così anche io la stessa cosa, un rompicoglioni a mia volta. Ma ci siamo sempre divertiti tanto, insieme.»

Alessandro, qual è stato un giorno della tua bella vita che vorresti rivivere?

Ci pensa a lungo: «Una volta feci una sorpresa a mio padre. Quando lui vinse il premio Molière a Parigi. Senza dirglielo glielo consegnai io. Lui non sapeva nulla. Ero terrorizzato. Non volevo che lui si commuovesse, invece fu contento. E io sono fiero di averlo fatto».

Se dovessi portarti su un'isola deserta un film di Vittorio e potessi scegliere uno che hai fatto da regista e uno da attore?

«Per mio padre non ho dubbi: *Brancaleone alle crociate* è davvero geniale. Tra quelli che ho girato da regista direi l'ultimo, *Il silenzio grande*, e, da attore, una bellissima opera prima: *Non odiare.*»

Parliamo della tua passione per i temi ambientali e del tuo impegno civile.

«Quando è nato Leo, mio figlio, ho spostato la linea del traguardo. L'obiettivo non era più la mia vita, diventava la sua. Dovevo preoccuparmi più del futuro che del presente. E la principale, tra le tante minacce in corso, è quella ambientale. È la sfida perduta che può portare alla dissoluzione di ogni cosa. Così sono entrato in contatto con Annalisa Corrado e il Kyoto Club. Ho seguito i loro corsi, condiviso la loro ispirazione. Gli ho chiesto di usarmi. Con una sola condizione: che raccontassimo esperienze positive, testimoniassimo l'immenso lavoro degli "eroi" che con la ricerca, l'impresa solidale, l'esempio personale aiutano a rendere il pianeta più compatibile e dunque a salvarlo. I diritti del libro serviranno a piantare alberi da frutto. Saranno centinaia, vita e ossigeno che compensano modelli di sviluppo puramente quantitativi. Il mio impegno per questa associazione, o nell'Unhcr per gli immigrati, è parte importante della mia vita. Non credo diverrà una diretta partecipazione alla politica. Forse produrrò o girerò documentari sul reale. È quello che mi interessa.»

Ai ragazzi del 2021 avrebbe detto: «Dubitate»

Ettore Scola

«Non è inutile pensare di cambiare le cose sbagliate, anche se poi non si riesce (ma non è detto, un po' si riesce sempre).» In questa piccola frase vergata a macchina, insieme all'immancabile disegno, su un foglio destinato a sua figlia Paola, allora sedicenne in crisi esistenziale, per me c'è tutto Ettore Scola. C'è la sua fiducia nelle possibilità degli umani, la sua coscienza che le cose sbagliate non siano un bastone dalla forma immutabile, la consapevolezza che le cose cambiano, sono cambiate, cambieranno. Che la vita sia una meraviglio sa fatica di Sisifo. Sì, è come nella famosa frase di *C'eravamo tanto amati*: «Volevamo cambiare il mondo e il mondo ha cambiato noi». Ma quelle parole possono essere lette come una sorta di ambigramma. Certo, le cose ci hanno levigato e mutato, forse anche addomesticato. Ma è anche vero che non abbiamo fatto in tempo, non si può fare in tempo, a cambiare una volta per sempre il mondo, perché esso stesso è capace di mutare e mutarci costantemente. E ci chiede costantemente di non dismettere il nostro desiderio di altro, di sempre altro. Ettore, che il 10 maggio avrebbe compiuto novant'anni, era un essere umano di rara bellezza. Era una pozione magica, composta da cose che agli stolti sembrano inconciliabili.

Era pieno di passioni civili e dotato di un senso dell'umorismo in oro zecchino, era colto ma profondamente popolare, era sornione e tenerissimo, pigro e viaggiatore. Questa «duplicità» la si trova anche nei suoi film. Storie di persone, storie minime, ma sotto il tetto dei grandi eventi. Come il rumore della visita di Hitler vissuta nella solitudine di un palazzone romano in *Una giornata particolare*, lo scorrere del tempo nella casa di *La famiglia* o nella sala di *Ballando ballando*. A Scola, erede della tradizione dei grandi del neorealismo, interessa la condizione umana, soprattutto quella dei più sfortunati, nel fluire della vicenda collettiva. Sono proletari i protagonisti di *Dramma della gelosia* e quelli di *Brutti, sporchi e cattivi*. In Scola c'è più Pasolini che Moravia, più popolo che borghesia. E tanto Zavattini, con il suo raggio di sole a illuminare i poveri. Ma anche i poveri, nel suo cinema, non sono mai beatificati, ma raccontati.

Ettore Scola era davvero un intellettuale popolare, sapeva e voleva far incontrare la sua arte con il numero maggiore possibile di persone, non divideva la coscienza e il linguaggio. E aveva una grande passione politica. Che lo ha portato a esserci, sempre. E a seguire e condividere, talvolta con sofferenza, tutte le trasformazioni che hanno portato dal Pci fino al Partito democratico. In un testo che mi scrisse nel 2007, torna sui temi che hanno impegnato tanta parte della sua vita: la battaglia per una vita culturale più ricca e aperta e, nel racconto del tempo, per una nuova «estetica della realtà», tema al quale ha dedicato tanto lavoro cinematografico e creativo. Il suo sguardo è rivolto ai giovani. Li osserva con un misto di nostalgia e di angoscia. Certe volte penso a come avrebbe vissuto questi giorni di pandemia. E credo che la sua maggiore angoscia sarebbe stata proprio per i ragazzi. Per i quali vale la domanda contenuta in questa lettera: «Orfani prematuri di ogni fiducia nel domani. Se il segreto di una buona vecchiaia è quello di mantenere i sogni della gioventù, quale vecchiaia aspetta i giovani senza sogni?». La lettera con cui ho iniziato questo articolo è contenuta oggi nel bel libro *Chiamiamo il babbo* (Rizzoli), scritto dalle figlie Paola e Silvia. Prosegue dicendo: «Non è inutile avere dubbi (la certezza è inutile perché non fa domande e non va avanti)». Ecco, oggi Ettore avreb be consigliato dubbi. In fondo la parola che conclude il grande racconto di *C'eravamo tanto amati* è proprio «Boh». Una parola tutta e solo italiana.

Indice delle fonti

PRIMA PARTE. SCOPRIRE NOI STESSI

Gianfranco Ravasi: «Nella solitudine della pandemia abbiamo scoperto la meditazione», «Corriere della Sera», 10 novembre 2020

Covid, Umberto Galimberti: «Spaesati tra smart working e abitudini perse», «Corriere della Sera», 17 novembre 2020

Il sentirci fragili alla fine ci aiuterà a riscoprire gli altri, «Corriere della Sera», 1° dicembre 2020

Noi studenti e la vita rinchiusa in una stanza, «Corriere della Sera», 13 marzo 2021

Ascoltiamo i nostri ragazzi soli e dimenticati, «Corriere della Sera», 8 febbraio 2021

Ora nessuno va perduto, «Corriere della Sera», 13 settembre 2020

Un'epoca di catastrofi e paure, «Corriere della Sera», 7 aprile 2022

SECONDA PARTE. LA NOSTRA STORIA

Acquaviva: «Vidi Craxi piangere con in mano la lettera che Moro gli scrisse dalla prigionia», «Corriere della Sera», 3 aprile 2021

Bodrato, ex portavoce Dc: «Moro aveva nemici anche dentro lo Stato, ma non cedere alle Br salvò la democrazia», «Corriere della Sera», 14 aprile 2021

L'eredità di Gino Strada, un combattente per la pace, «Corriere della Sera», 14 agosto 2021

Giuseppe Gulotta e la strage di Alcamo: «I miei 22 anni in carcere per un delitto mai compiuto», «Corriere della Sera», 28 ottobre 2021

Alberto Paolini: «I miei 42 anni in un manicomio perché ero un bimbo silenzioso», «Corriere della Sera», 14 febbraio 2021

Odio, la malattia sociale che ci lascia senza respiro, «Corriere della Sera», 10 settembre 2020

16 ottobre 1943, il vestitino di Emma deportata nel lager, «Corriere della Sera», 16 ottobre 2021

Aurelia, nata ad Auschwitz: «Mia madre sopravvisse, poi mi raccontò l'inferno», «Corriere della Sera», 14 gennaio 2021

Il papà di Gaia, 16enne uccisa da un Suv: «Sotto la pioggia, ho accarezzato le sue dita per l'ultima volta», «Corriere della Sera», 17 gennaio 2021

Renzo Modugno e la Columbine di Roma: quel prof ucciso in classe per un quattro in matematica, «Corriere della Sera», 28 novembre 2021

L'agonia di un bambino: gli errori, gli eroi, «Sette», 4 giugno 2021

Eriksen salvato dalla scienza e dall'amore dei compagni. Il ricordo (opposto) di Vermicino, «Corriere della Sera», 14 giugno 2021

David Sassoli, il giornalista che credeva nella politica e nei valori, «Corriere della Sera», 12 gennaio 2022

Fine pena (forse) per il killer di Bobby Kennedy, Sirhan Sirhan: l'uomo che sparò sul sogno americano, «Corriere della Sera», 27 agosto 2021

Elogio dell'errore umano contro l'odio social, «Corriere della Sera», 26 settembre 2021

I bimbi migranti traumatizzati che vanno in «letargo» per salvare il mondo, «Corriere della Sera», 4 maggio 2021

Cinema a luci rotte, «Oggi», 26 maggio 2022

L'invasione, le bombe sui civili: non ci può sembrare normale, «Corriere della Sera», 5 maggio 2022

TERZA PARTE. PRIMEDONNE E MATTATORI

Virginia Raffaele: «La nostra forza? L'esempio di altre donne», «Corriere della Sera», 29 dicembre 2020

Ornella Vanoni: «Con gli uomini ho vinto, ma ho sbagliato», «Sette», 22 gennaio 2021

Sono sempre quella che vuole alzarsi e andar via, «Sette», 30 aprile 2021

Raffaella Carrà, una sirena della libertà: con quell'ombelico fece cadere molti muri bigotti, «Corriere della Sera», 5 luglio 2021

Finisce un'era: sparita l'intera generazione del dopoguerra che sapeva farci ridere, «Corriere della Sera», 3 febbraio 2022

Monica Vitti, il marito Roberto Russo: «La amo ancora come un pazzo, in 20 anni di malattia non l'ho mai lasciata un istante, «Corriere della Sera», 19 giugno 2022

Carmen Consoli: «Vorrei che un giorno mio figlio conoscesse il suo papà», «Corriere della Sera», 10 dicembre 2021

Enza Sampò: «Quando io e Umberto Eco ci lasciammo (e lui mi disse: non metterti con Mike Bongiorno...)», «Corriere della Sera», 23 ottobre 2021

Ero chiuso in un barattolo, «Sette», 11 dicembre 2020

Gigi Proietti in paradiso. L'abbraccio a Gassman e il saluto con Alberto Sordi, «Sette», 24 dicembre 2020

Gigi Proietti è morto: e ora Roma ha un colle in meno, «Corriere della Sera», 3 novembre 2020

Pierfrancesco Favino: «Chiesi a papà di essere se stesso con me. Lui accettò», «Sette», 25 settembre 2020

Gialappa's Band: «Noi in tv da 35 anni e nessuno ci riconosce: ecco come sono nati Tafazzi e Caccamo», «Corriere della Sera», 28 dicembre 2021

Ora sono cavaliere del divertimento, «Corriere della Sera», 16 gennaio 2022

Vasco Rossi compie 70 anni, ma sarà sempre giovane «Corriere della Sera», 7 febbraio 2022

Woody Allen: «Il mondo reale non mi piace. Meglio la vita nei film», «Sette», 30 ottobre 2020

Renzo Montagnani e la tragedia nascosta: quei film di serie B per poter pagare le cure al figlio malato, «Corriere della Sera», 6 giugno 2021

Totò in guerra (con la vita) nel mondo pieno solo di caporali, «Corriere della Sera», 14 novembre 2020

Alberto Matano: «Ho resistito al bullismo e non amo le etichette. Oggi sposo Riccardo, con lui ho capito chi sono», «Corriere della Sera», 11 giugno 2022

Elodie: «Mi arrabbio spesso, perché mi difendo. L'amore? Credo sia bello condividere la vita, senza progettare troppo», «Corriere della Sera», 27 marzo 2022

Essere un Gassman, «Oggi», 30 marzo 2022

Scola, intellettuale popolare, oggi ai giovani avrebbe detto: dubitate, «Corriere della Sera», 22 aprile 2021

Indice

Questo libro è stampato fabbricato da Grafica Veneta S.p.A.
con un processo di stampa e rilegatura certificato 100% carbon neutral
in accordo con PAS 2060 BSI

Finito di stampare nel mese di agosto 2022
per conto di RCS MediaGroup S.p.A.
da Grafica Veneta S.p.A., via Malcanton 2, Trebaseleghe (PD)
Printed in Italy